GAOXIAO GUANLI DE
JIUMIAN JINGZI

高效管理的
九面镜子

韩玉芬 著

中国商务出版社
CHINA COMMERCE AND TRADE PRESS

图书在版编目（CIP）数据

高效管理的九面镜子／韩玉芬著. —北京：中国
商务出版社，2014.10

ISBN 978-7-5103-1133-8

Ⅰ.①高⋯　Ⅱ.①韩⋯　Ⅲ.①企业管理　Ⅳ.
①F270

中国版本图书馆 CIP 数据核字（2014）第 246623 号

高效管理的九面镜子

GAOXIAO GUANLI DE JIUMIAN JINGZI

韩玉芬　著

出　　版：中国商务出版社
发　　行：北京中商图出版物发行有限责任公司
社　　址：北京市东城区安定门外大街东后巷 28 号
邮　　编：100710
电　　话：010—64245686（编辑二室）
　　　　　010—64266119（发行部）
　　　　　010—64263201（零售、邮购）
网　　址：www. cctpress. com
邮　　箱：wangqin_ wangqin@ 163. com
网　　店：http://cctpress. taobao. com
照　　排：北京开和文化传播中心
印　　刷：北京京华虎彩印刷有限公司
开　　本：787 毫米×980 毫米　1/16
印　　张：16. 25　字　数：261 千字
版　　次：2014 年 11 月第 1 版　2014 年 11 月第 1 次印刷

书　　号：ISBN 978-7-5103-1133-8
定　　价：39. 00 元

前　言

　　一位管理达人曾经说过："天下没有一个企业在开办之初就想着要失败的，它们之所以有不同的命运，是因为有不同的人在管理。好的管理者是企业的救世主，能救企业于水深火热之中，为它带来勃勃生机；差的管理者则是企业的杀手，能使企业于兴旺发展之际，把它带向破产边缘、毁于旦夕。"

　　鉴于此，若问 21 世纪企业最为短缺的是什么，很多人的回答是人才。这种回答只对了一半，实际上，21 世纪最为短缺的是高效的管理人才。高效管理者、职业经理人、技术创新者是 21 世纪市场竞争的主体和企业发展的主导。现代管理学之父彼得·德鲁克认为，管理者的效率往往是决定组织工作效率的最关键因素。因此，在管理别人之前，管理者必须学会管理自己，必须掌握高效管理技巧。

　　本书力图通过高效管理的九面镜子——目标镜子、要事镜子、思维镜子、心态镜子、沟通镜子、激励镜子、授权镜子、时间镜子、执行镜子，来揭示镜鉴之利，镜鉴之用，为高效管理者举一反三，举三反九，举九归一，以得镜鉴之助。

　　唐太宗曾说过："以铜为镜，可以正衣冠；以人为镜，可以明得失；以史为镜，可以知兴替。"镜子效应来源于现实的生活，当你照镜子时，镜子里的你会随着你的喜怒哀乐而变化。同样，在企业管理中，你对下属好，下属也会对你好；你对同事不好，同事也会对你不好。通过自身的做法和他人的镜子反观，来唤醒你该怎么做，这就是亚当·斯密著名的镜子效应的真谛。斯密说，内心的公正旁观者，必须要有现实的公正旁观者，即他者来唤醒，才能化为道德秩序的真实的力量。

　　镜子可以内化于心，能够陶冶心性，并通过反射，形成感悟心得。管理者应善于通过镜子学习反思优点，通过镜子透视反观缺点，通过镜子反照特点，只有经过无数面镜子产生的反射效应，一传十，十传百，优秀的管理之道才能被传播到企业的每一个角落，进而形成一种良好的管理氛围。因此，面对镜子，不仅需要勇气，更需要智慧。

具体来说，本书分别从目标、要事、思维、心态、沟通、激励、授权、时间、执行等九个方面，遵循镜中焦点、揽镜自检、镜鉴感悟的思路，依据理论、案例、技法的呈现，充分向读者展示高效管理者如何在微观上管好日常事务，忙到点子上；在宏观上树立良好形象的思路和策略技巧，真正发挥镜鉴于心、镜鉴于行的作用。

在借鉴这九面镜子提升管理效率的过程中，高效管理者必须注重三项修炼，即心性修炼、能力修炼和方法修炼。

第一项修炼：心性修炼，管理概念的学习。

思维决定心态，心态决定行为，行为决定习惯，习惯决定未来。高效管理者的心性修炼主要从思维和心态两个方面进行。通过镜子反映管理概念的本质、管理知识的内涵和外延，进行概念修炼、增进管理知识学习的同时，反思内省，明确高效管理的本质在于心性的积极向上、正能量激励；通过进行观念修炼，掌握观念心术，明确高效管理的实质在于创造效益；通过管理信念的反照，进行信念修炼，掌握信念心术，追求更高管理境界的同时，明确高效管理的品质在于追求卓越。

通过心性的修炼和反思培养管理者科学的思维方式；通过将发散性思维、迂回思维、逆向思维、换位思维等思维相结合，培养高效管理者掌握思维技术，善于发现问题、分析问题、解决问题，使管理的"问题思维"和"对策方案"建立在科学的基础之上。

第二项修炼：能力修炼，管理艺术的领悟。

高效的管理者在管理方式上表现出的管理艺术通常表现为创造性和高效性。创造性就是管理者把握规律，在规律中创造升华，提升到艺术境界，使被管理者心情愉悦舒畅。另一方面是高效性，检验管理艺术的唯一标准就是管理实践。主要包括：创新的艺术、授权的艺术、用人的艺术、沟通的艺术和激励的艺术等。

心性修炼的反射，又为高效管理者塑造合理的行为方式提供了坚实的基础。通过心性的拓展，管理者将管理理论和管理经验相结合，将管理行为与管理艺术相融合，善于将"把所有问题都自己扛"的"劳模"方式转化为充分调动下属积极性的"人人肩上有指标"的开放方式，善于突破陈规、超越局限，通过授权、沟通、激励等艺术，将管理的"日常事务"和"精华事务"建立在合理的范式之上，使管理的"技术突破"与"人文关怀"建立在理想的境界之上。

第三项修炼：方法修炼，管理技术和方法的掌握。

"忙要忙到点子上"，这是高效管理者的口号之一，繁忙是日常事务管理的基本特征。如何忙到点子上，日常事务的条理管理是不可或缺的。而如何应对日常事务的条理管理，使工作秩序井然有序？本书教你不可多得的方法修炼，即时间管理、要事第一、目标管理等技术和方法，让你忙而有序、忙而规范、忙而有成效。这些技术和方法的修炼，是高效管理的底线基础，修炼成功，将使管理进入很高的境界。

可见，三项修炼成功与否，还在于管理者是否能够高效地执行。于是，本书在最后一个章节，提醒管理者放弃任何借口，高效执行，这是高效管理者修炼的保障。在一个企业或团队中，管理者的执行力是否到位、是否合格，直接影响到整个团队的执行力。如果管理者的执行力强，则团队中的每个人甚至整个企业的执行力就会增强；相反，如果管理者的执行力弱，整个团队执行力就不强。因此，提升团队的高效管理，管理者和员工必须树立正确的执行力态度。

高效管理的九面镜子，围绕心术、艺术和技术的镜鉴，以范例、技法、感悟三位一体的方式，立足于管理者在高效管理上的适应、提高和升华，将高效管理全面的观点、重点的环节和优秀的事例以全新的视角——照镜子的方式——呈现，让管理者从镜子里既看到了自身的不足，还可以看到别人的长处，进而学到改变自身不足的技术、艺术和方法，做到思路、行为、方法的相得益彰，揭示出高效管理的魅力所在，让读者耳目一新。

风物长宜放眼量，将优秀事例作为一面镜子，时时揽镜自照、反躬自省，这是多少年以前就建立起的一种有益的传统，这种"镜子效应"可以促使企业管理不断提升，促进社会不断进步。当然要想真正发挥"镜子效应"的正面作用，管理者在面对镜子时，也要保持平和的心态，对待别人的长处要虚心学习，细细品味，不能视而不见，品头论足，否则就失去了镜子的真正效用。

本书与市场上众多管理类图书不同，其行文风格避免传统的理论赘述，较多地注重读者题材的趣味性和内容的可读性。通过阅读书中的趣味实例和深入浅出的理论，可以使读者在轻松愉快的氛围中真正找到属于自己的管理方法和技巧。

经天纬地创伟业，誓愿金针度与人。希望这本关于高效管理的小书，构建出理事圆融的"管理镜像"，陪伴各位管理者创造出宏伟业绩。

韩玉芬

2014 年 9 月

目 录
Contents

第九面　执行镜子
——放弃任何借口，高效执行

后　记

第一面 目标镜子

既要埋头拉车，更要抬头看路

镜中焦点：

一、 目标管理步骤

二、 目标牵引成长

三、 处理好四层关系

四、 方向比速度更重要

五、 排除干扰，锁定目标，坚持不懈

六、 把握节奏，步步为营

七、 酒香也怕巷子深

八、 合作更助目标实现

没有目标而生活，恰如没有罗盘而航行。

——德国哲学家 康德

内 涵 解 析

一、目标对人生的重要性

案 例

哈佛大学关于人生目标的调查研究

哈佛大学曾经做过一项著名的"关于人生目标的跟踪调查"，调查的对象是一群生活环境、学习条件、智力水平、学历等都大致相同的大学毕业生，调查的结果分为 A、B、C、D 四类人：

A 类人：有清晰且长远的目标，约占总人数的 3%；

B 类人：有清晰但比较短期的目标，约占总人数的 10%；

C 类人：目标比较模糊，约占总人数的 60%；

D 类人：没有目标，约占总人数的 27%。

25 年以后，哈佛大学再次对这群学生进行了跟踪调查，结果发现：

A 类：有清晰且长远目标的人，25 年来，他们几乎都不曾更改过自己的人生目标，不断地用目标鞭策自己，始终朝着同一个方向不懈努力，之前提出的目标都不同程度地实现了，并还在按原定的人生目标走下去。25 年后，他们都在各自的领域里取得了成功，都成为社会各界的成功人士，其中不乏行业领袖、政界名流和社会精英，生活在上层社会。

B 类：有清晰但比较短期目标的人，他们大都急功近利，由于短期目标不断实现，生活还算富裕，大多生活在社会的中上层，有些成为各个领域中的不可或缺的专业人士。如律师、医生、工程师等。

C类：目标模糊的人，占了60%的比例，他们大都生活在社会的中下层，虽衣食无忧，但工作、事业几乎没有特别的成绩，都比较平淡。

D类：没有目标的人，因为没有人生目标，整天无所事事，大多生活在社会的最底层，过得很不如意，常常失业，靠生活救济，还常常抱怨他人，抱怨社会。

由此可见，目标对人生有着巨大的指导作用。造成人与人之间命运差异的原因，不在于谁比谁更聪明，谁比谁更有机遇，虽然这一点也很重要，但更重要的是在于有没有一个清晰的目标，并围绕目标做出矢志不渝的努力。成功就是一种选择，你选择什么样的目标，就会有什么样的成就，就会有什么样的人生。

【揽镜自检】

作为一名管理者，你不妨在忙碌之余，经常花上几分钟时间好好思考一下：

1. 你有目标吗？

2. 你的目标是清晰的，还是模糊的？是长期的，还是短期的？

3. 你过去属于A、B、C、D中的哪一类人？我想要有所改变吗？

4. 你整天都在忙些什么？

5. 你忙得有价值吗？

6. 你是为了实现自己的目标在忙吗？

7. 你是否为了实现目标而列出进度表、做出计划？

显然，目标对人生有着重要的作用，具体表现在：

（1）目标是行动的航标灯。没有目标，我们就没有方向，就像大海中的航船，不知道码头在哪里。有了目标，就有了行为的目的。

"请你告诉我，我该走哪条路？"

"那要看你想去哪里？"猫说。

"去哪儿无所谓，"爱丽丝说。

"那么走哪条路也就无所谓了，"猫说。

——摘自刘易斯·卡罗尔的《爱丽丝漫游奇境记》

这个故事讲的是人要有明确的目标，当一个人没有清晰、明确的目标的时候，自己不知道该怎么做，别人也无法帮到你！别人说得再好也是别人的观点，不能转化为自己的有效行动。

（2）目标能使人看清使命，提高激情，产生动力，没有目标，人就不会努力。

（3）目标有助我们集中精力，分清轻重缓急，合理安排时间，把握现在，未雨绸缪。

（4）目标能使人产生积极的心态、信心、勇气和胆量，使我们有生存的意义和价值，没有目标，我们会失去机遇、运气。

（5）目标使我们以结果为导向，清晰地评估每一项活动的进展，检查每一个行为的效率，从而产生必胜的信心，不断自我完善，永不停步，最终成为一个成功的人。

彼得·圣吉所著《第五项修炼》之所以将"自我超越"列为"第一项修炼"，其实质就是目标牵引成长，信念产生动力，目标催人奋进。

二、目标管理

目标有如此重要的作用，高效管理者就要做好目标管理。

目标管理的概念是美国管理大师彼得·德鲁克在其论著《管理实践》中最先提出来的。它是以目标为导向，企业员工积极参与，自上而下地确定工作目标，并在工作中实行"自我控制"，以保证企业和个人目标实现的现代管理方法。目标管理是现代企业管理中比较流行、比较实用的管理方式之一，但在运用中也有许多问题。因此必须客观分析其优缺点，扬长避短，收到实效。

1. 目标管理的优点

（1）目标管理方向明确，可给企业和管理者带来良好的绩效，尤其是对于那些目标明确的任务可以起到立竿见影的效果。

（2）目标管理克服了传统管理的弊端，如传统管理中，工作缺乏预见和计划，没事的时候特闲，有事的时候忙成一团。

（3）目标管理将个人利益和企业利益紧密结合，鼓励企业员工完成目标，并使目标和评价基准及奖励相配套，可以把整个团队意识统一到目标上来，充分调动员工积极性、主动性、自控性和创造性，是企业提高工作效率的有效手段之一。

（4）制定目标时，员工可各抒己见，各显其能，制定的目标有某种挑战性，要想达到目标，必须努力才有可能。所以目标迫使员工自觉学习，不断充电，提高能力。

（5）目标管理有利于组织内部职责分工，通过合理分工，可以改善人际关系，容易实现团队意识，有助于实现企业快速发展。

2. 目标管理的缺点

在实际运用中，目标管理也存在许多明显的缺点，主要表现在：

（1）目标大多数是短期的，如季度目标、月度目标等，企业强调短期目标，员工往往会不关心企业长期目标。

（2）目标一经确定不能随意改动，因此动态性差。

（3）许多目标难以量化和具体化，企业内、外部环境变化因素越来越多，不确定性越来越大，这就给实施带来难度。

（4）由于各部门和个人都从自身利益出发，在制定目标时上下沟通比较缓慢，缺乏相互协作，增加了管理成本。

（5）某些方面存在的公平、公正性会削弱目标管理的效果。

鉴于上述目标管理的优缺点的分析，高效管理者要做到的是：了解员工的需求，把握员工工作的性质，将其工作进行有效分解的同时，建立健全各项规章制度，提高员工职业道德水平，培养合作精神，改进领导工作作风，确立实现目标的先后顺序，跟进、反馈，并根据目标完成情况对员工进行考核、评价和奖惩，不断完善，以求真正发挥目标管理的作用。

3. 目标管理应具备的基本条件

（1）要有科学的管理基础。即企业规章制度要比较完善，上、下级之间，各部门之间信息要畅通，各项工作可以比较准确地量化和评估，企业和员工都要树立长远发展的全局观念。建立在这样基础之上的目标管理才能有效地实施。

（2）实施目标管理领导最重要。首先，领导要了解生产，体察民情，懂得经营管理等相关专业知识，对各项指标都要心中有数，这样制定出来的目标才合情合理。其次，领导要有很高的领导艺术，要把自己当成一个教练：基于目标，挑战员工，检视状况，调适员工的意愿和行为，辅导员工的技能，同时要会沟通、会协调，尊重下属，发扬民主，这样才能让下属服气，对上级提出的各项主张才能予以支持和配合。最后，领导要懂得管理授权，即做到落实目标责任，落实层次管理，分责分权，授予下级实现目标的相应的人、财、物等权力，做到激励机制完善和使用恰当。授权，可以充分发挥下级的积极性、主动性和创造性，实现目标。

（3）实施目标管理执行力是关键。目标要切实可行，但再合适的目标如果没有好的执行力，也是水中月、镜中花。如何培养员工目标管理的执行力，一方面要对员工进行思想交流，统一认识，提高重视程度；另一方面，要让员工充分参与，包括目标的制定过程，目标制定要有激励性，同时企业的体制、机制等对员工的执行力都有重要的影响。

（4）管理信息系统对实施目标管理起到保障作用。在目标管理体系中，管理信息系统扮演着举足轻重的角色。因为目标的制定要以大量的信息为依据；目标的分解需要信息系统的加工和处理；目标实施的过程实际上就是信息传递与转换的过程。因此，管理信息系统是目标管理得以正常实施的基础和保障。

（5）目标管理工作要逐步推行、长期坚持。正如前面论述的一样，实施目标管理需要具备各种条件，涉及企业很多相关配套的工作，如领导者的领导才能的修炼，员工执行力和综合素质的提高，建立健全各项规章制度和相关配套政策，建立管理信息系统等，这些工作都不是一蹴而就的，需要企业长期的建设和积累，因此，从这点上来说，目标管理只能逐步推进，由简到难，由小到大，而且要长期坚持不懈，在逐步实施的过程中不断完善，不断成熟，才能达到良好的效果。

镜 中 焦 点

一、目标管理步骤

管理者想要搞好目标管理，不是一件简单的事，必须遵循以下五个步骤：制定目标；分解目标；实施目标；检查结果及奖惩；信息反馈（如图 1 - 1）。

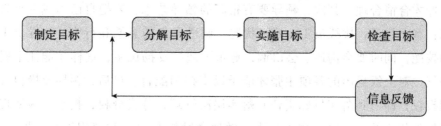

图1-1　目标管理流程图

1. 第一步：制定目标，这是目标管理最重要的阶段

目标制定要依据企业的总体经营战略方针和政策。企业没有战略就没有发展，有了战略，没有目标，战略只是一种设想、打算，有了目标，战略就有了清晰的方向。因此，制定目标的依据必须是战略。

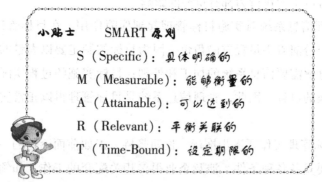

小贴士　　　SMART 原则

S（Specific）：具体明确的

M（Measurable）：能够衡量的

A（Attainable）：可以达到的

R（Relevant）：平衡关联的

T（Time-Bound）：设定期限的

目标制定要遵循SMART原则，即：

S（Specific）是指目标必须要具体明确，尽可能量化为具体数据，如年销售额3000万元、费用率30%等，不能量化的要细化，如岗位职责、服务态度、微笑服务等。

M（Measurable）是指目标必须要可以衡量，到底完成了多少，应该有一个明确的界限。

A（Attainable）是指目标必须是可以达到的，既具有挑战性，又要使员工经过努力是可以实现的。要制定出容易落地的企业目标——既不能过低，让员工轻易就能达成；也不能过高，让员工"跳起来"都摸不着，失去追求进步的动力。

R（Relevant）是指目标必须和其他目标具有相关性，制定目标要基于现状，面对现实。

T（Time-bound）是指目标必须具有明确的完成时间期限，如要在 6 月 30 日 24 点之前完成第二季度生产任务。没有时间期限的目标起不到任何控制和约束作用。

目标制定要注意以下事项：

（1）目标制定可以采取自上而下的方式，即由上级提出，再同下级讨论；或由下到上的方式，即由下级提出，再由上级批准，也可以两种方式相结合。无论哪种方式，必须共同商量决定。

（2）要全面沟通，公司负责人要向全体员工宣讲公司的战略目标，向部门经理讲解重要的经营目标和管理目标，部门经理再向员工详细讲解、并当面确认各项指标、考核办法等，部门之间相互了解、沟通一致。上级要尊重下级，平等待人，耐心倾听下级意见。

（3）目标设定应该具有灵活性，即要保留一定的弹性空间，如果遇到突发事件能够做出修改和调整。

2. 第二步：分解目标

即将企业整体目标分解成部门目标，部门目标再分解为个人目标，并量化为经济指标和管理指标。这样，从上到下，按企业组织结构的层级串联起来，就会形成一个企业的目标体系（图 1-2），有了目标体系图，管理者和员工可以一目了然，就像看地图一样，任何人一看目标体系就知道工作目标是什么，增强了对企业的连带感和职务意识；管理者可以全盘掌握部属的目标；遇到问题时需要与哪个部门来协调，职责分工明确。

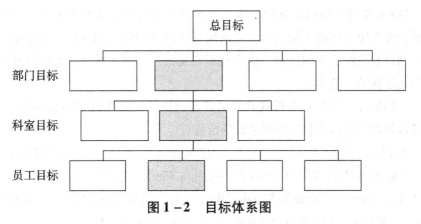

图 1-2 目标体系图

分解目标时要注意的一点就是，目标尽可能量化，如果只用文字叙述指标，在监控的过程中，效果可能会大打折扣。只有量化的目标才更好操作。如，销售部 3 个月内销售额要达到 2000 万元，以 100 万元的广告费用要实现 2000 万元的利润等等。但有些部门的指标无法实现量化，可以采取间接量化的办法分解目标。另外，目标要便于考核，分清轻重缓急，以免顾此失彼，既要有挑战性，又要有实现可能。

3. 第三步：实施目标

目标设定好了，执行是关键。谁来实施目标，接下来就要落实目标责任和目标责任人。责任到位，开始实施目标的过程，真正做到"千斤重担人人挑，人人肩上有指标"。按照 PDCA 循环模式持续改进，确保企业运行不偏离目标轨道（如图 1 – 3）。

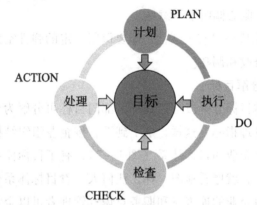

图 1 – 3　目标管理方法——PDCA 循环

PDCA 循环是全面质量管理体系运转的基本方法，又叫戴明环，是美国质量管理专家戴明博士提出的，全面质量管理活动的全部过程，就是质量计划的制订和组织实现的过程，这个过程就是按照 PDCA 循环，不停顿地周而复始地运转的。其中：

P（Plan，计划）：分析现状，制订行动计划。这个计划不仅包括目标，而且也包括实现这个目标需要采取的措施。

D（Do，实施）：高效的执行力是组织完成目标的重要一环。拟定执行措施、制订计划（5W1H），即：为什么制定该措施（Why），达到什么目标（What），在何处执行（Where），由谁负责完成（Who），什么时间完成（When），如何完成（How）。措施和计划是执行力的基础，尽可能使其具有可操作性。

C（Check，检查）：检查验证、评估效果。实施过程中进行检查，看是否实现了预期效果，有没有达到预期的目标，通过检查找出问题和原因，运用头脑风暴法等多种集思广益的科学方法，把导致问题的所有原因统统找出来。"下属只做你检查的工作，不做你希望的工作"，IBM 的前 CEO 郭士纳的这句话将检查验证、评估效果的重要性一语道破。

A（Action，处理）：标准化和进一步推广。最后就要进行处理，将经验和教训制订成标准、形成制度。所有目标不可能在一个 PDCA 循环中全部解决，遗留的问题会自动转进下一个 PDCA 循环，如此，周而复始，螺旋上升。

PDCA 循环的特点是大环套小环，小环保大环，互相促进，推动大循环，同时是爬楼梯上升式的循环，每转动一周，质量就提高一步，它可以使我们的思想方法和工作步骤更加条理化、系统化、图像化和科学化。

4. 第四步：检查目标

要经常检查和监控目标在实施过程的执行情况和完成情况。看实施过程中是否与原目标出现偏差，如果出现问题，及时分析原因，及时协商、及时处理、及时解决，确保目标运行方向正确、进展顺利。目标管理以制定目标为起点，以完成目标为终点。重视成果成为评价管理工作绩效的唯一标志，至于完成目标的具体过程和方法，上级并不过多干预。员工自己管理自己是目标管理的中心。

5. 第五步：信息反馈

按照之前制定的考核指标和评价标准对各项指标进行考核，依据指标完成的质量和结果，对部门和个人进行奖惩。真正达到表彰先进、鞭策落后的目的。只有在目标实施过程中出现一些不可预测、不可控制的问题和事件，导致目标不能按时完成时，在考核时，要根据实际情况对目标进行调整和信息反馈。

【揽镜自检】

下面关于目标管理的说法，你认为是正确的，请在题后的括号内打"√"。

1. 目标是由员工根据企业的经营战略自己制定的。　　　（　　）

2. 目标管理只注重完成任务指标，不用责任到岗。　　　（　　）

3. 目标管理中的目标不是上级强加的。　　　　　　　　（　　）

4. 员工自己管理自己是目标管理的核心。　　　　　　　（　　）

5. 信息反馈是目标管理流程中重要的一个步骤。　　　（　　）
6. 目标制定原则中的"A"是指目标要有挑战性，高不可攀。（　　）
7. 目标一经制定就不能调整和修改。　　　　　　　　（　　）
8. 全面沟通协调是目标管理的生命线。　　　　　　　（　　）
9. 目标管理注重的是工作过程，而不是结果。　　　　（　　）
10. 目标管理有可能导致企业或个人的短期行为。　　　（　　）

二、目标牵引成长

▎寓言故事▎

马和驴子的对白

　　唐太宗贞观年间，长安城西的一家磨坊里有一匹马和一头驴子。它们是好朋友。马跟着主人到处去拉货，驴子则在屋里没完没了地转圈拉磨。贞观三年，这匹马被玄奘大师选中，经西域前往印度取经。17年后，这匹马驮着佛经回到长安，它重到磨坊会见驴子这个老朋友。老马谈起这次旅途的经历："浩瀚无边的沙漠，高耸入云的山峰，皑皑白雪，炽热的火山滚滚热浪……"那些神话般的境界使驴子听了大为惊叹："你有多么丰富的见闻呀！那么遥远的路途，我连想都不敢想。"老马说："其实，我们俩行走的距离都差不多，当我前往西天取经的时候，你也一刻没有停步。所不同的是，我的目标是驮着主人完成西天取经的使命，始终如一的前进，所以我们走进了一个广阔的世界。而你的目标是被蒙住了眼睛，不断重复地原地拉磨，所以永远也走不出狭隘的天地……"

　　导致马和驴子命运截然不同的主要原因就是二者目标的不同。目标不同，导致结果极其迥异。可见，目标对于人生的意义有多么重大。这则寓言启示我们：目标是行动的指南，是行动所要得到的预期结果。在目标的指引下，管理者就要对管理行为进行选择、控制与调节，所以目标在一定程度上挖掘了管理者的潜能，激发管理者的智慧和创造力。管理活动的核心就是"率众达标"，如果所有人都实现了各自的目标，整个组织的目标就能够实现。目标是工作激励的主要源泉，具体的目标能够提高绩效，因此，企业有目标不等于有好目标，好目标一定要结合企业的长远发展和员工的特点来制定。没有目标也就不需要有管理者与管理活动。彼得·德鲁克说："目标并非命运，而是方向。目标并非命令，而是承诺。目标并不决定未来，而是动员企业的资源与能源，以便塑造未来的那种手段。"

古人云，人生有三思，即思远、思行、思淡。

思远：有道是，人无远虑，必有近忧。凡事预则立不预则废。远，既是目标，是未来结果，是发展愿景，更是人的境界。人不能靠感性活着，人应该有理想。诸葛亮曾说过：志当存高远。人活着，要有目标，要有奔头。思远之所以重要，是因为没有远见，干起事来必急功近利，不能从长远考虑。思远，目标牵引成长，结果引导行为，境界提升形象。一个人如果只顾眼前利益，就很难开阔眼界，没有远大的抱负，这种人，往往在自我陶醉、自我满足、自我放纵中自毁前程。虽说谋事在人成事在天，但古人说的天道酬勤也还是有道理的。

思行：有了目标，就要根据目标进行行动设计，包括细化目标、制定行动措施。目标越清晰，行动就越高效；行动设计越精细，结果越有效。因为"细节决定成败，细节决定品味"。行动是过程，目标的设定可以督促我们自觉地对自己的行为进行反思，可以更好地进行某些行为的调整。孔子曰："吾日三省吾身。"意思是说，人要经常反省自己的所作所为，并在反思中不断调整、充实和提高。创新的本质就是从无到有、从小到大、从不发展到发展的过程，因此，行为是人生经常反思的重要课题。

思淡：现今世界有太多的诱惑，如果不以清心寡欲的心态来看待世界，会有很多欲望满足不了的痛苦，人将活得很累、很无聊。这里所说的思淡，不是没有追求，无所事事，而是对待人和事要平和、宁静、坦然和宽容。"不以物喜，不以己悲"，离世俗远一点，离自然近一点，淡泊就在其中。要珍惜自己身边的人、物、事。水至清则无鱼，人至察则无友。要有一颗平常心，凡事不要斤斤计较，要少抱怨；对看不惯的人不要清高，给自己增加烦恼。人要进取，要实现自我实现价值，但人更要珍惜生活爱惜自己。欲望没有止境，关键看心态。相传，乾隆皇帝下江南时，看到江面上千帆竞渡，不禁好奇地问："江上熙来攘往者为何？"陪伴一旁的大学士纪晓岚随口答道：

"无非为名、利二字。"可谓一语道破天机，看透人生奥秘。追求名利，无可厚非，是实现人生价值的重要标志。但若违背社会道德、违法乱纪、不择手段地追求名利，终被社会所唾弃。可见，思淡，小可利身，完善自我；大可利国，社会和谐。正所谓："阅透人情知纸厚，踏穿世路觉山平。"

目标是一种牵引力。科学合理地制定发展目标，可以激发人的活力和潜能，可以使员工在目标的指引下，脚踏实地，不急不躁，抱怨较少，奉献很多，有才有德，梦想成真。同时，通过个人、部门、企业之间目标的平衡，可以促使企业长期利益与短期利益的平衡，实现个人成长与企业发展的统一。就像一辆行驶的汽车如果没有目的地，油箱再满也起不到任何意义。企业发展也是一样，没有目标，则意味着企业和员工前景一片迷茫，绩效管理也将陷入无序和混乱。祝愿每个人都能找准自己的目标，精彩演绎自己的人生角色！

三、处理好四层关系

1. 个人目标与企业目标的关系

每个人都有一个明确的目标，而且个人的目标要和上级的目标相一致，这是最基本的。但是在企业生产经营实践中，经常会出现个人目标与企业目标不一致，甚至发生冲突的情况。这时该怎么办呢？一般来说，要遵循以下方法：一是企业目标必须明确可行，否则员工个人会迷茫，不知所云，个人目标设定就无从下手。二是针对有些员工认为的个人跟着企业走，个人就可以不必设定目标的想法，企业在设定目标时，要让员工充分参与，要让员工明白，企业目标的实现源于每一位员工的努力，只有员工达成了个人工作目标，企业愿景才有早日成为现实的可能。三是创造一个高效沟通的内部环境，上级信任下属，增强下属实现目标的决心；管理者敢于管理，充分履行职责；员工关注企业发展，为企业献计献策。四是充分授权。个人目标与企业目标出现不一致的原因之一就是双方所处的地位和角色不一样，看问题的角度不一样，导致双方目标有差异。这时企业可以采取角色互换的方式，上级充分授权给下属，让下级临时担任某一部门领导，做一项决策，让其深刻感觉到主人翁的地位，从而加强员工自我管理，充分调动积极性，促进二者目标的统一。

2. 与上级领导的关系

努力学习，正确和全面领会上级的工作意图，让上级放心，让自己进步；善于总结，主动汇报工作进展情况，不犯第二次错误，让上级省心，让自己严谨；勇于创新，敢于接受一些艰巨的任务和挑战，让上级开心，让自己成熟。

3. 与同事的关系

公平公正，心胸坦荡，豁达开朗；乐于助人，主动与同事沟通，关系融洽，增加自己的人脉；主动承担责任，不给他人添麻烦，人品好，有个好口碑，干起事情来比较顺利。

4. 与自身条件的关系——对自己的要求

德：毋以善小而不为，毋以恶小而为之；

智：善于学习，善于总结，善于思考，不断提高个人综合素质；

行：严于律己，宽以待人，积极主动，乐观向上，敢于承担责任，敢于创新，学会完整、干净、利索地完成一件又一件任务，而不是一味地抱怨、责怪、找麻烦。

四、方向比速度更重要

| 寓言故事 |

新龟兔赛跑

有一天，兔子和乌龟在森林中比赛，看谁第一个到达终点。兔子心想：我一蹦八个垄沟，怎么会输给乌龟呢，可笑；乌龟心想：我肯定跑不过兔子，就权当陪它玩儿吧。发令枪一响，兔子就像离弦的箭一样，嗖！冲出了起点。乌龟慢慢爬了两个小时到达了终点，可不见兔子。又过了很长时间，兔子大汗淋漓地从很远的地方跑了回来，沮丧地说："唉！别提了，发令枪一响，我就冲出去了，结果跑错方向了。"

龟兔赛跑的寓言故事对我们今天生活和工作的影响依然非常重要。任何一个企业或个人，不管从事什么工作，只要有目标，只要方向对头，即使能力有限，哪怕走得慢一点，也能一步一步趋近成功；可倘若没有目标，或者目标不明确，即使花费再大的气力，不仅白忙活一场，而且很可能离目标越来越远，事倍功半。

立志欲坚不欲锐，成功在久不在速，意思是说树立志向在于坚持，不在于锋芒毕露，成功在于长久不在于迅速。一颗小树苗要想成为参天大树，必先经历严寒酷暑、风吹雨打。

我们不妨看一下名人成功的足迹：达尔文写《物种起源》花了 20 年的时间，哥白尼写《天体运行论》花了 36 年的时间，歌德写《浮士德》花了 60 年的时间，托尔斯泰写《战争与和平》花了 37 年的时间。可见，成功需要坚持，成功需要毅力，成功需要时间；成功不是一朝一夕的事，成功不是一蹴而就的事。老话说得好："欲速则不达"，急功近利、没有远见的人终究不会成功。

曾经有一则笑话，智者问牧羊人："放羊干什么？"牧羊人回答："攒钱娶媳妇。"智者又问："娶媳妇干什么？"牧羊人回答："生小孩。"智者接着问："生完小孩，让小孩干什么？""放羊"牧羊人回答。这个笑话是嘲笑牧羊人没有远大的志向，一辈子都庸庸碌碌，只知道放羊生存。他应该有雄心壮志，力争拥有牧场、牛群，做庄园主。可见，目标对人的一生的重要性。

立志是人生的起跑点，目标的设定是人生规划的核心。如果你不知道你要去哪里，那么你就哪儿也去不了。目标是一种发现，人们往往要经过一番危机才能找到适应自己才能、追求及环境的目标。曾经看到过一篇文章，题目叫《守住"方寸"》，文中指出：做人做事应着重"五方"，即方位、方向、方略、方法和方寸。其中就谈到了方向问题，方向至关重要，它是人能否走向成功的关键因素，一个人也很努力，但前行的方向反了，就如前述的《新龟兔赛跑》中的兔子，难以成功到达终点。

我们在管理工作中，要正确地认识企业、部门及自身的能力，选准努力奋斗的方向，方向明确，不断反思而前行，即使前进的脚步较缓慢一些，也是一种对成功的积累；否则，方向不明确，背道而驰，速度越快离成功的彼岸越远。

正如一位哲人所讲：一个人最重要的不是他所取得的成绩、他所在的位置，而是他所朝着的方向。

高效管理的第一个环节就是明确目标，目标规划，有效制定目标计划表。明确的目标是进行时间管理的前提和基础。试想一下如果一个人没有了目标，没有了前进的方向，整天无所事事，就根本谈不上时间管理。用德鲁克的话说，首先是要做正确的事，其次是正确地做事。前者是指把时间用在正确的方向和合理的目标上；后者是指在工作中力求多、快、好、省，尽量提高时间的效能和效率。

从时间管理的角度来看，目标规划可分解为：

（1）以 3～5 年为单位的时间管理——战略管理，即有效合理地进行长远规划，强调方向明确，思路清晰，重点突出，这样不走或少走弯路，可以减少资源和时间的浪费；

（2）以年、季为单位的时间管理——目标管理，即把长远的规划目标具体化；

（3）以月、周为单位的时间管理——任务管理，即把工作分解为一个个任务；

（4）以日、时为单位的时间管理——效率管理，即有效利用每一天，每一个小时甚至每一分钟。

对于个人来说，设定目标可采用"目标倒金字塔"法，如图 1-4 所示：

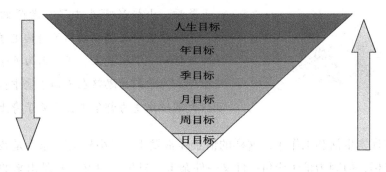

图 1-4　目标倒金字塔

每个人都在行色匆匆地赶路，向左转，没错；向右转，也没错，可是，你想去哪儿呢？告诉你——跟着目标走。人生在世，不能庸庸碌碌、无声无息地过一辈子，而要想有所成就，就需要不断地磨砺自己，逐步提高自己的修养境界。

心存大志、胸怀目标、放眼天下的人，做起事情来就会有更多的主动性、紧迫感，才能经常地将自己的行为与目标进行对照，并矢志不渝地向前走，从而更有效率。志向高远的人可能会失败，但志向短小的人注定不会有所作为。对于工作中的点滴小事斤斤计较，患得患失，终究不会有所成就，请谨记八个字：不问收获，只问耕耘。

五、排除干扰，锁定目标，坚持不懈

小松鼠哪儿去了？

课堂上，老师在给同学们讲故事：有三只猎狗追一只小松鼠，小松鼠快速地钻进了一个树洞。这个树洞只有一个进出口，三只猎狗无奈只好在下面等。不一会儿，从树洞里窜出一只兔子，兔子飞快地向前跑，并爬上另一棵大树。兔子在树上没站稳，一不小心掉了下来，砸晕了正在仰头等待的三条猎狗，最后，兔子竟然逃跑了。

故事讲完了，老师问同学们："这个故事有什么问题吗？"

同学们争先恐后地回答："兔子不会爬树；一只兔子怎么能砸晕三条猎狗；兔子在树上掉下来也会晕，不可能逃脱……"

直到同学们再也没有什么问题可问了，老师才说："小松鼠哪儿去了？"

是呀，小松鼠哪儿去了？老师的一句话，将同学们的思路拉回到了猎狗追寻的最初的目标——小松鼠上。正是因为兔子的突然出现，同学们的思路在不知不觉中被拉走了，大家把注意力都集中在了兔子身上。

在现实生活和工作中，这样的情景经常发生，"小松鼠"原本是我们最初的目标，但因为忙于应付一件又一件杂事，打发一只又一只跳出来的"兔子"，竟然迷失了最初的目标——"小松鼠"。要想忙得有价值，就必须在忙碌的过程中紧盯目标，排除其他因素干扰，坚持不懈。

人的行为选择取向是否正确，关键在于总目标的选择，然后才是阶段目标和各种分目标的选择。如果某个阶段目标或分目标在局部或一时是可取的，但在全局和长远看来并不可取，或与总目标发生冲突，就应当调整，甚至放弃它，否则就会因小失大，以致发生方向错误。

有人将"通用电气公司成为世界一流的团队，海尔短短十几年里的迅速崛起，犹太民族在世界上流浪了两千年后的重新建国"归因于"他们有共同愿景"。当每个人把自己融入更大的总目标中，当个体的目标得到组织的支持时，组织将爆发出无法阻挡的能量，同时个人愿景的实现会得到有力的帮助。

有这样一个故事，小鹰问老鹰："怎么才能飞得高呢？"老鹰望了望天空回答道："孩子，你只管往高处飞，别去看地平线在哪里。"……

不要顾虑自己过去做得怎么样，不要怀疑自己的能力，要把每一天当作一个崭新的起点，排除干扰，锁定目标，全力以赴。要想飞得高，就必须把地平线忘掉！歌德有句话说得好："最好不是在夕阳西下的时候幻想什么，而是在旭日初升的时候即投入行动。"

第 1850 次拒绝

在世界电影史上，有一个人的名字想必大家不陌生，他就是席维斯·史泰龙，他的成功可以说是一个传奇。

席维斯·史泰龙是美国人，年轻时穷困潦倒，最穷的时候，即便是把身上所有的钱加在一起也买不起一件像样的西服，但他心中始终坚持着一个梦想，即他想做演员，拍电影，当明星。

当时，为了进军好莱坞，他把好莱坞的所有电影公司都细数一遍，共有500家电影公司，他逐一排好名单顺序，根据自己划定的路线，带着自己量身定做的剧本前去一一拜访。第一个回合下来，所有的500家电影公司百分之百地拒绝了他，没有一家公司愿意聘用他。面对这种尴尬的局面，史泰龙没有灰心，决定从第一家公司开始继续他的第二轮拜访。第二轮的拜访如出一辙，这500家电影公司依然百分之百地拒绝了他。史泰龙咬了咬牙，决定进行第三轮、第四轮的拜访和自我推荐。功夫不负有心人，在第四轮拜访快结束的时候，第350家电影公司的经理答应他先把剧本留下来看看，然后让史泰龙回去等消息。

几天后，史泰龙接到通知，请他过去详细商谈。就在这次商谈中，这家公司决定投资开拍这部电影，并请史泰龙担任自己所写剧本中的男主角。这部电影名叫《洛奇》。史泰龙从此走上了电影之路，经过多年的打拼和努力，终于圆了当电影明星的梦想，成为好莱坞红遍全世界的巨星。

席维斯·史泰龙成功的秘诀就是胸怀理想，认准目标，锲而不舍。我们工作中，许多人有时离成功只有一步之遥，却始终没能如愿，归根结底就是缺乏坚持。其实，成功的大门对于每个人来说，都是随时敞开的，就看你有没有毅力、毫不懈怠地坚持下去。平庸的人和杰出的人，最本质的区别就是看能不能坚持。坚持下去就是胜利，半途而废则前功尽弃。

六、把握节奏，步步为营

世界首富比尔·盖茨曾经说过，他成功的公式就在于：

成功＝远大的目标＋做事的热情＋适当的方法与步骤

由此可见，管理者，忙但绝不能"盲"。要形成有目标的忙，同时还要把握节奏，制订行动方案，有方法、有步骤地忙，要忙而有序，一步一步实现总目标。

一个目标应该具备以下四个特征才可以说是完整的：

首先，目标是可以达到的。目标要远大但也不能高不可攀，要根据自身情况不断地设定具有挑战性的但能做得到的目标。心理学实验证明：太难或太容易的事，都不具有挑战性，不能达到的目标只能说是幻想、白日做梦，太轻易达到的目标又没有挑战性，不会激发人的热情行动。中短期目标是现实行动的指南，若目标低于自己的水平则不具有激励价值；但如果高不可攀，拿不出切实可行的计划来，不能在一两年内明显见效，则会挫伤积极性，反而起了消极作用。正如你确定要走 1 公里路，当走 0.8 公里时，便可能感觉累了而松懈下来，认为反正目标快实现了；但如果你的目标是走 10 公里路，你便会做好各种思想准备，调动各方面的潜力，这样当走到 7~8 公里时，你才可能会稍微放松一点儿。可见，设定一个远大的目标更能激发最大的潜能，人的进步也越大。

其次，目标是具体的。"我将来要做一个伟大的人"，这就是一个不具体的目标。目标一定要是具体的，比如我想成为一名出色的汽车修理方面的专家，那么我就得定一个目标：每天不少于 2 个小时的业务理论学习。中短期目标应尽可能具体明确，并限定时间。由于个人的经验、素质水平和现实环境的影响，只有具体、明确并有时限的目标才具有行动指导和激励的价值。要在约定的时限内完成特定的任务，就会使人集中精力，调动自己和他人的潜力，为实现目标而奋斗。反之，则根本谈不上成功和卓越。

再次，目标是可衡量的。任何一个目标都应有可以用来衡量目标完成情况的标准，你的目标愈明确，就能提供给你愈多的指引。目标实施到一定阶段，就要对分目标进行适时地总结，以求增强信心，实现分目标就带来了阶段性的成就感并缩短了到达成功的距离。

最后，目标是分时间阶段的。任何一个目标的设定都应该考虑时间的限定，是一年内还是两年内完成目标，都应当明确。而且，为了实现总目标，在步骤上必要的时候可以以退为进。

可口可乐闯入中国

美国可口可乐公司打入中国市场时，并不受欢迎，因为中国国内当时已有几种自主品牌。1984年4月，美国可口可乐公司就向北京的一家外贸企业主动赠送了一条价值140万美元的可口可乐生产线，并无偿提供各种相关技术和工艺标准，使该外贸企业大获其利。之后，美国可口可乐公司又先后在中国投资800万美元，并承诺所得利润90%归中国。如此经营了十年，账面上一直没有利润，直至20世纪80年代末才消灭财务赤字。但是，该公司却在中国建立了一个又一个独资或合资企业，几乎在各省都建立了销售网，在中国市场上牢牢站稳了脚跟。

这就是该公司"以退为进"、"步步为营"的方法的应用。为实现总目标积蓄力量，创造条件，待时机成熟时再向前推进，以最终达到解决问题的目的。

七、酒香也怕巷子深

"会哭的孩子有奶吃"

小赵与小李二人同年大学毕业，并同时进入同一家企业工作。

小赵工作能力一般，但是非常"聪明"——既能干又会干，擅长观察，爱动脑筋出主意想办法，别人用两个小时完成的工作，他用一个半小时，而且完成得还很出色。同时在工作之余，经常找主管领导交流思想，给部门和企业提出一些合理化建议，并总会在恰当的时候在领导面前适度表现一下，深得领导欢心，很快就被提为部门经理。小李在校时就是高才生，工作中吃苦耐劳，踏实勤奋，在单位除了工作就是工作，经

常加班加点，话很少，跟谁也不来往。小李也深知当今社会人际关系的重要性，但就是不擅此道，只知老老实实做人，踏踏实实做事，所以提拔重用的好事自然轮不到他，业绩平平。

一次偶然机会二人在酒桌上邂逅。酒劲正酣，开始推心置腹掏心窝子。小李将心中的苦闷向小赵倾诉，小赵只说了一句话："兄弟，当今的社会，既要埋头拉车，更要抬头看路！"

一语惊醒梦中人，是呀！纵然学富五车，才高八斗，本事再大，如果"养在深闺人未识"，又能怎样？这不由得让人想起一句俗语："会哭的孩子有奶吃"。话是糙了点儿，但精辟之至。不会言语的孩子的哭啼虽然打搅了父母，但却吸引了父母的注意力。而不会哭闹的孩子，父母自然以为没有什么需求，当然也就无奶可吃喽！

现实管理当中，类似小李这样的员工不在少数。以前我们常说"酒香不怕巷子深"、"是金子，总会发光"，但是进入现代社会，尤其是在这个以效率为先、靠业绩说话的时代，单凭埋头苦干，即使付出比别人多两倍甚至三倍的努力，如果没给企业带来效益也是不足以称道的。知识经济时代，仅仅有埋头苦干的"老黄牛精神"已经不够了，"酒香也怕巷子深"。诚然，我们提倡工作应尽心竭力，精益求精，但也要抓住机会，适时表现，努力工作，更要学会聪明的工作，这也是解除困顿，避免怀才不遇的一条捷径。

戴尔·卡内基曾说过："一个人的成功，百分之十五是靠专业知识，百分之八十五是靠人际关系与处事能力。"成功不可能通过孤军奋战来实现，必须经过人与外部世界的联系才能达成。

八、合作更助目标实现

一个企业或一个部门为实现总体的战略目标，相互之间的合作必不可少。管理学大师彼得·德鲁克指出："一个组织就像一部美妙的乐曲，不过，它不是单个人的音符罗列，而是由人们之间的和声所谱成。"同样，一个团队要取得高绩效，也是由团队各个成员之间的"和声"——相互协作、相互配合而成。团队的每一个成员都可以并有义务分享一份领导责任，目标一致，和谐共处，相互信任，为实践自己的责任而努力付出并取得很好的成就。如何打造一个高绩效的团队，实现组织目标呢？

1. 搭建合理的结构

《西游记》中的主要人物就是一个结构合理的优秀的团队，四个人具有很强的互补性：孙悟空是聪明好动型，永远充满活力，不断挑战自我。猪八戒是活泼可爱型，善于说笑，感情外露，热情奔放，懂得在工作中寻找乐趣，是大家的开心果。沙和尚是平和理智型，善于观察，不擅言谈。每当孙悟空在行动，猪八戒在磨叽的时候，沙和尚在细心观察。当孙悟空在攻击、猪八戒在尖叫时，沙和尚稳如磐石，冷静地面对复杂多变的局面。唐僧是至善完美型，善于思考感悟，愿景清楚，追求至善至美。当遇到困难的时候，他们总是可以设法激发出彼此的长处，最终完成了取回真经的使命，也享受了取经的过程。

在组织中，人才结构决定着人才群体的功能，同样的人才数量和质量，搭配得结构不同，发挥的作用差异很大。高效的团队都是由不同性格、承担不同角色的人构成的。高绩效团队能够给成员适当地分配不同的角色。同样一堆碳原子，可以构成很软的石墨，也可以构成坚硬的金刚石，这是结构决定功能的基本原理。

新中国成立以后我国重大的科技攻关成果之一——"两弹一星"的成功，也是搭建合理结构，合作见成效的典范。这是一支了不起的科学家团队，这个团队是以朱光亚为核心，还有王淦昌、彭桓武、邓稼先、周光召、黄祖洽等杰出的科学家，在国家最高领导层的英明决策和全国人民的大力支持下，成员之间相互配合，不畏艰难险阻，共同攻克科学难关，使团队的整体效率和整体创造力都发挥到了极致，圆满地完成了试验任务。为党和国家及全国人民争得了荣誉。

一个高效的团队中，领头羊的角色至关重要。团队以能力高、素质高的人为核心，才能荟萃精英，调动各方面的积极性和创造性。因此，必须选好组织的最高领导者和各部门的正职。在各部门的工作中，也要注意培养各领域的带头人，培养他们统一的价值观，发挥凝聚作用。如果一把手能力欠缺，水平不高，独断专行，再好的副手和员工也难以发挥应有的作用。许多人辞职原因之一是由于上司的无能，自己不但不能学到东西，而且备受压抑，看不见前途，这样的组织岂能赢得激烈的市场竞争！

2. 优势互补

旅游观光，逛庙必不可少。不知您在烧香拜佛的时候是否留意到庙堂的设计结构。一般来说，正对庙门，是一尊弥勒佛，憨态可掬，笑脸迎客。而在他的背后，则是护法神韦陀。相传在很久以前，他们并不在同一个庙里，而是分别掌管不同的庙。弥勒佛热情快乐，乐于助人，所以崇拜的人非常多，自然香火旺盛。但他什么都不在乎，丢三落四，没有好好管理账务，所以经常入不敷出。而韦陀虽然是管账的一把好手，但成天阴着个脸，过于严肃，人们心生惧怕，所以去他庙里的人越来越少，最后香火断绝。佛祖在查香火的时候发现了这个问题，就将他们俩放在同一个庙里，由弥勒佛负责攻关，笑迎八方客，于是香火大旺。而韦陀铁面无私，锱铢必较，则让他负责财务，严格把关。在两人的分工合作下，庙里一派欣欣向荣的景象。

这个故事的真实性无从考证，但至少能说明一点：在团队中，各种人才因子之间要互补，使各个人才因子各得其位，各展其能，形成一个高效能的团队。结构合理，各显其能，运转和谐，团队自然就更快乐。

人各有脾气秉性，如果它与某个岗位的要求恰好吻合，一个人工作起来就会轻松自如，否则即使付出巨大的努力，效果也不尽理想。不同专业、性格、气质的人在一起，往往能互相激发想象力，各司其职，各得其所。尤其是配备领导班子和组建工作团队时，一定要注意性格、专业、气质等各方面的互补，要刚柔相济，"慢"性子的人在班子中往往能起到"减震"作用，切忌把同一类型的人才凑在一起。

蓝色巨人 IBM 每年要从高等院校中招募大学毕业生，在所招募的人才中，大约一半的人是学数学、工程和物理的理工科学生，有 40% 的商学学生，另外的则是文理专业的毕业生。公司之所以这样做，也是遵从不同学科的人才可以实现优势互补这一用人规律。

3. 角色分工

每年在美国的职业篮球比赛结束之后，常会从各个优胜队中挑选最优秀的球员，组成一支"梦之队"赴全国各地比赛，以制造新一轮高潮，尽管这些球星很卖力，但是结果总是令球迷失望——胜少负多。究其原因，在于他们不是真正意义上的团队，虽然他们都是最顶尖、很有专长的篮球明星，但是，由于他们平时分属各个不同的球队，临时组队角色分配不清，配合不是很默契，无法取长补短和培养团队精神，不能形成有效的团队出击。

而足球世界杯中，大凡"漂亮的进球"都是"打配合"的结果，是"团队精神"的结果，再有名的球星离开队友们配合也难以攻破对方大门。

尺有所短，寸有所长。任何人都不是全才，在某些方面有特长、专长，在其他方面就是劣势。如果能按照不同的特长把人才放到合适的岗位，则人人心情舒畅，工作效率高。

4. 年龄、性别互补

从新中国成立到现在，中国共产党一直提倡组建各级领导班子时要注意老、中、青三结合的思想，以确保形成年龄梯队，这样有利于国家的长治久安。纵观国内外基业长青的企业，无一不是智慧地解决了领导团队的年龄互补甚至是接班人的问题。联想集团的柳传志提出管理要诀是"定战略、搭班子、带队伍"，在位时很注重搭建不同年龄层次人才组建的团队，在他的主导下，杨元庆、郭为等一批年轻有为的青年才俊很快脱颖而出，并且成长为联想集团的主要领导者。世界500强排名第一的美国通用电气公司杰克·韦尔奇也特别注重选拔、培养、使用年轻人才，组建合理的人才梯队，从而确保公司长盛不衰。

好的团队需要合理的人才年龄结构，同时吸纳一定数量的新员工，以使得这个团队保持旺盛的创造活力，形成接班人梯队。年长者经验丰富，青年人最富有创造力，新员工有新思维，不入俗套。尽管年轻人经验不足，但是他们未必比资历深的长者知道得少，他们思维敏捷，接受新知识、新理论、新观点、新技术快，尤其是当今世界科学技术日新月异，发展迅猛，知识更新周期越来越短，信息沟通日益宽广方便，这正是年轻人大显身手的好时机。在搭建团队时，应该注意发现、重用有能力、善学习、有业绩的年轻人和新员工，使其在最佳时间充分发挥作用。

俗话说：男女搭配，干活不累。男性意志刚强，但粗心；女性温柔，细心，而且更具有沟通、理解、用和谐合作来调动团队的精神等优势。如果在组建团队时，能够注意性别互补，实现刚柔并济，工作效率会更高，有利于增加团队的和谐度。

IBM公司每年从高等院校招募的毕业生中，大约40%是女生；谷歌公司有6位女性副总裁，2位女性董事会成员，还有许多女工程师总监、女工程师等，想方设法提高女性工程师的比例；另据对澳大利亚1800名男性和女性职业经理的调查数据显示，女性的领导能力不亚于男性，男性在抓住关键问题方面比女性略胜一筹，在管理运作的整体掌控及关注资金回报方面强于女性，而女性管理者比男性更勇于尝试自己的想法，并挑战现状，更具有战略意识，冒险精神，人际交往能力和创新精神。

5. 动态调整

天空中结队飞行的大雁可以给我们极大的启示。大雁飞行时一个明显的特征是经常排成一个"V"字形,这种飞行的原因是前边的大雁可以为后边的大雁创造一个上升气流。研究表明,这种"V"形的飞行比单独飞行增加71%的空中范围。在长距离的飞行中,当"V"字顶端的头雁飞行一会儿后,它就换到后面的某个飞行位置,后面的位置要比顶端的位置相对容易,因为顶端更需要奋力飞行,这时另外一只大雁就会取代它飞到顶端做头雁。另外一个特征就是当这些大雁飞行的时候,它们不停地高声鸣叫。这种声音并不是随意的,是队伍后面的大雁发出的,用来鼓励、支持和催促头雁。而头雁为了节省体力,通常是不叫的。

当今,组织面临的外部环境、目标和任务是不断变化的,人才的搭配不能一劳永逸,要经常调整人才结构,使之不断保持人才最优配置。高效的团队的领导班子也不是固定能够不变得,是动态调整的,领导的位置根据具体情况在很大范围内轮换,这样既能够提高干部的综合素质,在很多方面都经过历练,而且退下来的前任领导对现任领导发挥督促、指导、辅佐、鼓励的作用。至于年龄、性别、专业技能等方面的比例与组合,则可以通过选拔、招聘、晋升调任、开发培训等方法来调整配置;当组织目标、工作情况有大的变动时,就必须做出全面的调整;人的才能不是一成不变的,处于不断发展变化之中,这些都要求对团队的成员进行动态调整与管理。

当然,打造高效团队、搭配人才时一定要慎重选拔团队成员,既要考察其道德品质、价值观等是否符合团队发展与建设的需要,还要认真考察其是否有团队所需要的能力、性格、气质、专业、专长、年龄等,千万不能把"人才互补"变成人才的"内耗"、"窝里斗",从而产生副作用,与打造结构合理而快乐的团队的宗旨背道而驰。

镜 鉴 感 悟

任何一个企业或个人,不管从事什么工作,只要有目标,只要方向对头,即使能力有限,即使速度慢点,也总有到达终点的那一天;可是倘若没有目标,或者目标不明确,结果往往会事倍功半。

第二面 要事镜子

要事第一，忙要忙得有成效

镜中焦点：

一、集中精力做好一件事

二、分清轻重缓急

三、把复杂的问题简单化

四、发现问题就等于解决了问题的
一半

五、重视细节，小事也要做到位

要事第一，不是给你提供另外一个时钟，而是给你一个罗盘——因为比速度更重要的是前进的方向，你的主要任务是将主要事务放在主要位置。

——美国管理学大师　史蒂芬·柯维

内 涵 解 析

案　例

小实验，大道理

　　一天，某著名教授在上实验课，他让同学们搬来一些看起来莫名其妙的东西，其中，有一盘大石块，一盘小石块，一盘粗沙子，一盘细沙子，一大盆水，一个大大的透明玻璃杯。教授说道："同学们，今天我们来做一个有趣的实验。实验的要求是把我眼前的这所有的石头、沙子和水都装到这个玻璃杯里。那么，请同学们回答，杯子能装得下这些东西吗？"

　　同学们面面相觑，纷纷露出疑惑的表情。认为东西那么多，杯子那么小，把所有的东西都装到玻璃杯是不可能的。看到同学们如此这般，教授笑道："首先必须明确一点的是，这些东西是可以全部装到杯子里的，只是你要找准顺序。应该按照什么顺序来装呢？"顿时，同学们的好奇心被调动起来，大家七嘴八舌，纷纷发言，有人认为应该先装水，有人认为应该先装细沙子……下面我们就来看看到底按照什么顺序才能完成这个实验。

　　教授先把大石头装到杯子里，再把小石头装进去，接着装粗沙子，然后装细沙子，最后把水全部倒了进去。刚刚好，一样东西也没剩下，教室里顿时掌声雷动。

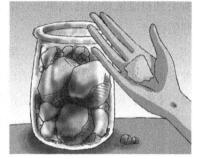

　　最后教授总结道："表面上看，我们是在执行一项不可能完成的任务，但事实表明，

第二面　要事镜子

按照刚才的顺序，我眼前这所有的东西都已经被完全装到这个玻璃杯里。这其中只要有一个顺序不对，任务都不能完成。"

这个实验，告诉我们一个什么样的道理呢？面对繁杂的各项工作，要按照其重要程度的先后顺序来安排，按事情的轻重缓急来办。哪些应该优先对待？哪些应该拖延处理甚至不予处理？遴选要事，要事第一，这是我们处理事情的原则。因为人的精力和能力都是有限的，只有这样，我们的工作才能不断保持较高的效率。那么判断事情重要程度的标准是什么呢？

一般来说，不同的情形会有不同的标准，但有一个标准是管理者要牢记在心的，那就是：对实现目标的贡献的大小。对实现目标贡献越大的事情越重要，需要优先处理；对实现目标贡献越小的事情越不重要，应推迟处理。当然，这里有一个前提，就是：管理者得时刻清楚自己的目标。当目标失去时，先做哪件事都无关紧要。

这就是高效管理的另一个原理——"要事优先"原理。要事第一，忙要忙得有成效，管理者要始终做最重要最紧急的事情，因为当我们在做一件并不是最重要最紧急的事情的时候，即使我们拥有了独立而完整的时间块，我们也很难做到"专心"，因为那些比这件事更重要更紧急的事情会时时"骚扰"我们的"心"。所以，我们一定要做到"要事优先"。

所谓要事第一：要事是指大事、紧急及其重要的事情，意思是说，在处理事情时，要把大事、紧急且重要的事情放在第一位。当我们时时刻刻都在做当时最重要最紧急的事情的时候，我们才能获得最大程度上的"专心"。这就是"要事优先"管理原理，这就是要事优先管理法则背后的东西。

要事第一是优秀管理者的一项重要习惯。我们在工作和生活当中，不可避免地要被许多杂事、琐事所牵绊，被这些事情弄得心情不好，心烦意乱，看不到自己应该做什么事情，耽误了自己最重要的事情，白白浪费了许多大好的时光。

德国诗人歌德曾说过："重要之事绝不可受芝麻绿豆小事牵绊。"为此，管理者在工作当中，应根据实际情况，审时度势，区分主次，而非一味地忙碌，莽撞，做无谓的牺牲，最后把自己搞得心情不好，一事无成。

那么管理者如何做到高效顺利的工作呢？也许下面的几个要点会让您有所启迪。

镜 中 焦 点

一、集中精力做好一件事

师 徒 共 勉

有一位表演大师上场前，他的弟子告诉他鞋带松了。大师点头致谢，蹲下来仔细系。等到弟子转身后，又蹲下来将鞋带松开。有个旁观者看到了这一切，不解地问："大师，您为什么又将鞋带松开呢？"大师回答："因为我饰演的是一位劳累的旅者，长途跋涉让他的鞋带松开，可以通过这个细节表现他的劳累憔悴。""那你为什么不直接告诉你的弟子呢？""他能细心地发现我的鞋带松了，并且热心地告诉我，我一定要保护它这种热情和积极性，至于为什么要将鞋带松开，将来会有更多的机会教他表演，可以下一次再说啊。"

人，一个时间只能做一件事情，懂得抓重点，才是真正的人才。

一个人的精力是有限的，把有限的精力分散在几件事情上并不是明智的选择。心急吃不了热豆腐，想一口吃个胖子是不切实际的。只有按照合理的次序，集中精力做好一件事情，才能有条不紊，才能比其他任何人做得更出色。所谓"术业有专攻"，只有"专"才能"精"。那些高效的管理人士往往都把某一个明确的目标当作他们努力的主攻方向，而且目标越鲜明、越具体，越有益于成功。正如拿破仑在回答别人问他打胜仗的原因时所说的："就是在某一点上集中最大优势兵力。也可以说是集中兵力，各个击破。"真是英雄所见略同——这也正是毛泽东军事思想中的重要部分。可见，集中精力对于成功是极其重要的。

在日常管理工作中，我们发现，许多管理者工作非常努力，经常加班加点，但收效甚微。很大程度上是因为在工作中没能集中精力，也就是我们常说的没有用心，注意力分散，思想不集中，干着这件事，想着别的事，工作效率大打折扣。其结果只能像下面故事中的小猴子，两手空空，一事无成。

| 寓言故事 |

猴子摘果子

一只小猴子下山采摘果实。它来到一块玉米地，看见玉米长的又大又好，非常高兴，就掰了一个，扛着往前走。小猴子扛着玉米，走到一棵桃树下。它看见满树的桃子又大又红，非常高兴，就扔了玉米去摘桃子。小猴子捧着几个桃子，来到一片瓜地。它看见满地的西瓜又大又圆，非常高兴，就扔了桃子去摘西瓜。小猴子抱着一个大西瓜往回走。走着走着，看见一只小兔子蹦蹦跳跳的，真可爱。它非常高兴，就扔了西瓜去追小兔。小兔跑进树林子，不见了。小猴子只好空着手回家去。

不能集中精力做好手头的工作，结果不是耽误了时间，就是错过了机会，到最后完不成规定的任务。这种急功近利的做法是不可取的。

如今，做事是否集中精力，已成为衡量一个管理者职业品质的标准之一。一些企业文化提倡"爱岗、敬业"，倡导"干一行、钻一行"，而我们在工作中能够做到集中精力，全身心地投入，便是敬业最基本的体现，而这对于我们自己也是非常重要的。

二、分清轻重缓急

当你在工作中像上述猴子一样手忙脚乱的时候，你有没有认真地想过，造成这种现象的原因是什么？我想，很重要的一个原因就是没很好地分清工作的轻重缓急，没有找到什么是"要事"，也就没有好地合理地安排时间，搞不清楚自己该做什么，不该做什么，一会儿弄弄这，一会儿弄弄那，耗费了时间不说，最后什么都没弄成。

| 寓言故事 |

父 问 子 答

一位父亲问自己的儿子："要是你在森林中遇见了狼，应该怎样办？"儿子回答："我就逃跑。"父亲听后很不满意，训斥他道："真是个胆小鬼，你应该反抗，用猎刀砍死它。"儿子反问父亲："那要是遇见两只狼呢？""你就用猎枪打死它们。""那要是遇到十只狼呢？"父亲这回也没办法了，无奈地说："那你还是跑吧，已经别无选择了。"

其实这个儿子并不是胆小鬼。人的能力是有限的，在对付"一两只狼"时，勇敢地面对，无所顾忌，方显英雄的本色；可在对付"十只狼"时，因为寡不敌众，退让逃命是一种最有效的保全自己的灵活策略。

任何工作都有个轻重缓急之分，要事放在要位，分清主次，做好最重要的事，你的工作才会变得有条不紊，卓有成效。对于任何一个追求完美的人来说，如果分不清哪些是最重要的，而是希望把所有的事都做好，那么他将无法做好任何一件事！

下列案例也许就发生在您的身边，请试着分析一下小谭工作中的问题。

案　例

小谭的一天

谭明是某进出口公司的销售部高级主管，工作踏实肯干，任劳任怨，部门经理非常信任他。随着市场竞争的日益激烈，公司的生意也不太好做，销售部的压力很大，小谭肩上的担子自然也不轻松，每天从早忙到晚，非常辛苦。

月初的一天，小谭刚进办公室，部门经理就告诉他，下个月经理要去外地跑业务，大区公司有一个重要的会议，让小谭代表销售部发言。小谭很是高兴，因为这是一次在公司上层领导面前展示自己的一次机会。他暗下决心："还有一个月的时间，我要好好准备。"

接下来的日子，小谭还是非常忙碌，早晨送女儿上学，白天工作一大摊子事，晚上还要陪客户吃饭，应酬不断。直到有一天，小谭突然意识到快要开会了，可是他的发言稿还没有着落，心里不免有点着急。但又转念一想，还有一整天的时间，明天一定放下所有的事，专心致志写发言稿。

结果第二天一大早，女儿突然发烧，小谭因急于上班收集资料，只好求妻子将女儿送到医院打点滴。自己匆匆忙忙赶到公司。刚进办公室，总经理办公室的秘书来找他，让他到总经理办公室去一趟。他心情有点忐忑，不知道会有什么事发生。总经理告诉他，公司接到消费者的投诉，反映他们销售部服务态度有问题，责成他立刻调查清楚，下午要答复。小谭不敢怠慢，立即着手调查，忙了一上午，到中午12点总算把事情搞清楚了，上报总经理，他长舒了一口气。

到吃中饭时间了，心想终于可以边吃饭边构思发言稿，两不耽误。突然接到一个电话，是一个长期大客户打来的，说刚好到本市出差，想请小谭吃个饭。迫于面子小谭只好去了。饭一直吃到下午2点半，回到办公室，看到桌子上放了几份文件，都是要急于回复的，就赶紧批复文件，期间又有两个下属来汇报工作，又接了几个电话，等忙完这一切，抬腕看表已经到下班时间了。心里又惦记女儿的病，不想再加班了，于是开车回家。

一路上正值晚高峰，车是走走停停，平时半个小时的路程，今天竟然走了一个半小时。到家已经7点了。吃完饭，哄哄女儿，这就已经8点半了。打开电视，浏览一下要闻，发现正在直播奥运会百米决赛，有中国运动员参加，小谭就对自己说："看一小会儿，放松一下，写稿子效率更高。"比赛完毕，小谭已经在沙发上睡着了。先睡觉吧，明天早上早点起来写。

第二天早上4点，小谭设置的闹钟响了，他匆忙爬起来，想写发言稿，刚写几个字，就觉得像没睡醒一样，头昏眼花。算了，再睡一会儿，到办公室再写吧。

小谭提前来到办公室，由于资料不全，也就写个大概情况就开始开会了，小谭在会上发言的效果就可想而知了。

【揽镜自检】

作为一名管理者，请思考一下：

1. 你有过类似的经历吗？

2. 小谭在时间管理上出现了什么问题？应如何改善？

3. 小谭应如何按事情的轻重缓急来划分？为什么？

案例告诉我们，必须按事情的轻重缓急展开工作，尤其是当许多事情都堆在一起时，首先得让自己明白，什么是最重要的事，什么是必须马上要去做的事，什么是要花最大精力去做的事，让要事第一的观念成为一种习惯。当然这里要注意不要把最紧急的事情当作最重要的事情。有时紧急的事情不一定是最重要的事情。比如，一件事是你现在急需复印一份文件，却发现复印纸没有了；另一件事是你一周内要完成一份产品试用调研报告。很显然，前者是紧急的事，需要第一时间处理；后者是重要的事，需要花时间和精力来完成，而且还要出色地完成。

分清轻重缓急，要事第一，工作才有高效率，这是我们成为优秀管理者的秘籍。

三、把复杂的问题简单化

寓言故事

捡到手表的猴子

森林里生活着一群猴子，每天太阳升起的时候它们外出觅食，太阳落山的时候回去休息，日子过得平淡而幸福。

一名游客穿越森林，把手表落在了树下的岩石上，被猴子猛可捡到了。聪明的猛可很快就搞清了手表的用途，于是，猛可成了整个猴群的明星，每只猴子都渐渐习惯向猛可请教确切的时间，尤其在阴雨天的时候。整个猴群的作息时间也由猛可来规定。猛可逐渐建立起威望，最后当上了猴王。

做了猴王的猛可认识到是手表给自己带来了机遇与好运，于是每天加倍时间地在森林里寻找，希望能够得到更多的手表。功夫不负有心人，猛可果然相继得到了第二块、第三块手表。但出乎猛可的意料，得到了三块手表反而有了新麻烦，因为每块手表的时间显示的都不相同，猛可不能确定哪块手表上显示的时间是正确的。猴群也发现，每当有猴子来询问时间时，猛可总是支支吾吾回答不上来，猛可的威望大降，整个猴群的作息时间也变得一塌糊涂。

只有一块手表，可以知道是几点，拥有两块或两块以上的手表并不能告诉一个人更准确地时间，反而会让看表的人失去对准确时间的信心。这就是著名的"手表定律"。

"手表定律"带给我们一种非常直观的启发：不要把问题复杂化，管理就是把复杂的问题简单化。

对于任何一个企业，不能同时设置两个不同的目标，否则将使工作无法完成，目标无法按期实现，企业也就无法发展；对于一个人，也不能同时选择两种不同的价值观，否则他的行为将陷入混乱；一个人不能由两个以上的人来同时指挥，否则将使这个人无所适从。

美国管理学家唐纳德·伯纳姆在其名著《提高生产效率》中提出了提高效率的三个基本原则之一，就是处理任何工作时必须思考：能不能取消它？能不能将它与别的工作合并？能不能用简便的东西替它？美国哈佛大学教授罗伯特·S.卡普兰等人提出 KISS 原则（Keep it Simple and Stupid）是指使解决复杂问题的系统或方法简单化、傻瓜化。这些原则的核心理念就是化繁为简。这些简化原则对管理者来说，具体要求为简单管理和"去复杂化"。

所谓简单管理就是在企业的运作过程中，准确把握事物的规律，由此及彼，由表及里，将一个个复杂的问题简单化，然后高效地加以解决。随着市场经济的不断发展，企业的规模越来越大，人员越来越多，组织机构越来越庞大，上下级之间、部门之间的沟通越来越缓慢，导致效率越来越低下。这样的管理现状表明，我们的企业病了，得的是"复杂病"。有病治病，没病防病，治疗"复杂病"的良方就是把管理问题简单化，效率要提高。

这里所说的简单管理绝不意味着简陋、肤浅，也不意味着头脑简单、处事简化，更不是一味地"减少"和"放弃"，而是蕴含着深刻、丰富的内涵，是一门事半功倍的大学问，是管理的最高境界。简单化的核心就是：产品设计简洁化、生产流程简洁化、布置任务简单化、工作关系简明化、工作程序简洁化、工作方法简略化等。简单管理的核心就是要在企业或部门内部形成一种自然秩序，各个环节和个人都知道自己应该干什么，应该什么时候干，应该干好什么，应该做到什么程度，用不着管理者整天指东道西。管理大师彼得·德鲁克告诉我们："最好的管理是那种交响乐团式的管理，一个指挥可以管理 250 个乐手。"在一个交响乐团里面，有大提琴手、小提琴手、管乐手、号手和架子鼓手等，每一个角色都知道到哪个环节应该演奏什么，演奏的强弱度如何，用不着乐队指挥告诉他，指挥只不过在演奏期间给个适当的提示和感情的激发。在企业管理中，一旦每个岗位、每个环节、每个人都知道自己该做什么并且知道做好什么的时候，企业就进入了简单管理的井然有序的秩序了。可见，简单管理的思想精髓可概括为：用尽可能简单的方法做事，化繁为简，讲究实效，实现简约、集约和高效。简单管理是有效解决文山会海、形式主义、官僚作风、拖拉推诿等让现代管理者深感头疼的问题的良剂。

管理是复杂的，但也是简单的，如何将复杂的事情回归于简单，根除企业的"复杂病"，是每一个管理者亟待思考和解决的问题。古人云："大道至简"、"道法自然"、"无为而治"、"治大国若烹小鲜"。治国尚如此，何况管理企业呢？面对复杂多变的外部市场环境和纷繁复杂的内部事务，企业管理者特别是高层管理者能否清醒地透过现象把握事物的本质，采取简单有效的手段和措施去解决问题，并营造出管理简单化的机制，是企业能否持续发展的重要法宝。

2003年的某一天，海尔CEO张瑞敏在接受凤凰卫视财经记者采访时表示：如果有可能，他希望向韦尔奇当面请教"大企业如何做小的问题"。显然，韦尔奇在简单管理方面有其独到的论断。

杰克·韦尔奇，通用电气公司（General Electric）CEO，被誉为"20世纪最伟大的商界传奇人物"、"全球第一职业经理人"，以其优异的管理思想和领导艺术造就了"GE神话"。

韦尔奇的管理思想中有一条非常著名的论断，也是他领导公司成功的秘诀之一就是"把事情简单化"，他说："管理就是把复杂的问题简单化，把混乱的事情规范化"，他的目标就是"将我们在通用电气所做的一切事情、所制造的一切东西'去复杂化'，以最少的监督、最少的决策拖延、最灵活的竞争方式开展商业活动"。

企业管理其实不难，难的是从复杂的管理中把握规律，找到独特的思路，养成良好的习惯。最好的管理其实是简单管理，最有效的方式就是凡事简洁，从最简单、最实用的角度出发，将经营管理的活动细节化，将复杂的管理问题简单化。如何化繁为简，实行有效的简单管理，是当今许多管理者正在迫切寻找的答案。那么，到底企业如何进行管理简单化呢？笔者认为，有如下方法供参考：

第一，树立刺猬理念。刺猬理念源自古希腊的寓言"刺猬与狐狸"。狐狸是一种狡猾的动物，行动迅速，皮毛光滑，脚步飞快，它能够设计无数复杂的策略，偷偷向刺猬发动进攻。刺猬尽管没有狐狸聪明，但每次刺猬都蜷缩成一个圆球，浑身的尖刺指向四面八方，结果刺猬屡战屡胜。

刺猬理念就是强调将事情简单化。只有将事情简单化，才有可能集中精力去干大事。企业无论规模大小，其本质都应该是简单的，复杂只是人为造成的，企业倡导简单管理，就要改变过去的管理思维，树立"少就是多"的简单理念，让全体员工达成共识并充分理解事业的目标，再以化繁为简的管理智慧，实施简单管理。总之一句话，少就是多，多就是少，简单思维，提高效率。

第二，表达言简意赅。杰克·韦尔奇说："作为管理者必须具有表达清楚准确的能力，确信组织中的每一个人都能理解事业的目标"，全体员工理解不存在偏差，才便于管理者有效管理，便于员工贯彻和执行。言简意赅并非头脑简单，而是通过对事物的规律深刻的认识后，虽然形式上简单，内涵要求深刻、丰富，表达的更加实用、有效、可行性强。

第三，团队方向明确。简单化要求企业在确立目标时，简洁明了的同时要方向明确，重点突出，这样员工能够朝着同一个方向和同一个目标开展工作，充分发挥团队的优势。反之，如果目标烦琐，方向模糊，或者存在多个方向和目标，那将使管理者手忙脚乱，员工无所适从。

第四，较高的执行力。虽说简单管理优势颇多，化繁为简的理念、目标和表达十分深刻，但如果没有较强的执行力，一切都免谈。为此，要实现企业的简单管理，需要有一批具有较强执行力的干部员工队伍。因为，管理的第一要素就是管人。通过尊重人、理解人和激励人，充分发挥人的积极性和创造性，从而提高人的执行力和管理效率。有了良好执行力的人，才能找出事物发展的规律，使管理向着更简单、更实用、更高效的方向迈进。我们必须记住墨菲定律所说的：把事情弄复杂很简单，可把事情弄简单却很复杂。

小贴士　简单管理要诀：

方向明确，让目标简单

层级扁平，让结构简单

奖惩分明，让考核简单

职责明确，让流程简单

深入浅出，让沟通简单

抓住问题，让制度简单

知人善用，让组织简单

落实到位，让执行简单

百度的简单管理

百度的CEO李彦宏曾经就"简单"的话题有
过自己独到的、通俗的解释，他认为："简单，就
是在团队中没有很复杂的人事关系，人和人之间
的关系非常简单，我想说什么就直说，大家想做什么就直接去做，不需要顾
及太多的其他的东西。人和人之间有很好的信任感，这样的一个团队，不仅
效率很高，而且大家也会很喜欢。"

在百度，李彦宏提出了仅有五个层级的"五级领导力"管理模式，并且
随着公司在不断壮大的过程中仍然保持这种扁平化的高效管理模式。对于从
最低的团队领导到最高管理层，每一层级均有明确的能力素质评价指标，包
括业务推动能力、专注专业精神、任务分解能力、沟通和跨部门协作能力、
人才培养能力等五个维度。

由于管理层级的简单化和明确的素质评价指标，在百度，没有人与人之
间的钩心斗角，没有公司政治，人际关系非常简单，每个人都可以集中精力
在自己的工作上，对于李彦宏来说，管理难度就大大降低了。他曾开玩笑地
说："我虽然是一个技术人员，到现在还能坐在CEO的位置上，这并非是我
个人能力有多强，而是因为公司内部关系的简单。"

除了公司内部关系很简单之外，百度的简单管理还包括以下方面：遵循
公开、公平、公正的办事原则，用这种简单的管理制度和文化以及优厚的待
遇，吸引并留住了许多高素质的人才，他们被这种简单的人际关系所影响，
务实敬业、积极进取、精诚合作、少说多做、鼓励创新、容许失败，使百度
逐步成为搜索引擎产业的领军企业，李彦宏个人也在2013年11月，以119
亿美元的净身价成为中国大陆第二大富豪。

四、发现问题就等于解决了问题的一半

在企业的日常管理工作中，无论是管理者还是普通员工，要想忙得有成
效，途径之一就是开展问题管理，善于积极地发现问题，发现问题就等于发
现了机遇，发现问题是管理的开始，解决问题是管理的过程，提高绩效是管
理的目的。问题管理规定每个经营管理人员、每个部门都必须从发现问题入

手，把解决问题贯穿于企业管理全过程，最终达到不断提高绩效的目的。如果不能够及时发现工作中的各种问题，就会阻碍工作的顺利进行，进而影响到企业目标的实现，对企业发展不利。问题管理的基本思路是：

1. 第一步：发现问题

美国钢铁大王卡耐基说："大凡能够为人类事业做出贡献的人，在他们的思想中装着的尽是问题。他们的思维是不会清闲的，旧的问题解决完以后，新的问题又接踵而至。"

善于发现问题是解决问题的重要环节，只有发现了问题才能更加迅速地解决问题。在工作中，每个人都会遇到各种各样的问题，如果不及时加以解决，等着问题暴露出来，那就不是小问题了，不仅会耽误工作质量和工作进程，有时会给企业带来巨大的潜在的危险。如何及时发现问题呢？发现问题的方法很简单：

一要了解自己的工作，遇事多问几个为什么。在现代社会，提出问题的能力是一切能力的核心。就像小孩经常问大人"十万个为什么"，其实是一种好学的表现。好学与勤问是不可分割的，"学问学问"，不但要学，而且要勤问。勤问说明未知，勤问说明有问题，发现了问题加以解决，就提高生命力。相反，如果员工都不发问了，听之任之，也就没有了问题，没了问题也就没了动力，也就没了竞争力。因此管理者要善于提出企业发展中的问题，对每天的工作要朝着什么方向发展，每天都具体在做什么，工作进行得怎么样，还有自己工作的进度对于企业的影响等，处处要问个为什么，勤问不但是问别人，还要学会问自己。时刻反省自己在工作中的不足。比如，现在很多企业都向西方的企业学习，只是盲目地去学习人家先进的经验和管理方式，却从没有反过来问自己别人的经验和模式是不是适合自身的实际情况。所以，无论是管理者还是员工都应该多问自己，多反思自己的行为，只要把自己和别人的差别找到了，问题也发现了，就可以找到解决问题的正确方法。

二要时刻保持思维的活跃，努力发现工作中出现的问题。发现问题就等于解决了问题的一半。善于发现问题是一个管理者和普通员工成长的关键。如果你发现不了问题，你就永远只能原地踏步，你的才能不仅不会得到任何提高，也不会被领导重用。所以，我们无论处在什么样的工作岗位，都要时刻保持思维的活跃，及时发现工作过程中存在的问题。没有问题就是最大的问题。

三要建立一套完整而科学的发现问题机制，制定发现问题管理制度，引导和督促管理人员查找问题，及时发现问题，并建立问题预警系统。发现问题的最大魅力就是能为企业节约更多的开支和时间，同时也能提高自己的工作效率。本田公司就非常重视员工在工作中发现问题的才能的培养。他们提出了"发现问题—抓住问题—解决问题"的工作方式，并把这种方式坚持应用了 60 年之久。因为他们认为，一个优秀管理者和员工必须具备的才能就是善于通过自己的眼睛发现工作中出现的问题，并用自己的智慧认真地思考这些问题，以便从中找出解决问题的办法，他们才是企业真正的好员工、好管家，也才能得到公司的重用和提拔。相反，那些思维迟钝、不善于发现问题的人，在问题面前睁一只眼闭一只眼，明哲保身，不会受到公司的青睐。

2. 第二步：分析反馈

发现问题后，按照企业或部门的业务流程和管理体系进行反向分析，透过现象看本质，分析、找到问题产生的最终根源，为最后解决问题、提高效率提供依据。

企业的管理者或者普通员工，在分析问题的时候，往往会被问题的细枝末节和一些毫无意义的琐事分散精力，抓不到问题的关键，从而拖延了时间，问题仍然得不到解决。因此，分析问题一定要抓住问题的关键，不要被其他因素干扰和牵绊，抓主要矛盾，更要集思广益，并且需要思维灵活。因为，企业不同的时期有不同存在的问题，分析问题时要有针对性地诊断清楚，要找对思路，找到问题的本质。分析问题不能仅仅针对问题本身，更要看到问题背后隐藏的危机。长期以来，有的管理者在分析问题时经常就事论事，不愿意追根溯源，不愿意挖掘事物的本质，不愿意去寻找诱发问题的本质因素，只发现问题表面的问题，导致在解决问题时也只是趋向于解决表明问题，治标不治本，一旦问题再爆发会带来相当严重的后果。一般来说，分析问题就是要找到事物的本质，就要找到制约事物发展的关键要素。即便是暂时找不到最合适的解决方式，但至少分析问题的思路是对的，然后对症下药。

3. 第三步：解决问题

找到了问题产生的根源，抓住了问题的关键核心后，管理者就必须在适当的时候，对属于自己处理权限范围内的问题，应立即采取措施，予以解决；对于不属于自己权限范围内或暂时无法解决的问题，则拿出相应的处理意见或建议。只要把工作中的核心问题解决好了，其他的次要问题也就相应地不攻自破，企业的效率也就会因问题的解决而提高了。

但在企业实际运行当中，遇到问题的时候，经常出现如下现象：

（1）推诿扯皮的现象。工作中出现问题后，员工之间、上下级之间、部门之间，相互推脱责任，都觉得是对方的问题，谁都不想去解决问题，从而影响工作效率，也打破了之间的和睦。

（2）找不到当事人的现象。正常的管理应该是规范流程，责任到人，谁出现的问题就应该由谁负主要责任。但由于企业管理不规范，没有制定责任到人的制度，出现有了问题找不到当事人的混乱现象，谁都不愿意承担责任。

（3）躲避问题的现象。趋利避害是企业生存的法则。但有的管理者却把躲避问题看作是一种趋利避害的处事方法，遇到棘手的问题，难以解决的问题，就主动绕过去；或者找其他的方式代替，或者把问题放一边，希望问题自己消失。其实殊不知，管理者在躲避问题的同时可能放弃了一个巨大的机会，因为很多机会就是在解决问题的过程中被发现的。

总而言之，无论是企业内部的还是企业外部的问题，一旦发现，管理者和员工应该寻找积极的办法去解决或者向有关部门反映现实，使问题尽快得到解决，而不是相互推诿、扯皮或躲避。

一要每个人都应该承担属于自己的那份责任，遇到问题要积极面对，用于解决，不找任何借口，如果没解决好，要及时采取补救措施。无论问题多么严重，都要勇于接受各种结果。纵观国内外优秀的企业，他们之所以能够从小到大、从弱到强地发展起来，一个很重要的原因就是干部和员工拥有敬业精神，勇于承担责任，想方设法克服一切困难，实现企业目标。而不是一遇到问题就推卸责任，甚至躲避。

二要建立科学规范的内部管理制度，要有明确的责任制度和科学的工作流程，明确规定出现问题怎么样解决、有谁来解决、如何落实责任等等。这样在企业中每一个人、每一个部门就能做到各司其职，对自己的工作范围和领域负责，在每个工作环节上出现的问题就能够及时地落实到人头去解决。只有问题责任到人，才能够避免出现寻找借口、躲避等不负责任的现象的发生，才能够有效地解决问题，问题才能到此为止，不再继续发展下去。

三要坚持持续改进的原则。企业管理贵在持之以恒，解决问题也要本着持续改进的原则，在不断的改进中不但可以解决原有的问题，还能把许多新问题消灭在萌芽状态，有利于企业长久的发展。持续改进原则来源于PDCA循环管理法，即处理问题时制定方案，然后实施方案，对方案进行检查、总结，如果是成功的方案，今后的工作中再稍加调整和改进，如果是失败的方案，及时总结失败教训，避免在下一个问题中重复出现。这样一来，在持续的改进中，解决问题的方案越来越完善，企业的问题也会被更好地解决。既增强了员工的执行力，也大大提高了企业的效率。

四要未雨绸缪。"头痛医头，脚痛医脚"，这句话听起来没有错。但在当今市场竞争如此激烈环境下，一些企业如果没有前瞻性，没有准备好"过冬的粮食"（应对机制和方案），一旦危机来临，就会处于劣势。因此，聪明的管理者要善于未雨绸缪，准备好"过冬"的粮食。最早提出"过冬论"的是华为总裁任正非，他写了一篇题为《华为的冬天》的文章，强调企业要居安思危、储备粮草，以应对"狼来了"的生存困境。此后，这种思想成为华为特有的企业文化，并被很多企业所采纳。后来柳传志对"过冬论"也提出了联想"过冬"的五大秘诀：第一，加强企业管理能力，管理能力是企业核心竞争力，危机面前提升管理能力，才能抵御"冬天"的寒冷。第二，加强企业的自主研发和技术革新的能力，研发能力是企业的生命力，技术革新是开拓市场的利剑，这两方面的加强才能在竞争中赢得一席之地。第三，提高产品和市场营销能力，尤其是在竞争激烈的市场环境下，不断调整产品和营销策略才能大大提升"过冬"的硬指标。第四，适当收购或兼并，不仅丰满自己企业的羽翼，还可以扩大产营销能力，提高市场占有率。第五，加强服务转型的能力，这里说的转型，不是要放弃企业原来的业务，而是要扩大产品线，开拓关联产品，提高产品竞争力。

总之冬天来临的时候，企业要尽量降低成本，分析自身的优势和劣势，充分利用市场机会和威胁，在激烈的竞争中求得生存和发展。

4. 第四步：提高绩效

解决问题是手段，提高绩效是目的。通过发现问题、反馈分析、解决问题，每个部门、每个岗位都应该及时制定和完善新的管理制度和工作标准，然后，按新的管理制度进行管理，按新的工作标准进行考核，真正达到"解决一个问题，就前进一步，越往前走，工作标准就越高，绩效就越好"的良性循环。

通过"问题管理"，可以对企业文化进行进一步整合，培养了管理者"雷厉风行、说办就办、办就办好"的工作作风；塑造了"发现不了问题就是最大的问题"、"没有思路就没有出路"的管理理念；强化了高效的管理就是不断发现自身问题、解决自身问题的过程的精髓。

【揽镜自检】

作为一名管理者，请思考一下：

1. 你们的管理够简单吗？存在哪些问题？如何解决？

2. 你们的目标够简化吗？存在哪些问题？如何解决？

3. 你们的沟通够简约吗？存在哪些问题？如何解决？

4. 你们的制度够简明吗？存在哪些问题？如何解决？

5. 你们的文化够简明吗？存在哪些问题？如何解决？

五、重视细节，小事也要做到位

案 例

点 球 大 战

2006年德国世界杯四分之一决赛中，德国队与阿根廷队点球大战的场面扣人心弦。德国守门员莱曼神奇地扑出了两个点球，帮助德国通过点球大战获得了胜利。他真的那么神奇吗？其中的奥妙在哪里呢？

人们注意到，在点球大战之前，德国守门员教练科普克塞给了莱曼一张纸条。而莱曼在做出扑球动作之前，确实认真看了这张神秘的纸条。这张纸条9厘米宽、10厘米长，是一张来自格鲁内瓦尔德皇宫酒店的便签，科普克交给莱曼的小纸条，上面是科普克临时用铅笔写就的提示，科普克按照阿根廷队已经确定的罚点球顺序，将所有需要的提示写在了上面。令人叹服的是，科普克所写的与实际情况完全一样，这张纸条从上到下依次写着：

克鲁斯：长距离助跑，右上角

阿亚拉：注意他的射门腿，左下角

罗德里格斯：大力抽射右边

坎比亚索：短距离助跑，左上角

凭借这张"绝世秘籍"和莱曼的出色发挥，阿亚拉和坎比亚索的点球被拒之门外。

众所周知，扑救点球启动时机必须先于对方球员起脚击球的瞬间，否则即使判断正确也无法扑出高速的来球。从现场录像慢动作重放中我们清晰可见莱曼两个成功救球的动作，启动都先于阿根廷球员击球的瞬间，毋庸置疑，莱曼对来球方向的判断，肯定来源于预测而非现场的观察。可以说是德国人的神秘纸条让球艺精湛的阿根廷人止步于四分之一决赛。

莱曼靠什么扑出了点球？那就是细致准备。一家整体实力弱势的企业，一样可以通过认真细致的准备来赢得局部竞争的胜利。很多时候认真是做事成功的基础，细节决定成败。正所谓，不打无准备之仗。

"认真"一词，《现代汉语词典》里解释为："严肃对待，不马虎。"但此话说来容易做到很难。毛泽东曾经说过：世界上怕就怕"认真"二字。如果管理者对待每项工作都认认真真，在行动中发现新情况、新问题，并想方设法加以解决，那么，我们的管理工作会更上一个台阶。其实，做事情并不难，难的是没有认真的态度，不愿去思索、去创新。而敢于认真就是敢拼敢闯、敢于创新。鲁迅先生曾感慨"中国四万万五千人生着一种通病，那名称就是'不认真'"。胡适也有篇文章叫《差不多先生传》，将中国人性格中的不认真刻画得入木三分。

在企业实际工作中，由于不认真导致的经营失败案例也屡见不鲜。比如：一家服装企业的一名业务员为单位订购一批羊皮。他在合同中写道："每张大于 4 平方尺、有疤痕的不要。"正确的写法应该是："每张羊皮大于 4 平方尺。有疤痕的不要。"由于马虎，其中的句号错写成了顿号。结果供货商钻了空子，发来的羊皮都是小于 4 平方尺的，使订货者哑巴吃黄连，有苦说不出，损失惨重。

饭要一口一口地吃，路要一步一步地走，事要一件一件地做。认真做事必须从小事做起，脚踏实地地对待每一处细节。古人云："泰山不拒细壤，故能成其高；江海不择细流，故能就其深。"其中也透射出认真做好每一件事的道理。

越是规模大、效益好的企业，越是在一些不起眼的事情上做足功夫。无论是管理方面的细节，还是员工妥善处理自己的个人事务，以及在节俭方面的重视，等等，这些都为维护企业良好的运转，提供了更多的动力和支持。

　　只有把这些事情都做好了，企业的大船才能平稳前行。否则，如果有一件小事没有做到位，就有可能给企业或个人带来"灭顶之灾"。

案 例

一只苍蝇改变了命运

　　1965年9月7日，世界台球冠军争夺赛在美国纽约举行。路易斯·福克斯如有神助，得分一路遥遥领先。此时，他只要正常发挥就可一杆定乾坤，稳拿冠军了。而他的对手约翰·迪瑞则无力回天。

　　然而就在这个时候，一只苍蝇落在了主球上，他挥手将苍蝇赶走了。可是，当他俯身击球的时候，那只苍蝇又飞回到主球上来了，他再一次起身驱赶苍蝇。这只讨厌的苍蝇开始破坏了他的情绪，而且更为糟糕的是，苍蝇好像是有意跟他作对，他一回到球台，它就又飞回到主球上来，近处的观众哈哈大笑。

　　福克斯的情绪恶劣到了极点，终于失去理智，愤怒地用球杆去击打苍蝇，球杆碰到了主球，裁判判他击球，他因此失去了一轮机会。接下来，对手约翰·迪瑞则抓住这个机会，奋起直追，终于夺得桂冠。

　　到手的冠军就这样"飞"了，福克斯实在是咽不下这口气。第二天早上，人们在他的房间里发现了他的遗书和尸体。

　　管理工作也是如此，如果出现一点点的执行偏差和小的不良势头，如果不及时地加以制止或修正就有可能引发极为严重的后果。管理者每天都要面临矛盾，每天也都受到干扰。面对这些矛盾与攻击，把精力放在更有价值的事情上，认认真真做好每件小事，才是明智之举。对于企业的发展也是一样，错误无大小，问题无轻重，每个人每一次细致入微的工作，或者及时发现、纠正了一个小错误、小问题，都会给企业的发展带来很大的影响。无数的事例证明企业失败的最大障碍不是那些大而难的问题，而是被敷衍和忽视掉的

"小问题"。企业管理中以及日常工作中潜伏的一些小问题、小错误，无论是普通员工还是企业管理者，不能只重视工作中的"面"和"线"，盲目追求大而全，追求光鲜亮丽。而不注意观察、不注意防止每一个基本的"点"上的小问题，任其拖延下去，这个小问题就会由"点"汇成"线"，由"线"汇成"面"，甚至将会无限扩散，后果将不堪设想。

镜 鉴 感 悟

发现问题，追踪问题，解决问题，是高效管理的必由之路。"不打无准备之仗"，不把管理问题复杂化，只要做事认真，懂得抓重点，即便是整体实力弱势的企业或个人，一样可以不断保持较高的效率。反思问题所在；反观路径选择；反照自身能否把握问题和路径，加以解决。

第三面　思维镜子

多用"脑"，就可以少用"脚"

镜中焦点：

只有想法没有行动，无非是在做梦；只有行动没有想法，那简直无异于浪费时间。想法和行动在一起才能改变世界。

——美国未来学家　乔尔·A. 巴克

　　人和动物的根本区别就在于人可以在温饱之余思考更高层次的需要。管理者不能只做不想，要停下来动动脑筋。

　　管理是什么？管理大师彼得·德鲁克说："管理是一种实践，其本质不在于知，而在于行；其验证不在于逻辑，而在于成果；其唯一的权威就是成就。"管理就是要解决现实的问题，这里不存在固定不变的模式、千篇一律的章法，只有千变万化的规律靠人来把握。因此，管理者要想提高效率，获得成功，那就一定要有智慧，避免陷入这样的陷阱，忙得团团转，想把事情做好，却又没有时间用点脑筋，好好想想如何才能把事情做对。

　　在现实的管理环境下，许多管理者往往热衷于用脚而不用脑。他们将脚勤看成是业绩的源泉，忠诚的象征，能力的表现。因此，这种蹩脚的管理文化就在企业或部门蔓延，使得下属遇到问题也不愿意动脑筋，自然部门的业绩也不会有什么过人之处。这就好比是羊首领将一群狮子变成了一群羊。

内 涵 解 析

一、创新的概念

　　创新的概念是美国著名的管理学大师彼得·德鲁克在 20 世纪 50 年代提出来的，他认为创新就是赋予资源以新的创造财富能力的行为。创新包括思维创新、理论创新、产品创新、制度创新、经营创新、技术创新、机制创新等方面，其中思维创新是所有创新成果的基础和前提。创新，改变了我们的生活，改善了我们的工作质量，提高了我们的工作效率，巩固了我们的竞争地位，对我们的经济、社会、技术都产生了重要的影响，因此，创新越来越受到企业的关注。创新是一个民族进步的灵魂，是一个国家兴旺发达的动力，是一个企业永葆生机和活力的源泉。

二、创新思维

创新思维又称为创造性思维，广义的创新思维是指以全新的视角去思考问题，以新颖独创的方法解决问题，从而产生新颖的、独到的成果的思维过程。这种创新思维每个正常人都有，包括发散性思维、集中思维、逆向思维、换位思维，联想思维等。狭义的创新思维是指人们探索未知领域的思维活动，如提出新的假说、搞一个发明创造、创建新的理论和概念等。本书中我们研究的是前者。

我们所说的创新思维有如下特点：

（1）独创性。思维不受传统习惯的影响，在工作中对所从事的工作不局限于原有的经验和知识，能够突破常规思维定式提出自己独到的观点和想法，实现认识和实践的新飞跃。

（2）求异性。思维标新立异，"异想天开"，不拘泥于一种长期形成的思路和方法，对司空见惯的现象或者已有的权威性理论始终持一种怀疑的、批判的态度，而不是盲从与轻信，用新的方式来对待与思考所遇到的一切问题。当然，这种求异思维必须是建立在实事求是的科学基础之上的。

（3）灵活性。思维敢于突破原有的"定向"、"模式"、"规范"等条条框框的束缚，借助于直觉和灵感，具体问题具体分析，思维灵活多变。

（4）联想性。通过某一事物的现象而想到具有某种联系的另一事物的现象，然后由此及彼，由表及里，融会贯通，从而启发出创新思想的思维特征。

（5）整体性。思考问题不仅仅局限在某个方面，而是实现着由简单到复杂、由局部到整体、由抽象到具体、由现象到本质的转化，对多种思维方式、方法的综合运用，具有系统性、综合性的思维特性，在整体上带来价值的更新。

三、创新思维的作用

1. 创新是人类发展的希望

从钻木取火到蒸汽机的发明，从烽火台的狼烟到现代互联网技术，整个人类历史就是一部不断超越、不断创新的历史。创新是一个民族进步的灵魂，是推动历史发展的源泉，也是一个国家兴旺发达的不竭动力。一个民族、一个国家如果不能创新，也就失去了前进的动力。创新不仅是一种素质、一种能力，而且是一种精神，一种境界。当今时代是创造力空前活跃的时代，国与国之间的竞争、企业与企业之间的竞争说到底是人才的竞争，而衡量人才的一个重要标准就是看其是否具有创新思维的能力。正如习近平总书记所说："创新是一个民族进步的灵魂，是一个国家兴旺发达的不竭动力。一个没有创新能力的民族，难以屹立于世界先进民族之林。"我们国家现今存在大而不强的问题，其中的重要标志就是科技创新能力较弱，在此情形下，敢不敢创新，能不能创新，是否培养创新思维，培养一批具有创新思维的人才，是能否抓住新一轮科技革命的机遇的关键之所在，也是决定中华民族发展进程和国际地位的关键节点。

2. 创新思维是企业发展的不竭动力

对于一个企业而言，创新是一个企业生存和发展的灵魂。而其中起基础作用的创新思维，更是对企业的发展起着重要的作用。创新包括学术创新、理论创新、科技创新、技术创新等等，而创新的前提基础就是创新思维，创新思维是一切管理知识和经验的源泉，没有创新思维，任何创新就是无源之水、无本之木。对于管理者来说，学习前人的经验和知识固然重要，但自身也要不断地创造、积累新的管理经验，而新的管理经验的来源就是创新思维。一个管理者，如果没有自己的创新，就不可能积累自己的管理经验，他永远只能一味地模仿和重复别人的"创新"成果。如果有了自己的创新，企业经营的思路就会变得宽广，就能够保障企业沿着正确的方向发展。所以，不管是个人、集体还是国家，创新意识越强，创新思维就越活跃，创新能力就越强。

3. 创新思维是企业提高管理水平的有效途径

俗话说："管理是口缸，什么都能装"，意思是说，在企业管理实践中，管理者每天会遇到很多新的问题。有些新问题的解决方法是没有先例的，管理者必须创造性地处理这些问题，就必须要想出新点子，新思路，而这一切的来源就是创新的思维。创新思维可以开辟管理活动的新局面。有了创新思维的意识和动力，管理者就会不断地探索新的管理方式和方法，不断地开拓进取，为企业管理活动增光添彩。

4. 创新思维是决定管理者命运的根本

一个人无论他的性别差异、能力的高低、智慧的多少，最终都体现在他所从事的领域或职业上是否有所作为，即在他的领域当中能否想到、能否说到、能否做到。思维是一切行为的发动机。创新思维可以提高人们对未知世界的认识能力，可以不断增加人类知识的总量。员工在工作上善于创新思维，可以充分发挥员工的创造性，激励员工进一步进行创新思维，思考问题、解决问题的办法就多，增强企业凝聚力，给企业带来更大的效益的同时，决定一个人工作事业的前途。

案 例

命运不同的两个大学生

两个大学同班的同学同时被分配到一家企业的同一个部门。工作两年以后，小王被提拔为副科长，小李还在原地打转转。为此，小李心里很不服气，就去找厂长理论，问厂长："我们俩是同时进厂的，工作都很努力，为什么提拔了小王，而没提拔我？"厂长早有思想准备，耐心地说："这样吧，你现在帮我办件事，我要到医院去看个病人，你到街上看看有没有什么水果卖没有，回来跟我说一声。"小李说声"行"，咚咚就下楼了，不一会儿就回来了，告诉厂长："街上有个小贩卖苹果。"厂长问："多少钱一斤呢？""噢，这个我没问，我再去问一下吧。"不一会儿回来说，"厂长，10 块钱一斤。"

厂长问："还有别的吗？""呦，我没太注意，厂长您等一会儿，我再去看看。"厂长看小李来回跑了几趟了，汗都下来了，端一杯热茶递给小李，说："不用了，你先休息一会儿。"说着，又把提了副科长的小王叫了过来，说："小王，我要去医院看个病人，你到街上去看一下，看有什么水果卖没有，回来告诉我一声。"小王领到任务，快速地下楼了，不一会儿就回来了，对厂长汇报说："街上有个小贩在卖苹果，还有猕猴桃、橙子、香蕉。""都多少钱一斤呢？""啊，我顺便打听了一下，苹果 10 元一斤，猕猴桃 15 元一斤，是进口的，香蕉 5 元一斤，橙子 4 元一斤。另外我还注意到咱们办公楼旁边还有一家超市，里面还有很多看病人的补品、礼盒，还有一家鲜花店。厂长您决定带点什么好？就等您一句话了。"此情此景，小李全明白了，心中的怨气也消了。

不言而喻，由于创新思维能力上的差异，导致两个大学生不同的结局。我们说，踏实肯干、不辞辛苦，这对于一个人来说固然重要，但从另一个角度说来，一个人有无创新思维能力，即超前思维的能力，应变能力，整体思维的能力等更为关键。这件小事告诉我们，只用腿脚等体力做事的人，只能够称得上是基本称职的员工，而既用体力又用脑力工作的人，才算得上合格的、优秀的管理者。因此，准确地了解和把握自己的创新思维能力，科学地设计自己，更好地锻炼发展自己，有助于自己的发展定位和目标设计。一个人所从事的工作与其自身的能力、兴趣、个性和价值观紧密相连，如果不了解自己是何种类型的人才，就不会做出正确的选择，不仅工作不出色，事业也不会有成。

　　古今中外，大凡在事业上有所成就的人，都是认识自己的高手。比如孙中山、鲁迅、郭沫若如果不重新选择，他们绝不会成为伟大的革命家、思想家、文学家。他们凭借智慧、凭借独具的慧眼、凭借高超的创新思维能力，对事物、对问题有自己独到的见解、科学的判断，开拓了一片事业的天地，取得了巨大的成功。

四、创新思维的影响因素

　　影响人的创新思维的因素有很多，有来自创新主体自身的因素，如管理者的管理经验、智力能力、知识水平和文化素养等都是影响创新思维的因素；也有来自外部的因素，如周围环境、长期以来人们在工作、生活中形成的思维定式、社会环境等因素制约了人们思维的创新，成为创新思维的障碍。具体来说，影响管理者创新思维的要素有如下几个：

　　1. 创新意识不强是阻碍管理者创新的根本原因

　　创新意识在管理者创新行为中起着很重要的作用，它决定了管理者创新思维的形成，因为意识决定行为，行为导致结果。管理者创新意识不强的主要表现是对创新的重要性和意义认识不足，缺乏创新的紧迫感；不善于发现、总结管理实践中存在的问题和行为，创新意识薄弱，创新精神不足，开拓性不够。

　　2. 创新动力不足是阻碍管理者创新的重要因素

　　动力即目标，它是激发管理者不断创新的重要因素。可以说一切创新都是追求目标的行动。有了目标就有了动力，目标会不断地激发管理者去创造、去探索。为了实现既定的目标，管理者会审时度势、思考未来，不断强化管理创新意识，充分调动自身的潜能和创新的欲望，高效地开展创新思维的活动。相反，如果目标不明确，企业的激励机制也不到位，会导致管理者安于现状，墨守成规，工作态度不认真，责任心不强，满足于管理现状，没有进取心和开拓创新精神。

3. 管理者的智力、知识和经验欠缺也会阻碍思维的创新

创新思维是脑力的开发，对创新主体的智力水平、知识和经验要求很高，智力水平、知识和经验是创新思维的基础条件。如果管理者智力水平和知识结构不合理，经验又缺乏，就会极大地制约了管理者的创新行为。因为智力水平、知识和经验越丰富，就越有先见之明，他的视野也就越开阔，他的思路也就越宽广，就越能进行丰富的想象，就越能观察和发现新问题，从而开辟出解决新问题的新方法来。比如现代社会是信息大爆炸的时代，各种信息层出不穷，令人眼花缭乱。这时管理者就必须凭借他自己的智力、知识和经验对信息进行筛选，从中找出对己有用的信息，锁定解决问题的目标信息。

相反，如果管理者智力水平欠佳，知识和经验缺乏，对新事物的洞察能力就比较弱，跳不出原有的思维模式，对科学发展前沿的信息收集、预测能力就不强，导致创新的可能性就小。因此，在实际工作中就很难产生独创的、新颖的、有价值的创新思维，更难以完成管理的创新活动。

4. 管理者的兴趣和情绪也是影响创新思维的主要因素

心理学研究表明：一个人如果对什么东西感兴趣，他就会格外地关注，并能集中精力去做。创新思维也是如此，即兴趣可以引发管理者的创新思维。如果管理者对自己所管辖的工作领域和管理工作非常感兴趣，无论是上级布置的任务还是下属提出的合理化建议都感兴趣，那他会千方百计、想方设法去解决问题和完成任务。

除了兴趣可以引发管理者的创新思维，管理者的情绪、情感对管理者的创新思维也有着很大的影响，它包括管理者的心情、热情、自信心、心态等，都决定着管理者创新思维的质量。所以对于一个管理者来说，要不断地培养广泛的兴趣，有意识地培养自己良好的心理品质，加深对工作的兴趣和热爱，以积极、阳光的心态面对困难和问题，为形成强大的创新思维打下坚实的个性品质和心理基础。

5. 社会观念和企业环境制约和阻碍了创新思维的展开

社会观念和企业环境对创新思维也有很大影响，它包括：社会文化传统、

社会道德、行为准则、思维定式、社会偏见、企业的创新文化氛围、团队凝聚力等等。这些因素都直接或间接地影响着管理者的创新行为，制约了创新思维的开展。社会观念认为：创新超越了现有的思维框架，是一种除旧布新的行动，被认为是逾越了社会文化传统所涵盖的道德、行为准则，被视为是大逆不道的行为，从而对创新行为带来巨大的压力。因而，充分发挥创新思维，社会力量不可或缺，要营造一种积极向上、思维活跃、乐于接纳新事物的社会文化氛围，全社会都应该支持创新，支持创新思维，张瑞敏曾说过一句经典的话，他说什么叫创新，创新就是一种创造性的破坏，需要社会的支持。这对激发管理者的创新思维有积极的推动作用。

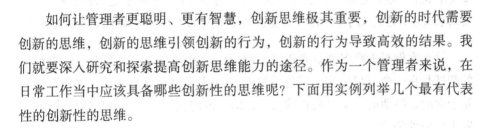

【揽镜自检】

　　作为一名管理者，请思考一下：

1. 你具有创新的意识和热情吗？

2. 你缺乏有效创新思维主要受哪些因素的影响？为什么？

　　如何让管理者更聪明、更有智慧，创新思维极其重要，创新的时代需要创新的思维，创新的思维引领创新的行为，创新的行为导致高效的结果。我们就要深入研究和探索提高创新思维能力的途径。作为一个管理者来说，在日常工作当中应该具备哪些创新性的思维呢？下面用实例列举几个最有代表性的创新性的思维。

镜 中 焦 点

一、打破惯性思维

　　惯性思维，又叫思维定式，是由先前的活动形成的知识、经验和习惯，从而影响后来的分析、判断的思维的固定模式——即思维总是摆脱不了已有"框框"的束缚。这种思维方式在环境不变的条件下，可以使人快速解决问题；而当环境发生变化以后，反而会成为束缚创新思维的枷锁。举个简单的例子。如果现在有两个男人迎面向你走来，其中一个小平头、戴金丝边眼镜、衣着笔挺、西装革履，手里拿了一个文件包；另一个人梳着小辫、留着胡须、穿着牛仔裤、衣着休闲，裤子上还有几个洞洞，如果让你选出其中有一个是画家，一个是机关干部，想必你一般会认为前者是机关干部，后者是画家。这就是思维的定式。

诚然，思维定式对问题的解决既有积极的一面，有时有助于问题的解决；但也有消极的一面，有时会妨碍问题的解决。当一个问题的条件发生质的变化时，思维定式的这种妨碍会演变成主要障碍，甚至会造成重大的负面效应。创新思维最大的敌人就是惯性思维。

思路决定出路，格局决定结局，管理者如何摒弃用惯性思维去解决问题，避免穿新鞋走老路，不钻牛角尖，就要"不破不立"，打破固有的、惯性的思维，采取多向思维方法，学会创造性、建设性的思考，这样才能够创新，创新思维才有希望，否则，如何能挑起提高管理效益的重任呢？

▍ 案 例 ▍

公 安 局 长

一位公安局长站在路边与同事谈话，这时跑过来一个小孩，急促地对公安局长说："你爸爸和我爸爸吵起来了！"同事问："这孩子是你什么人？"公安局长说："是我儿子。"请你回答：两个吵架的人和公安局长是什么关系？

这个案例对100名测试者进行了测试，结果只有2个人答对！印象最深的测试是在一个三口之家，父母没答对，可孩子很快答出来了："公安局长是个女的，吵架的一个是局长的丈夫，即小孩的爸爸；另一个是局长的爸爸，即小孩的外公。"

现在问题就出来了，为什么那么多成人对如此简单的问题都回答不上来呢？这就是思维定式造成的结果：按照成人的经验，公安局长应该是男的，而从这个思路去推论，自然找不到答案；而小孩没有这方面的定势，思维就会不受约束，很快就找到了答案。可见，生活中的很多经验，会形成思维定式，时刻影响着人们的判断。

▍ 案 例 ▍

让圆珠笔芯不"漏油"的奇想

匈牙利一对兄弟发明了圆珠笔芯，可在书写的时候经常"漏油"，为解决这个问题，他们决定把笔杆做得耐磨一些，但加大了成本，影响了销路。有个日本人得知后，对此很感兴趣，就在家潜心研究。有一天他儿子突然问他笔芯什么时候开始"漏油"？他说大概写到 2 万字左右。他儿子说：那还不简单，把笔芯里的油少装点，不让它写到两万字，不就不"漏油"吗？这个日本人恍然大悟。

在日常管理工作中，解决一个问题的办法往往有很多，但由于种种原因，人们的思维轨迹会做惯性运动，人们往往习惯于某一种方法，这种情况就形成了思维枷锁，只有冲破才能发现。圆珠笔芯的案例就是要求人们在拓展思维时，要勇于跳出"唯一标准答案"的束缚，拓展思维，扩大思维，多方面、多角度地寻找思维创新点。

二、逆向思维有奇效

逆向思维也叫反向思维，它是对司空见惯的似乎已成定论的事物或观点换一种方向思考的一种思维方式，即"反其道而思之"。逆向思维创出的成果有时比一味地正向思考会有突破性的发现。

最典型的例子就是司马光砸缸的案例。有人掉进水缸，按照人们习惯的思维方向解决问题应该是把人从水里捞出来，而司马光因为个子不够高，无法捞人，情急之下采用了逆向思维，果断地用石头把缸砸破，让水流出来，救了小朋友一命。

历史上许多重大发明创造都是逆向思维的成果。例如：声音能引起振动，爱迪生反过来想，那振动也可以还原为声音，因而发明了留声机。电报是把声音变为信号传递，贝尔反过来把信号变为声音，于是发明了电话。采用涡轮发动机的飞机利用的是正作用力，反过来思考利用反作用力，发明了喷气式飞机。传统除尘尘土飞扬，效果不好，逆向思维发明吸尘器效率高。原来装配汽车是人围着汽车转，福特反过来想采用传送带，人等着汽车过来装配，掀起了管理上的一场革命。哈默博士成功的原则：当别人都做什么的时候，你看一看自己不做行不行？当别人都不做的时候，你再看一看自己做行不行？股神巴菲特的理论是：在其他人都投了资的地方去投资，你是发不了财的。逆向思维需要胆识和智慧。

在创新的时代里，管理者面对的是急剧增加的复杂性和不确定性，如何破解难题，不妨摒弃直线思维，采用逆向思维，甚至多向思维。对于某些问题，尤其是一些特殊问题，从结论往回推，倒过来思考，也许会使问题简单化。惠普公司对员工强调的职业理念即是"做一条反方向游泳的鱼"，表现在管理上，就是一种重视创新的逆向思维，也许换个方向，你就成为第一。

三、发散思维办法多

发散思维又称放射思维、扩散思维，是指人在思考问题时大脑呈现一种发散的状态，从不同的方向、不同的途径和角度去设想，探索多种可能性，最终解决问题的一种思维方式。它是创新思维的最主要特点，也是检测人是否有创造力的主要标志之一。

发散思维的宗旨就是不依常规，突破原有的思维框架，充分发挥人的想象力，并通过知识、观念的重新组合，综合沟通，寻找到更多的、更新颖的设想、答案或方法，以求一题多解。具有灵活性、新颖性、多面性、其特性等特点，缺点是难以制定出标准答案。这种思维方式广泛应用于新产品的开发。

▎寓言故事▎

农夫分牛

从前有个农夫，死后留下了17头牛，准备当遗产分给他的三个孩子。临终前把三个孩子叫到身边，并嘱咐说应该这么分：大儿子分得1/2，二儿子分得1/3，小女儿分得1/9。这17头牛的1/2、1/3、1/9可怎么分呢？难道老父亲让我们杀掉一头牛吗？三个孩子琢磨了两天，也没想出办法，于是就请来了村里最有智慧的叔伯帮助解决难题。

叔伯想了想，一拍脑袋，有答案了：他从自己家里牵来一头牛凑成18头牛，大儿子得1/2是9头牛，二儿子得1/3是6头牛，小女儿得1/9是2头牛，三个孩子加在一起刚好是17头牛，还剩1头牛就是叔伯从他自己家里牵来的，分完自然又牵了回去。难题解决了，农夫家皆大欢喜。

日常生活中，类似上述困扰我们的难题比比皆是。现实告诉我们，事物发展的规律不都是一分为二的。这位叔伯，聪明就聪明在巧妙地运用了发散思维中多元思维和超常思维，思路宽，办法多，再结合数学原理，解决了现实中看似没有答案的"难题的难题"。因此，创新思维能力的高低，决定了一个人的勇气和胆识，只要能高效地解决问题，就能敢于说别人没有说过的话，敢于做别人没有做过的事，敢于想别人没有想过的问题。

管理者要想做到发散思维，必须做到以下几点：

1. 充分发挥想象力

德国著名哲学家黑格尔曾经说过："创新思维需要有丰富的想象。"管理者培养员工发散思维，要给他们提供能充分发挥想象力的空间与契机，让他们有机会和条件"异想天开"。

思维发散的方法很多，比较常用的有头脑风暴法和德尔菲法。

头脑风暴法，顾名思义，是各参与人员集中在一起以会议的形式，就某一个问题各抒己见，进行当面讨论。只要能说通自己，并被大家认同并予以采纳，最后总结得出结论。

德尔菲法的特点是参与人员彼此不直接见面，不进行当面讨论，意见的集中与反馈都是由其他工作人员来完成。

二者各有利弊，头脑风暴法的优点是效率高，过程简单，缺点是不能保证每个人的意见得到充分发挥。德尔菲法由于参与的专家彼此互不见面，可以有效地避免个人的意见受他人的影响，或者集体意见由地位较高的专家所主导，通俗说就是可以不用考虑别人的面子，充分发表自己的观点，使决策更加趋向科学合理，缺点是程序过于烦琐，决策周期长，效率低。

2. 鼓励多向思维

对待问题要不唯上司、不唯经验、不轻信他人，敢于坚持自己的观点，想自己或别人都没想过的问题，多提出"假如"、"否则"之类的词语强迫自己多否定自己，多向思维才是创新的思维。

3. 突破原有思维定式

管理者在处理常规问题时可以采用原有的思维定式，但在需要创新时，如果还一味地采用思维定式会阻碍新方法、新思路的形成。因此，要突破思维框架，开拓一片新天地。

4. 敢于怀疑

明代哲学家陈献章曾经说过："前辈谓学贵有疑，小疑则小进，大疑则大进。"怀疑能力对思维创新有着重要作用，质疑常常是进行创新思维的突破口。每当问题来临，管理者应当鼓励员工大胆怀疑解决的思路和办法，引导员工发表自己独特的见解。办法越多越有利于解决问题。

四、组合思维多样化

组合思维又称"联结思维"，是指把多项貌似不相关的事物，通过想象加以联结，从而使之变成彼此不可分割的新的整体，具有新价值、新功能的一种思考方式。比如，中国的图腾——龙，以蛇为主体，以鱼鳞为龙鳞，以鱼尾为龙尾，以狮头为龙头，以鹿角为龙角，以鹰爪为龙爪，共同构成了"龙"的图腾，这就是组合创新思维的结果。

组合不是简单的相加，也不是偶然的巧合，是一种创新。它是以某一对象为中心，看似几个不相干的事物，在进行组合时，它要将组合对象进行空间思考，多方位、多角度探索组合的可能性，探求新思路、新点子，因此是积极的、创造性的思维发散。

┃ 案　例 ┃

美国人的智慧

在一次盛大的国际宴会上，有中国人、俄国人、法国人、德国人、意大利人、美国人，他们都在争相夸耀自己民族的文化传统，唯有美国人笑而不语。

为了使自己的表述更加形象，更有说服力，各国嘉宾纷纷拿出具有他们各自民族特色、能够体现民族悠久历史的实物——酒，来彼此相敬。中国人首先拿出古色古香、做工精细的茅台，打开瓶盖，香气四溢，众人为之称道。紧接着，俄国人拿出伏特加，法国人拿出大香槟，意大利人亮出葡萄酒，德国人取出威士忌，众彩纷呈。

最后，大家都看着美国人。

美国人不慌不忙地站起来，把大家先前拿出的各种酒都倒出一点，兑在一起，说："这叫鸡尾酒，它体现了美国的民族精神——博采众长，综合创造。我们随时准备召开世界文明智慧博览会。"

可见，组合创新其实就是生产工艺、生产要素的重新组合。管理者仔细观察，将现有的工艺、要素、产品，进行一些巧妙的小组合，有时候，能够达到意想不到的效果。因此作为管理者，作为一个有智慧的管理者，不在于拥有多少知识，而在于用现有的知识去解决问题；不在于拥有多少资源，而在于用有限的资源去创造财富；不在于拥有多少人才，而在于能充分发挥人的才能。

组合要有广博的知识，丰富的实践经验，灵通的市场信息；要善于积累，勤于思索，思维触角向四处延伸，引发"共振"。可以说，组合的道路四通八达，组合的方法层出不穷。

组合思维具有如下特点：

1. 创新性和广泛性

在科学界、商业和其他行业存在大量的组合创新的实例，如从多缸发动机的科技创新组合开始，到双向拉索、三面电风扇的民用产品，再到儿童玩具等，组合创新产品分布极其广泛。大量的事实说明，组合不是简单的拼凑，必须遵循一定的科学规律和技术价值的最佳组合。

2. 时代性与继承性

随着科技的进步和人们生活水平的逐渐提高，人们对各种多功能产品的需求也在与日俱增，例如：打电话要能见到人，于是发明了电视＋电话＝可视电话；数据＋文字＋图像＋声音＝多媒体；台秤＋电子计算机＝电子秤；飞机＋飞机库＋军舰＝航空母舰；手枪＋消音器＝无声手枪；自行车＋电机＋蓄电池＝电动自行车等等，都是在继承原有产品特性的基础上，加上巧妙地组合，形成符合时代发展要求的、具有新价值和新功能的新产品。

五、间接思维解难题

间接思维是指思维必须要借助于一定的中间媒介物和相应的知识经验来达到对事物的本质属性和规律的了解与把握。比如，医生能通过病人的舌头、体温、脉搏、血压、脸色等，便可了解病人身体内部脏器的活动状态。比如，我们早晨起床，推开窗户，看到地面潮湿，便推想到"夜里下过雨了"。这时，我们并没有直接感知到下雨，而是通过地面潮湿这个媒介，间接推断出来的。

可见，间接思维，使人可以依据某一媒介物，上可知远古的事物，下可预见未来事物发展的结果，认知能力早已突破时空的限制。这是人类思维创新的一大进步。管理者在日常工作中，也要不断地采用间接思维的方式，解决一些管理中存在的问题。下面的案例也许能给您启发。

案 例

电梯间的镜子

有一家公司新搬入一幢摩天大楼，不久就遇到了一个难题。由于当初楼内安装的电梯过少，员工上下班高峰时经常要等很长时间，为此怨声不断。公司老总于是召开各部门负责人会议，请大家出谋划策解决电梯不足的问题。经过一番讨论，大家提出了几个解决方案：

第一，提高电梯上下速度，按奇偶数分层停梯或者在上下班高峰时段，只在人多的楼层停。

第二，各部门上下班时间错开，减少电梯同时使用率。

第三，在所有的电梯门口装上镜子。

第四，装一部新电梯。

如果是你，会想到哪种方案？为什么？

如果你想出的是第一、第二或第四种，那么你的思维方式是属于直接的

常规思维。如果你想出的是第三种，那么你的思维方式是间接型的创新思维。直线思维是一种常规的思考方式，解决问题的视野过于狭隘，而间接思维却能抛开思维定式，产生出人意料的新方案。经过慎重考虑，该公司选择了第三种方案。该方案付诸实施后，员工乘电梯上上下下，再也没了抱怨声。原

来，等着乘电梯的人一看到镜子，免不了开始端详自己的镜中形象，或者偷偷打量别人的装扮，烦人的等待时刻就在镜前顾盼之间悄悄过去了。

该公司的管理难题固然是由电梯不足引起的，但也与员工缺乏耐心有着密切的关系。该公司没有采取直接的措施解决目标问题（电梯不足），而是从考虑解决与之相关的一个间接问题（员工耐心问题）入手，更有效地达到

了最终目的。这就是间接的思维创新方法，是指当我们面临新的难题时，可以不采取直接解决问题的措施，而是考虑以解决某个相关的其他问题为手段，以求代价更小或者效率更高地最终达到解决问题的目的。

六、迂回思维，变被动为主动

迂回思维是指在我们解决问题时，如果碰到难以逾越的障碍，或预定目标不能达到的情况下，用直接的方法得不到解决，就必须设法避开障碍，转换一个思考问题的角度，另选一个方向，从侧面迂回，从而解决难题，实现原定目标的思维方法。

案　例

智取九龙杯

有一年，美国前国务卿基辛格访华，国家领导人在人民大会堂为他及其随行设宴接风，不但菜式丰盛，酒具更不一般，使用的是国宝九龙杯。九龙杯，通体玉白，注酒之后杯壁和杯底上会有九条金色的小龙，似在飞舞嬉戏，极其珍贵与神奇，惹得外宾惊喜着迷，爱不释手。酒过三巡，基辛格的一个随员佯装醉意，竟顺手牵羊将一只九龙杯塞进自己随身携带的公文包里，这意外的举动立即被服务员察觉。

怎么办？是揭穿他呢？还是派人偷回来？都不行。接待外宾的负责人立即将九龙杯被"窃"事件向总理做了汇报。总理随即做出指示：第一，九龙杯是"国宝"，一只也不能少；第二，国宝要堂堂正正拿回来，既不能伤感情，还要给美国人留面子。

于是在美国人临走那天晚上，中方安排了一场杂技表演，压轴的节目是魔术。只见魔术师手拿一把扇子，轻轻一扇，扇子不见了，再轻轻一扇，扇出来一只九龙杯。大家正在鼓掌，大师把九龙杯往天上一扔，没了！正当观众惊讶地寻思，那只九龙杯究竟飞到哪里去了时，只见魔术师已走下舞台来到前排贵宾席，笑着对大家说：我把九龙杯变到那位先生的手提包里了。彬彬有礼地请求那位贵宾打开时刻不离身的公文包，轻而易举地取回了那只珍奇的九龙杯。

这个案例说明：我们在做任何事情时，都应该用冷静头脑来办事，不能直取的就采取迂回、智取的方式。

迂回思维是一种典型的"放长线，钓大鱼"的创新思维方式，主要包括以下几种思维方式：

1. 以退为进

就是在所面临的问题上，或对待利弊得失时，如果暂时不能或不宜前进时，为了能更好地进取，要着眼大局，立足长远，可考虑采取先放弃眼前的利益，做一些策略上的退让，从而积蓄力量，创造条件，待时机成熟时再向前推进，以最终达到解决问题的目的。

2. 以进为退

是指当我们必须在所面临的问题上有所后退或者采取守势时，考虑采取一定的主动进攻的策略，以避免或减轻后退可能造成的损失，或使原来所处的被动的守势、劣势，得以转变为主动的攻势、优势。

案 例

空难后的危机公关

20 世纪 80 年代，美国一架波音 747 飞机在飞行中发生爆炸，前舱的顶盖炸出一个 6 米的大洞，一位空中小姐被爆炸的气浪从大洞抛出，以身殉职。多亏驾驶员的熟练操作，飞机才在附近机场平安降落，89 名旅客无一伤亡。对如此重大事件的处理直接关系到公司的声誉。由于旅客安然无恙，不会引起外界的强烈反应，本可以默不作声地在公司内部妥善处理空姐的后事就行了，但是波音公司的负责人却不是这样被动防守，而是主动出击，抓住这件事大做文章，通过各种渠道向公众说明：这架飞机已经飞行了 20 年，起降逾 9 万次，机身金属过度疲劳，大大超过了原来的保险系数。尽管如此，仍然安全着陆，乘客毫发未伤，这充分说明飞机的质量优良，值得信赖。经过这么一番宣扬，公司的形象不仅没有受损，声誉反倒大大提高，赢得了更大的市场，第二个月的订单金额超过 70 亿美元。

这就是波音公司成功运作"以进为退"迂回思维方法的范例。

3. 绕道而行

在我们解决某个问题遇到难以克服的障碍时，不谋求直接去消除障碍，而是另辟蹊径，有意识地走一条曲折的 Z 字形道路，以曲代直，以求避开或者越过障碍，降低难度，减少代价，使问题得以解决并取得更好的效果。

案　例

最短的路，还是最快的路？

某公司一职员大清早起来急急忙忙去上班，因为今天他要参加一个很重要的会议，会议的一个议题之一就是关于他能否升职的问题，所以今天一定得表现好，起码不能迟到。可偏不凑巧他的闹钟今天早晨坏了，还有 20 分钟会议就要开始了。怎么办？小职员唯有改乘出租车，希望能及时赶到会场。

好不容易拦了一辆出租车，匆匆忙忙上车后，他便对司机说："司机先生，我要赶时间，拜托你走最短的路！"

司机问道："先生，是走最短的路，还是走最快的路？"

小职员好奇地问："最短的路不是最快的吗？"

"当然不是，现在是繁忙时间，最短的路一般都会堵车。你要是赶时间的话最好绕道走，虽然多走一点路，却是最快的。"

听了司机的话，小职员最终选择了最快的路。途中他看见不远处有一条街道交通堵塞的水泄不通，司机解释说那条正是他要走的最短的路。司机说得没错，多走一点路果然畅通无阻，虽然路程较远，多花了点时间，却很快到达目的地。

小职员最终赶上了会议，还升职当了部门经理。

人都喜欢走捷径，希望以最小的体力最快到达目的地。然而，最短的路未必最快。你看过多少赌徒从来不工作却因为赌博而成为富翁？你又见过多少学生从来不上学却因为临时上补习班而考得优异的成绩？

4. 避实击虚

原本指避开敌人的主力，找敌人的弱点进攻。在管理学上是指找出事物中的"要害"和"虚"的部分，从而避实击虚，避重就轻，达到拾遗补阙，填补空白的结果。

创新思维本身就带有一定的神秘性和模糊性，能够一下子将事物看穿的情况并不多见，这就要求我们一方面遇到棘手的管理问题，不烦恼，不气馁，要保持高度的耐心；另一方面要开动脑筋，在不违反国家法律法规和社会道德的前提下，必要时采取另辟蹊径、转而进取、绕道而行，甚至以退为进的方式，以求最少的成本、最低的代价解决管理难题。

七、换位思考，理解他人

换位思考，顾名思义是站在对方的角度思考问题，设身处地地为他人着想。人与人之间要相互理解、信任，并且要学会换位思考，这是人与人之间交往的基础。由于大部分人都是站在自身的立场考虑问题，而很少站在别人的角度上思考，因此，从这个意义上来说，换位思考也是一种创新思维。

人人都知道换位思考的好处，但并不是每个人都能把他做好，俗语讲：不在其位不谋其政，这是典型的知易行难的事情。在企业管理中，每个人都赋予了不同的角色，每个角色都有其不为人知的难处，管理者在工作中，就要善于运用换位思考，想别人之所想，急别人之所急，设身处地，才能真正融洽人际关系，搞好管理工作。

换位思考在管理中可以起到如下作用：

1. 换位思考可以理解他人的苦衷或想法，学会宽容

| 寓言故事 |

将心比心

一头猪、一只绵羊和一头奶牛，被牧人关在同一个畜栏里。有一天，牧人将猪从畜栏里捉了出去，只听猪大声嚎叫，强烈地反抗。绵羊和奶牛讨厌它的嚎叫，于是抱怨道："我们经常被牧人捉去，都没像你这样大呼小叫的。"猪听了回应道："捉你们和捉我完全是两回事，牧人捉你们，只是要你们的毛和乳汁，但是捉住我，却是要我的命啊！"

立场不同，所处环境不同的人，是很难了解对方的感受的。因此，对他人的失意、挫折和伤痛，我们应进行换位思考，以一颗宽容的心去了解、关心他人。将心比心就是急人所难，将心比心就是成人之美，将心比心就是不伤害别人，将心比心就是己所不欲勿施于人。

2. 换位思考是融洽人与人之间关系的最佳润滑剂

|| 案　例 ||

六尺巷

在安徽桐城有条小巷，它长约一百米，宽约两米，是著名的六尺巷。这条巷子之所以得名，是因为它的形成来源于一段令人深思的历史故事。

在清朝康熙年间，那个地方原本没有巷子，只是一块儿空地，供往来交通使用。空地旁住着两户人家，一边是当朝的宰相张英的老家，另一户是平民商人吴姓人家。吴姓人家要翻修房子，企图占据这块空地，张家不同意，于是两家发生了争执。张英家人便给张英修书一封，让他动用权力干涉此事。张英收到信后，觉得邻里之间应该互相谦让，便提笔回信写了四句话：千里家书只为墙，让他三尺又何妨？万里长城今犹在，不见当年秦始皇。

家人阅罢，明白其中道理，主动让出三尺空地。吴家见此情景，深感羞愧，"宰相肚里能撑船，咱也不能太落后。"吴家一致同意也主动出让三尺宅基地，于是两家之间就形成了一个六尺的巷子。两家礼让之举和张家不仗势欺人的做法传为佳话。

张英用一首诗教育了家人，家人学会了宽容；而这种宽容又影响到了邻居，也做出了宽容的举动。这样，这个社会才能真正实现和谐。

人们一般都有这样一个特点：即总是站在自己的角度去思考问题。假如我们能换一个角度，总是站在他人的立场上去思考问题，会得出怎样的结果呢？最终的结果就是多了一些理解和宽容，改善和拉近了人与人之间的关系，这一切都是从换位思考做起的，宽容这一美德的得来，也开始于换位思考。在一个团队之中，只有换位思考，才可能增强凝聚力。对于一个管理者来说，换位思考的能力是能否成功进行管理的一个重要因素。

3. 换位思考可以使人眼界放宽，对事物做出准确判断

前联合国秘书长安南 17 岁时在教会学校读书。有一天老师在课堂上将画有黑点的一张白纸给大家看，问大家看到了什么？大家齐声回答："一个黑点"。老师说："你们怎么只盯着这个黑点？难道你们就没有看到这张白纸吗？"这堂课给安南留下了非常深刻的印象，正是由于他没有将视线仅放在一个点上，他才走到了联合国秘书长的位置。

白纸上的黑点显得微不足道，但如果只盯住它，我们的视野就会缩小，我们看问题的角度就会受到局限，解决问题时就会犯以点代面、以偏概全的错误，就会一叶障目不见森林，影响对事物的正确的判断。所以，换位思考，用立体的角度看问题，会使我们的眼界更宽，范围更广，判断更全面。

4. 换位思考能使人从误区中解脱出来，柳暗花明又一村

有一位下岗女工，做了 20 多年公共汽车售票员，下岗后还想干老本行，可是找不到合适的工作。经人介绍到一家快递公司工作。由于快递公司招聘的员工大都是外地人，他们有一个致命的弱点，就是对本市的道路街道不熟，而她干了 20 多年售票员，恰恰在这一点上有优势，所以快递公司没让她送货，而是让她当调度员。时间一长，这里面的门路都熟了，她就自己出来办了一家快递公司，当了老板，找到了施展自己才能的舞台。

可见，换位思考告诉人们，凡事不要钻牛角尖，"不识庐山真面目，只缘身在此山中"。只有跳出来，才是柳暗花明又一村。

5. 换位思考会使意外变为机会

案　例

滚落的巨石

有一次在地震中引起山洪暴发，一块巨石轰然从山上滚落，正好堵在山脚下一个小镇村口。小镇想把巨石移走，找了几个壮汉，费了九牛二虎之力，巨石一点儿也没移动。一天，来了一位云游和尚，小镇的人想请大师施展法力移走石头。和尚凝视巨石一言不发，第二天巨石上出现了四个大字——镇街之宝，那字笔力雄劲，气势非凡，加上巨石这个载体，更显得浑然一体，令人赏心悦目。消息传开，四面八方的人都来此观看，这里竟然成了旅游的一处景观，小镇的经济也因此发展起来。

生存有赖于竞争，竞争依托于创新。管理者必须习惯于突破思维障碍，拓展思维视角，善于换位思考。如果缺乏换位思考，仅凭主观意愿从事管理工作，终究会遇到障碍，不但会降低工作效能，而且有时好的愿望未必会产生好的结果。有这样一则故事：古代一位富商的儿子结婚，准备大宴宾客，儿子不知道该如何安排客人的座位。他向父亲说："今天是我的好日子，若按照传统的方式，富人应坐在首席，穷人坐在靠边的地方。今天就改变一下，让我们把荣誉让给穷人吧。"父亲想了想说："儿呀，要改变这个世界的传统何其难啊！在每一项习俗后面都有很好的理由，穷人参加宴会，一定要让他们大快朵颐，富人参加宴会，是为了荣誉，一旦让穷人坐在首席，他们就不好意思开怀大吃，一旦让富人靠边，他们就感到受到了侮辱。"有些企业管理者的想法就像这位富人的儿子，也许初衷是好的，可他们是否知道穷人到底在想什么？

八、双赢思维，团结就是力量

"团结就是力量"、"1＋1＞2"。没有哪一种力量会比团队所爆发出来的力量更强大，而要产生这种力量，就需要团队中的每一位成员齐心合力、快速反应，单枪匹马的人在这个重视协作的社会中注定要失败。个体的创新固然重要，但创新更需要合作。马克思曾经说过："人是社会的人，生产力是社会生产力。"当今世界的高新科技要求我们必须要合作。只有合作，才能很好地发挥团队优势，群体优势，使创新思维和创造力升华，在合作中升华。

寓言故事

胃和四肢的尴尬

法国著名寓言大师拉封丹曾讲过一则关于"胃和四肢"的故事：四肢已经懒得再为胃工作了，它们决心要过绅士般悠闲的生活。大家都以四肢为榜样，什么也不干，并说："没有我们的劳动，胃只能去喝西北风。我们受苦流汗，像牲畜般劳作，就为了它一个，我们的辛勤劳动换来的只是它饱吃饱喝，罢工吧，只有这样，才能使胃明白，是我们供养了它。"

大家如是说，也就这般去做，手不拿，臂不挥，两腿也歇着，大伙齐心让胃自己想办法去找吃的喝的，然而，大伙很快就为这个错误后悔不迭：四肢这些可怜的东西很快就感到衰弱了，心脏没有新的血液供给，四肢难受，逐渐没有了力气。这个时候四肢终于明白了，它们认为悠闲不干事的胃，对集体的贡献实际上不比任何人少。

在一个企业或部门中，每一个人的分工是不同的，每一个人的职责也是有所差异的。就像是"胃"和"四肢"一样，各有各的任务，各有各的职责。只有每一个职位上的人都各司其职，各尽其责，一个整体才能有机的运作起来，而每一个人的利益才能够从整体的运作当中获得。故事中的"四肢"之所以尝到了恶果，就是因为他们没有尽到自己的责任。最终，受害者不仅仅他们自己，更是连累了全部整体。因此，一个优秀的管理者需要清楚自己的职责与他人职责的差异性，对自己的角色要有一个明确而清晰的定位，不能使自己的角色发生错位的现象。

在任何组织和企业当中，要成为优秀的具有创新意识的管理者，就必须具有恰当处理与协调人际关系的能力。一方面要协调好周围的人际关系，形成相互合作、相互支持的良性互动关系，创造利己利人的双赢局面，永远和同事们组成一个坚强的整体，这对一个人的事业成功有着至关重要的作用。另一方面，要通过相互沟通、交流信息产生创新的思想火花。相互沟通、交流信息对创新思维有着很重要的作用，尤其是信息交流更加重要。这就好比有甲、乙两个人，甲有一个苹果，乙有一个梨子，甲把苹果给了乙，乙把梨子给了甲，二者数量没有增加，但质发生了变化。但是如果甲有一个思想，乙也有一个思想，甲、乙交换一下思想就不一样了，不但质发生了变化，量上也发生了变化。而同时在二者思想碰撞过程中，还有可能碰出新的思想，擦出新的火花，那甲、乙的思想可就不止两个了，也许有三个、四个甚至更多的思想迸发出来，所以通过交流，可以创新思维，产生创造力。

九、避免忙而不思

这是高效管理者必须掌握的原则。人的精力是有限的，你是管理者，所以你的主要任务是多观察多思考，切忌大事小事都要"事必躬亲"。只有站在一旁观看，才能真正"旁观者清"而避免"当局者迷"，才能更公正、更有效地判断是非曲直，哪些是应该改进的，哪些是应该坚持的。就像一个教练不必亲自到运动场上去拼搏，一个大导演不必亲自登台演出一样。即使你比你的下属干得再好，也不要事事亲自去干，必要时给他们做个示范即可。轻松管理企业或组织而又驾驭全局，就要多当教练少当运动员，多当导演甚至观众而少当亲自登台的演员。

有一句斯拉夫谚语："如果你在体力上比人家缺了点什么，那么你必须在智力上比别人多点什么。"现实管理工作中，确实有一些人整日忙东忙西，缺乏思考，结果事倍功半。

| 案　例 |

最大麦穗论

苏格拉底将自己的学生带到一片麦田边，指着满地的麦穗告诉学生说："你们穿过这片麦田时可以选择一个自己认为最大的麦穗，把它摘下来，但不能走回头路。"结果，他的大部分学生在选择麦穗时都遵循这样一个思路：先看看这个，再看看那个，在挑挑拣拣中走到了麦田的尽头，最后不得已只好随便摘了一个。有的学生则是刚走几步发现了一只大麦穗就迫不及待地摘了下来，没有经过比较和选

择，挑选的麦穗也不尽如人意。

按照苏格拉底的"如何寻找最大麦穗论"：在一块麦田里先走上 1/3 的路，观察麦穗的长势、大小、分布规律，在随后的 1/3 的麦地里印证这种规律，然后再剩下的 1/3 的麦地里，按照前面的经验，挑选其中最大的麦穗，按照规律来说也不至于令你太过遗憾，总比一上来就匆匆选定，或者行程快结束了才胡乱抓一个更具有科学性，更能使人心安理得。

"如何寻找最大麦穗"需要"三思而后行"，这是选择的技巧，也是放弃的智慧，是从动态中把握事物的平衡。

一头聪明的驴子外出觅食，发现两堆草料，这头驴子在选择中左思右想，犹豫不定，因为在两堆草料中来回奔跑，最后饿死在途中。人们把这个故事称之为"布里丹效应"，用来形容抉择中的举棋不定，不仅给自己，也给企业或部门的发展带来致命的打击。许多管理者在工作时陷入布里丹难题的原因在于没有明确的价值取向，对事物没有清醒理智地排序，分不清轻重缓急。要避免布里丹难题，一定要做到身临其境，具体问题具体分析。比如可以按颜色吃草；也可以按数量吃草等等。总之，思考后确定原则再行动，也不至于看着到口的饭却被饿死。

十、创新思维七个技巧

管理无定式，管理的原则在于有效。什么是有效？通俗地讲，就是"不管黑猫白猫，抓住老鼠就是好猫"。用目标管理的思想可以理解为：目标一定是清晰的、确定的，达到目标的手段是多种多样的。在不违背社会道德、不违犯法律的前提下，管理手段取舍的标准只能是效率和效能。

我们说，管理者在管理工作中，多用脑就可以少用脚，下棋看三步，多思考就可以多几分胜算的把握。如何创新思维，拥有更多的智慧呢？以下几项技巧可供参考：

1. 敢于怀疑，敢于自我否定

要想开拓思维空间，就必须不断清除头脑中多余的东西，这就涉及敢于向已成定论的事物提出疑问，敢于向权威挑战，敢于自我否定。怀疑和自我否定就是扬弃，就是创新，就是发展。

马克思的哲学被称为"怀疑一切"，认为"一切存在都是不合理的"。这一结论是因为今天存在的事物都会消亡，都不可避免要被新生事物所代替，由此就产生了革命的结论。马克思的结论并不是否认以往所创造的成就，而是创新，一切创新都是从疑问开始，有疑才有问，有问才会有新发现，才会带来事业的新突破。有一位著名的企业家曾说过："20年前中国企业家不看西方管理的书籍，那是无知；20年后还在看，那是无能了。"因为先前看是吸收借鉴发达国家的理论，现在看就要研究中国的国情了。

2. 不要让你的灵感和偶然性溜掉

不要小看你脑子中一闪而过的那些想法，哪怕看起来是荒诞不经的可笑的念头。因为那都是瞬间迸发出的思维火花。经济生活中存在很多抓住一个灵感或偶然性，而导致一个久盛不衰的产业兴起的事例。

案 例

水壶不响了

半个多世纪前，有个日本人叫富安宏雄，因患病卧床不起。一天，他床边的火炉正在烧开水，茶壶盖子迸出白色的水汽，并且发出"咔嗒咔嗒"的声音。富安宏雄觉得那种声音实在不好听，气恼之下，拿起放在枕头边的锥子用力地向水壶投掷过去，锥子在壶盖上扎了一个小洞。奇怪的是，这样一扎，"咔嗒咔嗒"的声音反而立刻停了下来。他感到很诧异，就开始在床上大动脑筋。以后他亲自试验了好几次，都证实水壶盖上有个小洞，烧开水时就不会发出声音了。他被自己的创意震撼了，决心不遗余力让它开花结果。于是他拖着病体走访了多家企业，终于被明治制壶公司以2000日元买下了他的创意。当时的2000日元相当于现在的1亿日元。富安宏雄从此过上了好日子。

后来这个创意传到我国，又被企业家在小孔处加了哨子，变成了"响水壶"，大量推向了市场。

20世纪20年代中期，杜邦公司开始从事高分子化学这一领域的研究，一直到 1928 年，实验室的一个助手无意中让烧锅始终开着过了周末。星期一早晨，主人化学师发现烧锅中的材料已凝成了纤维。他们从这个意外的成果入手，又花了 10 年时间，找到了制造尼龙的办法。

可见，灵感和偶然性都是在不经意间产生的，稍纵即逝，如果不及时抓住，它就会像一只狡猾的狐狸一样溜掉。因此管理者面对灵感和偶然性的态度至关重要，如果你足够敏锐，敢于突破陈规，抓住了它，也许就能获得意外的惊喜；但如果谨小慎微，以狭隘的心态扼杀灵感和偶然性，将可能失去创新的机遇。

3. 努力工作，更要聪明地工作

我国改革开放以后，国外企业纷纷涌入，世界所有名牌汽车几乎都在中国建厂，形成群雄割据的局面。作为一家民营企业，奇瑞要在其中占有一席之地，几乎没有人认为它会成功，可它却异军突起，开创了自主品牌的先河，一枝独秀。

奇瑞成功的原因就在于当企业生存的环境突然从正常状态变得不可预期、不可理解时，要有全新的思维，学会用不同的方式思考问题，并找出带领企业走出危机的办法。努力创新，敢于竞争，墨守成规或一味模仿他人，到最后一定会失败。

释迦牟尼曾问他的弟子："一滴水怎么才能不干？"弟子无言以对。释迦牟尼说："放到大海里去。"

张瑞敏问他的员工："石头怎样在水上漂起来？"大家面面相觑。张说："靠速度。"

有人问鲁冠球："你不怕枪打出头鸟吗？"鲁回答："飞得高点就打不着了。"

4. 不拒绝歧见

一个音符无法弹奏出优美的旋律，一种颜色难以绘出多彩的画卷，一滴纯净的水珠，从不同的角度观察，会反射出不同的色彩。世界是多样性的，多样性意味着差异。17 世纪德国哲学家莱布尼茨曾在一次宫廷讲学时说道，世界上没有两片完全相同的树叶。人作为有意识的生命体，也没有两个完全相同的人，即使是孪生兄弟，也会因为环境、教育和实践活动的不同，形成不同的个性。

随着我国改革开放的逐步深化，人们的思维方式、知识结构、阅历见识也在不断变化，员工之间的差异化更加显现。面对这样的员工，管理者必须改变以往用一个标准，一把尺子来衡量好坏的简单划一、粗放式的管理，而要实行差异化管理。具体体现在组织内部，为了鼓励创新，管理者要善于发现新事物，鼓励歧见，不拒绝荒诞的见解，尊重差异，激励差异，利用差异。任何新事物最初都被斥之为荒诞，随着时间的推移才知道那是创新的发现。所以管理者要善于从中吸纳合理的因素，为组织的进步与发展增光添色。

5. 不崇尚经验

寓言故事

驴 子 过 河

　　第一次驴子驮着盐，不小心掉到了河里，盐化了，驴子感到浑身轻松；第二次驴子驮着棉花，它主动走进河里想如法炮制再偷一次懒，结果棉花浸了水，变得越来越重，驴子被淹死了。这个故事告诉我们：迷信从前的成功经验而不进行思维创新是很危险的，甚至有可能导致自身的灭亡。

　　哲学家洛克认为，人的心灵就像一张白纸，起初上面没有任何标记，没有任何观念，人们的一切认知来源于自己的经验，一个小孩如果一直待在一个只有黑色和白色的地方，那他长大之后，便不会有红色或绿色的概念。人们的这种对经验的崇尚，长此以往很容易形成一种思维定式，特别是过去成功的经验，会带给一些人一生都在津津乐道的惯性，反而形成对创新思维的束缚。

　　在希腊神话中，有一则"普罗克鲁斯特斯之床"的故事。妖怪普罗克鲁斯特斯看起来是个非常和善好客的人，他将所有路过他家的人请到家里，休息一下。当客人睡着后，他就开始折磨他们，他要求客人的身材必须符合他的床的大小，如果客人的腿或脚太长，搭在他的床沿上，他就将其砍掉；如果客人太矮，他就拼命将客人拉长，许多客人因此被折磨至死。

　　其实在管理工作中，许多管理者都在无意中扮演着普罗克鲁斯特斯的角色，把所有的事物都勉强地装入自己设计的床上，而对他人造成了损害。当然我们不反对借鉴以往成功的经验，但不能生搬硬套。创新的时代更需要创新的思维。一旦在管理中遇到新问题，新情况，考验管理者的是思考的能力和智慧的判断，只有具体问题具体分析，深临其事，不断反省，才能产生创新思维。

6. 不错过机遇

变革时代的机遇是层出不穷的，变革时代的决策最关注的是时效性，这个时代最需要开放式的头脑和开放式的思维，以最大能力获得与自己工作有关的最大信息量，对信息做出分析和决断，辨别机遇。正如于丹教授所言，机遇是一个前脸长头发，后边是一个秃脑勺的怪物，这个东西迎着你走过来时，它满脸头发，你看不清它是什么，等到它从你身边走过去，你看清它了，伸手去一抓，它后脑勺上没有头发，已经彻底走过去了。当机遇失去以后，再做相关的决策已经无效了，能够产生巨大效益的决策一定是与机遇紧密结合的，这时的决策往往需要的是大智慧、大勇气，而错过机遇的决策不仅对效益带来损失，甚至可能因为决策失误造成严重后果。

7. 不逃避失败

科学家做过这样的试验，把一只猎豹与一群兔子放在一个笼子，中间用铁丝网隔开。最初，猎豹为了捕获铁丝网那边的兔子，一次次冲撞铁丝网，一次次徒劳。试验人员每天都在它这边的笼子里放些活鸡，让它捕食，它并不缺少食物，起初猎豹还想去突破那道网，捕食兔子，却总是把自己弄得遍体鳞伤，相持一段日子之后，它认为自己难以逾越那道障碍，就不再冲撞那道铁丝网，开始与对面的兔子相安无事，每天只等着饲养员给它送来活鸡。后来，试验人员将铁丝网撤掉了，但经历了一次次失败的猎豹对兔子已经毫无反应，没有再去捕食它们的欲望了。

在社会的急速发展期，成功是人们所崇尚的，因为它可以给企业带来巨大的效益。而失败则成为人们唯恐避之不及的猛虎。因为失败会带给组织利益与名誉上的损失，还有可能令这个组织濒临倒闭。其实，成功和失败本身都很正常，关键是管理者对待失败的态度，是否具有拼死挣扎，不服输、不气馁的进取精神，而不是那种破罐子破摔的失败式思维。

失败往往与机遇并存，如果前进的方向正确，逃避了失败无疑是逃避了机遇，逃避了挑战，扼杀了创新。因此，不逃避失败，抵制失败式思维，认识到具体失败事件是创新的常态，勇于面对，在思维的盲区开发创新思维，勇于实践，才能开辟崭新的道路，获得最终的成功。

十一、营造创新的环境

创新思维是创造力的一种，是一个人与生俱来的能力。它是根据一定的目的和任务，运用一切已知条件和信息，积极进行创新性的思维活动，经过反复研究和实践，产生某种新颖的、独特的、有价值的成果。那么如何充分发挥创新思维呢？就是说创新思维需要具备一定的条件：

（1）相对宽松的环境：只有环境宽松、愉悦，人们才能突破原有的思维框架，思维的创造性才能发挥出来。

（2）适度紧张的环境：适度紧张是与相对宽松正好相反的说法，相对宽松可以使人充分进行创新思维，而适度紧张对于创新思维也是一个不错的选择。

所谓适度紧张，就是人在紧张的状态下，当危机出现的时候，为了求得生存，必然会使出浑身的力气，会使创造力发挥到极致，出主意、想办法，躲过危机或者是把危机的损失降到最低。正所谓"人无远虑，必有近忧"。因此，为了更好地创新思维，有时候要制造一点危机，让员工认识到有危机感。

寓言故事

箭穿石头

很久以前，一群猎人上山打猎，来到一处烟雾缭绕的大山深处。走着走着，突见一个黑影向他们扑来，大家大吃一惊，以为猛兽来袭，猎人们本能地卧倒，拉开弓箭，使出浑身力气向猛兽射去。等了很久，不见猛兽动静，走过去一看，哪里是猛兽啊！原来
是滚落的一块巨石。但是大家惊呆了，箭竟然把石头劈成了两半……这个剑穿石头的消息不胫而走，传的是神乎其神。有的人不相信，干脆再弄块大石头让猎手射，以示证明。结果，一箭、两箭、都射了二十箭也没见把石头射穿。这说明在当时最危险的情境下，猛兽来袭，为了保全生命，猎手用了全部的力量把箭射出去，力气大得惊人，以至于把石头都射穿了。

可见，适度紧张的环境激发出人们最大的潜力。创新力的激发也是这样一个道理，经济环境遭遇危机之时，往往是新的经营方式集中爆发的时期。

镜 鉴 感 悟

生存有赖于竞争，竞争依托于创新。管理者们必须习惯于突破思维障碍，拓展思维视角，多增长智慧，干起工作来才会事半功倍。

第四面　心态镜子

缔造阳光心态，快乐工作

镜中焦点：

一、缩小烦恼，放大快乐

二、学会调整不良心态

三、缔造阳光心态，快乐工作

四、创造良好心态的八大法则

五、改变态度

六、高效管理者必备的积极心态

世界上最浩瀚的是海洋，比海洋更浩瀚的是天空，比天空还要浩瀚的是人的心灵。

　　　　　　　　　　　　　　——法国浪漫主义作家　雨果

案　例

难忘的一句话

　　一对恋人乘坐一辆巴士去山区旅游，只有他们两个人在中途下了车。他们下车以后，巴士继续往前行驶。没多久，巴士在行驶途中遭遇从山上滚落的巨石，将巴士压得粉碎，车上的乘客无一生还。如果你是那对恋人，看到这一惨象，你会说什么？想一想，那对恋人看到这一情景会说什么？

　　"如果我们都在那辆巴士上就好了！"这是那对恋人当时说的话。因为他们说得，如果他们都留在车上中途没有下车，那辆巴士将会因他们没有下车节约了时间，从而赶在巨石落下之前越过出事地点，他们的车也就不会被砸中，乘客也就不会失去生命。

　　这个故事给我们这样的启示，在我们的工作和生活中，多尝试以不同的角度和心态来正向地、良性地思考并看待事件和问题，会受到别人尊敬和爱戴。

　　当今社会，我们在享受先进科学技术带来的诸多便捷和舒服的同时，我们也会遭遇很多的烦恼和困惑，我们正面临着这样的一个环境：财富在增加，但满意度在下降；拥有的越来越多，但快乐越来越少；沟通的工具越来越多，但是深入的交流越来越少；认识的人越来越多，但真正的朋友越来越少。现在人们是想吃什么就能吃到什么；想玩什么就能玩到什么；想去哪里玩儿就能去哪里玩儿。可还是有人不满意，拿起筷子吃肉，放下筷子就骂娘，很多人常常感到担忧、焦躁、不安、愤怒、惶恐。是哪里出了问题呢？是人们的心态出了问题。

曾经有记者随机问路人：什么是健康？大家的回答五花八门，有人说："健康就是身体没有疾病"、"健康就是不缺胳膊少腿"、"健康就是能吃、能睡，心脏、血压及身体的一切功能正常"……可以看到，大多数人都是从生理的角度描述的健康。其实健康不仅是生理健康，世界卫生组织（WHO）对健康的定义是：健康不仅是没有疾病，而且还包括躯体健康、心理健康、社会适应和道德健康四个方面。其中心理健康是一个人健康的重要组成部分。

那么，什么是心理健康呢？美国著名心理学家马斯洛曾说过，心理健康有以下三个标准：足够的自我安全感，生活理想符合实际，保持人际关系良好。如果一个人出现焦虑、紧张、易怒、抱怨、情绪低落等症状，说明他出现了心理的亚健康状态，就要适当地调整心态，因为一旦这些症状经常发生，就会对人的健康产生巨大危害，既影响工作又造成家庭的不和谐。所以为了高效地工作和愉快地生活，我们有必要塑造阳光心态。

随着社会的进步，竞争的加剧，人们的各种压力增大。当各种压力超过了一定负荷的时候，有的人就会出现情绪偏激，就会陷入一种茫然、焦虑、狂躁的情绪之中，甚至会对生命产生绝望，而有的人面对这些困难的时候，却生活得很快乐。这都是心态的问题，不同的心态直接影响着人们的工作和生活。心态调整好了，蹬着三轮车也可以悠然地哼着小调；心态调整不好，开着宝马照样发牢骚。所以，良好的心态对每个人都是非常重要的。

内 涵 解 析

一、什么是心态？

心态是人的心理对各种信息刺激所反映出的心理状态或态度，心态决定着人的行为方式，心态由认知、情感、行为意向等因素构成，是一种富有建设性的主观价值取向。

心态具有两极性的特点，即积极心态与消极心态。

所谓积极心态，是指人们对待自身、他人或做事方面都持有一种积极的、正向的、稳定的心理态度或状态，是一种良性的、建设性的心理倾向，比如面对工作、矛盾、问题、困难、挫折和挑战，不是一味地抱怨、躲避、退缩，而是从积极的一面去想，从可能成功的一面去想，并积极采取行动，努力去完成。具有积极心态的人，对生活的态度也是积极的，他会把生活中的一切当作一种享受，并感染周围的人，给人以向上的力量，使你喜悦、生气勃勃、沉着、冷静、缔造和谐。

所谓消极心态，是指在某种具体行为中，由各种原因导致的效率低下、情绪低落、不利于实现工作目标的一种心态或情感。它包括：忧愁、悲伤、愤怒、紧张、焦虑、痛苦、恐惧、憎恨、轻蔑、羞愧等。

小贴士   人类的九种基本情绪

兴趣、愉快、惊奇、悲伤、厌恶、愤怒、恐惧、轻蔑、羞愧。

其中兴趣和愉快是正面的，惊奇是中性的，其余六个都是负面的。

消极心态使你悲观、失望、忧愁、萎靡不振，甚至颓废。动不动就跟别人发脾气，不愿意配合别人的工作，人际关系就会紧张。如果一个领导不能摆正心态，这种恶劣的心态和情绪就会像瘟疫一样在部门或企业中传播，导致团体人际关系紧张，很显然不利于高效率的开展工作。因此，我们要多提倡积极心态，并逐步培养积极心态。

所谓阳光心态，是一种健康、进取、积极、宽容、感恩、乐观自信和充满关爱的心智模式，它可以把别人的批评、指责和不同意见看成是对自己善意的帮助和关心，从而以感恩、学习的心态虚心请教，认真分析，从中获得经验并有利于自身成长。阳光心态可以创造生活，会使我们心情愉快，促进我们的身心健康，提高我们工作和学习的效率；消极心态可以毁灭生活，它会使我们愁容满面，损害我们的身心健康，降低我们工作和学习的效率。

为此，每个人都应具有阳光心态，要学会善待周围的每个人。学会换位思考问题，凡事都要站在对方的角度想一想，凡事都先替别人着想，真正学会把别人放在第一位，这样就会减少很多烦恼。

第四面 心态镜子

85

小贴士　　阳光心态法则

不能改变环境就适应环境，

不能改变别人就改变自己，

不能改变事情就改变态度，

不能向上比较就向下比较。

二、心态对高效管理的重要作用

1. 好心态就是竞争力

曾有学者提出："21 世纪的核心竞争力是态度。"这句话告诉我们，当下，积极的心态已经成为比黄金还要珍贵的最稀缺的资源，它是个人决胜于未来最为根本的心理资本，是纵横职场最核心的竞争力。

案　例

乐趣创造财富

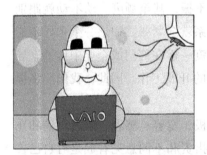

　　国外某中央空调公司进入 21 世纪以来，生产一直处于低迷状态。一天，总经理走进车间，问一位正在干活的工人："你们这一班今天制造了几部空调?""六部。"工人答道。总经理没再说什么，只是拿了一支粉笔在地板上写下一个大大的阿拉伯数字"6"，然后离开了。夜班工人接班时，看到了那个"6"字，明白了老总的用意，交班时就把地板上的"6"字改写成了"7"。白班工人接班时当然看到了那个很大的"7"字，于是他们决定要给夜班工人一点儿颜色看看，抓紧干活，默契配合，等到他们下班的时候，又把地板上的"7"字改成了颇具示威性的"9"字。不久，空调公司生产大增，生机盎然，雄风重振。

　　乐趣创造财富；乐趣，也能提高生产力。积极的心态影响着人的情绪和意志，决定着人的工作状态与质量。故事中的总经理善于调动工人们的积极性和创造性，使他们主动工作，乐于竞争。

其实，现代企业在市场上的竞争表面上看是品牌、产品、价格、服务的竞争，实质上却是企业所有员工的品质和心态的竞争；职场上的竞争表面上看是能力、职位、业绩、关系的竞争，实质上却是员工职业心态和人生态度的竞争。因此，现代管理者越来越重视员工的心态素养。某跨国公司人力资源部在招聘新员工时就把心态作为一个重要的条件，明确指出："许多人都很有能力，但并不是所有有能力的人都能进入我们公司。这是因为，除了能力，我们更看重一个人的'工作态度'如何，是不是拥有积极的心态，遇事能否主动想办法解决，而不是抱着一副事不关己、我行我素的态度，这种态度与做法不仅会给单位造成损失，同时也扼杀自己的进取心和创造力，于公于私都毫无益处。这种人不适合我们公司！"快乐是爱己，快乐是助人，快乐是一种能力，快乐更是一种智慧。

2. 心态是决定事情成败的基础

心态的好与坏，决定了你能否走向成功，心态是成败的基础。进入 21 世纪，人们的工作生活节奏不断加快，每个人的压力都在逐渐增加，如果调整不好心态和价值观，只是一味地抱怨和指责，就会导致工作效率低下，家庭和工作都无法维持平衡状态，产生了巨大的负面压力。为避免这些现象的发生，就要调整好自己的心态，以积极、主动、阳光的心态进入工作。当你用积极的心态去看问题时，问题会更多地把好的一面展现给我们，那么解决问题就相对容易；相反，如果以消极的心态去看问题，问题会越聚越多，难度会越来越大。

有人说：成功 = 心态 × 能力，能力再强，心态不好，成功的概率为 0；相反，如果有一种积极向上的心态，能力、技巧会发挥到淋漓尽致，成功的把握就会更大。二者的差距就在这。因此，把心态调整好，凡事要全力以赴，专心致志，精益求精，在保证品质的前提下，力求做得更好，更有效率！因为在当今的社会，速度就是效率，一切竞争都是速度的竞争。不管在什么时候，不管遇到什么困难和挫折，把压力当动力，把逆境当成锻炼自己的机会，转换心态，永远用积极的心态去面对失败，那就离成功不远了！

❚ 案 例 ❚

孪生兄弟

在美国，有一对孪生兄弟，他们出生在一个贫穷的家庭，母亲是一个酒

鬼，喝醉酒之后往往控制不住情绪；父亲是个赌徒，而且脾气非常暴躁。他们家非常糟糕。后来这两个兄弟走上了截然不同的两条路。弟弟无恶不作，锒铛入狱。在监狱里有记者去采访弟弟："你今天为什么会是这样的结果呢？"弟弟说："因为我的家庭，因为我的父母。"随后记者又去采访孪生兄弟的哥哥，这个时候哥哥已成为一个很成功的企业家，而且还竞选上议员。记者问："你为什么今天会有这么大的成就呢？"哥哥同样也回答说："因为我的家庭，因为我的父母。"

可见，决定一个人成就的，不是外在的环境，而是你内在的信念和心态。积极的心态可以帮助我们获得成功。积极心态可以影响并决定一个人一生的命运，你在心里埋下乐观、向上的种子，并保证坚决完成任务，这颗种子便会在你心里生根发芽，变成一生受益不尽的财富。

3. 阳光心态是执行力的源泉

所谓执行力，就是把事情做成功的能力。如何把事情做成功？就要调动自身的能量、整合别人的资源，创造机会。而要调动自身能量，阳光心态必不可少。因为，心态好，身体健康，能力增强，执行力强；心态不好，身体差，能力差，执行力就差。心态就具有这么大的力量，从里到外影响你。不信请看下面的例子。

▌案 例▌

九个人过桥的试验

教授说：你们九个人听我的指挥，走过这个曲曲弯弯的小桥，千万别掉下去，不过掉下去也没关系，底下就是一点水。

九个人顺利过桥。

走过去后，教授打开了一盏黄灯，透过黄灯九个人看到桥底下不仅仅是一点水，而且还有几条在蠕动的鳄鱼。

九个人吓了一跳。

教授问：现在你们谁敢走回来？

没人敢走了。

教授说：你们要用心理暗示，想象自己走在坚固的铁桥上。

只有三个人愿意尝试：第一个人颤颤巍巍，走的时间多花了一倍；第二个人哆哆嗦嗦，走了一半再也坚持不住了，吓得趴在桥上；第三个人才走了三步就吓趴下了。

教授这时打开了所有的灯，大家这才发现，在桥和鳄鱼之间还有一层网，网是黄色的，刚才在黄灯下看不清楚。大家现在不怕了，说要知道有网我们早就过去了，几个人哗啦哗啦都走过来了。

只有一个人不敢走，教授问他怎么回事？这个人说：我担心网不结实。

可见，心态影响执行力，好的心态让你成功，坏的心态毁灭你自己。所以，无论是企业的领导、中层干部还是基层工作人员，要想做成事，要想把管理和工作做好，就必须要调整好自己的心态。

三、阳光心态的五大要素

1. 胆识

胆识是指一个人的胆量和见识，它包括三个特点，即果敢做事、简单看事、大胆行事。

所谓果敢做事是指办事不犹豫不决，而是意志坚定，只要认定是正确的，就要勇往直前。

所谓简单看事是指具有阳光心态的人，通常都用简单的方式看待问题，不把事情想得过于复杂。人们之所以感觉社会、工作压力大，在很大程度上都是由于内心过于敏感、脆弱而造成的，结果给自己带来很多烦恼，搞得工作效率低下。

所谓大胆行事是指做起事情来瞻前顾后，谨小慎微，放不开，甚至胆小怕事。要想成事，就必须具备狭路相逢勇者胜的气魄，只要想到"天塌下来也有大个子顶着"，就不会再有顾虑了。

可见，有胆识是一个人成功的重要因素，有胆识人的心态比较阳光。做事只有本着大胆、果敢、放得开和简单的原则，才更容易取得成功。世界首富比尔·盖茨认为，有知识的人未必一定会成功，但是成功的人一定具有智慧和胆识。

2. 理解

有些时候，在遇到事情面前，我们常常希望别人和我们一样做出相同的反应和得出相同的结论。事实恰恰事与愿违，别人做出的反应与得出的结论跟我们正好相反。这是由于人们的学历、社会背景、工作经历、智力、价值观等的差异，导致人们看问题的角度不同，因而对待同一个问题会有不同的见解和观念。出现这种情况怎么办？阳光心态告诉我们要相信别人是真诚的而不是敌意的，并能站在对方的角度思考问题，体谅别人的想法和观点，这就叫理解。它有助于缓和人与人之间的紧张关系，使人与人更深刻地相互了解。有了理解，就不会在心中谴责别人，不会因为对方的不同观点而责怪和憎恨他们，就会宽容待人，与人打交道时就会经常提醒自己把别人当作有价值的人来对待。如果一个人对别人宽容时，就必定对自己宽容。欣赏别人、尊重别人的同时就是在尊重自己。这样，不管干什么事都有个好心情，干起事情来就浑身轻松，增强执行力。

由此看来，真正的自尊并不在于你所成就的事业、所拥有的财富和所得到的荣誉，而在于对别人的理解、宽容和对他人的尊重。

3. 控制情绪

情绪是指个体受到某种刺激后所产生的一种身心激动的状态。情绪每个人都会有，心理学上把情绪分为四大类：喜，怒，哀，乐。情绪就像一只无形的手，在操纵着人的身体，影响着人的健康。虽然说情绪是与生俱来的，但情绪的自我控制能力却是后天可以修炼的，良好的情绪自控力、稳定的情绪状态，是一个人是否具有阳光心态的重要标志。

中医理论认为：喜伤心、怒伤肝、思伤脾、忧伤肺、恐伤肾。因为人在情绪变化时，常常伴随有生理的变化，比如：人在发怒时会心跳加快，血压上升；人在突然恐惧时，呼吸急促，甚至会出现窒息；人在焦虑、忧郁时，会引起消化系统的运动，导致内分泌紊乱，这些发怒、恐惧、抑郁等消极情绪都会引起免疫力的降低，诱发多种疾病。

因此，为了自身和家庭的健康，要学会协调和控制情绪，善于从好的角度看问题，心情开朗、乐观、豁达，生活才能过得轻松；相反，整天心情不好、郁郁寡欢、愁眉不展、唉声叹气，对健康不利。

4. 信念

成功是建立在具有坚定信念的意志品质基础之上的。我们开始从事某项活动时，往往没有经验可以借鉴，可能失败过很多次。但只要有坚定的信念，付出终究会有回报。"世上无难事，只要肯登攀"，说的就是人的意志和信念。具体来说，人的信念可以体现在以下两个方面：

一是行动要有合理的目标。没有目标的人生就像汪洋中失去航标的船只，只会在原地打转无法前行，既不知道从哪里来，也不知道将去何方。

消极心态中的抑郁、忧伤、无聊、茫然等情绪都与目标有关。因为没有目标，这些人天天就不知道做什么，也不知道怎么做，浑浑噩噩混日子，抑郁、无聊导致心态不健康，感觉生活不幸福。因此要想活得有奔头，必须确定合理的目标，目标就是信念，它是激励人们前行的动力，并鼓舞人们为了实现目标而矢志不渝。

二是要持之以恒。目标一经确定就要努力去实现它，不能半途而废。有一首歌是这样写的：不经历风雨，怎么能见彩虹，这个世界没有随随便便的成功。日常工作和生活中，我们都会遇到这样或那样的挫折、困难，但只要我们摒弃那些梦想一夜成名、一夜暴富的投机心理，坚定信念，脚踏实地，坚持不懈，就会一步一步迈向成功。

5. 适应

物竞天择，适者生存，不能改变环境就学着适应环境，这是阳光心态的人都具备的价值观。我们说，在每个人的成长过程中都不是一帆风顺的，心理不健康的人一般都会逃避现实、怨天尤人、自艾自怜，甚至做出极端的行为。这是不可取的。

阳光心态告诉我们："人贵有自知之明"，人要学会正确地认识自己，能客观地评价自己，能根据自身的实际情况制定合适的目标，既不自傲，也不自卑；对自己的缺点能正确对待并加以改正。在正确认识自我的同时，能正视现实，接受现实，并能较好的适应环境，使自己的言行、思想与社会的发展相吻合，无论走到哪里，都能很快地融入新的工作和生活中。而当自己的思想和行为与社会发展及环境要求相悖的时候，不怨天尤人，不推卸责任，不悲观失望，而是及时修正和调整自己的行为，积极的想办法去适应社会、迎接挑战，乐观的工作和生活。因为一味地抱怨和逃避不仅不能解决问题，反而会使心情更糟，陷入悲观的境地不能自拔，既影响工作又不利于身心健康。

设法改变不可接受的事，设法接受不可改变的事。

镜 中 焦 点

一、缩小烦恼，放大快乐

尽管很多优秀的管理者被称为是企业的"中流砥柱"，享有世间最令人向往的事业、金钱和荣誉，但这只是他们生活和工作的一个方面。在耀眼的光环后面也深藏着常人没有的各种压力和苦恼，这些压力和苦恼也会让这些看起来风光的管理者们经常处于悲观的情绪当中，难以自拔，他们当中甚至有人发疯、自杀……

烦恼从哪里来？很大程度上是某些人对某些事情过于在乎，过于看重，因而导致"心累"。我们把"累"字分解成"田＋系"来进行解析。意思是说，"累"就是很多人过于在乎某一领域的事情，并把自己紧紧拴住。我们说在乎某些东西并没有错，但太过于在乎就可能导致很多不必要的"心累"。

试问，在你的工作当中是否有以下不良心态？

（1）有时候，烦是因为竞争，导致身心疲惫。

甲乙两人同去看风景，甲率先说："我要比你早看到。"他快走一步。乙不甘示弱，快走两步。甲又快走四步，乙快走八步，最后变成了赛跑。结果由看风景演变成了赛跑。

竞争是企业生存的原动力，也是管理者工作的原动力；但是不良的竞争则会使企业陷入泥潭，严重阻碍生产力的发展和绩效的提高。

现代社会人才济济，人们工作生活压力都很大，竞争等于给人加压，适度竞争可以产生活力，但过度竞争则使人心态扭曲，更主要的是破坏了人的心智模式。畸形的竞争破坏了和谐的文化，有些人会把羡慕的心情转变成嫉妒的心理；或者为了压倒其他人，千方百计地给别人下绊子。人们的目标不是为了享受生命，而是为了获取"名利"，并且始终在同周围的人比较，不在乎自己的状态如何，而在乎别人的状态不能比自己更好。比如，现在很多工作都要求高业绩、有些工作的技术更新很快，这会让人感觉有点跟不上。由于总有不如别人的地方，难以胜任所承担的工作，因此产生了无尽的烦恼，被迫把有限的生命投入到无限的摩擦与竞争中去了。

（2）有时候，烦是因为人际关系不和谐，导致心态扭曲。

人都不是生活在真空中，一个企业、一个部门就是一个小社会，每天要面对各种各样的人和事，大家都渴望生活在一个健康稳定、宽松和谐的集体之中。可是，有时管理者为了赢得老板的好感和下属的爱戴，机关算尽，企业或部门人际关系紧张，内部恶性竞争，人与人之间不但不合作还互相拆台。企业内外皆是对手，处于人群中相互戒备，置身于团队中却不团结，终日惶恐不安。倘若一个企业或部门没有丝毫的温情和乐趣，即使物质条件再好，也令人望而却步，烦恼也就产生了。有了烦恼就会影响心情，进而导致工作效率低下。

（3）有时候，烦是因为一成不变的工作，枯燥乏味。

常言道：管理是口缸，什么都能装。管理者的工作涉及方方面面，极其琐碎，事无巨细，管理者每天都有可能不得不做一些令人厌烦的、一成不变的工作，时间久了就会变得枯燥乏味；即使干的是最令人羡慕的工作，最初是刺激，而刺激一旦程序化就变成了单调，刺激过度还会成为负担；有时部门要解决的事情总解决不了；管理者总想等个好机会，就是等不到……烦恼就开始产生了。

（4）有时候，烦是因为工作太重要，导致心态过于紧张。

也许你在单位担任的工作非常重要，位于企业或部门的关键节点上，不能有半点马虎。每天上班都像上战场一样，头脑中的弦绷得紧紧的，这就容易使心态产生扭曲。繁忙、紧张的工作，一方面使管理者们自己的私人空间越来越小，可以思索私人生活、反省自我的机会越来越少，很多管理者只是在机械地被永无休止的工作推着向前进，却不知道自己脚下的路到底通向何方；另一方面，过于紧张的心态又会诱发各种疾病，反过来影响工作。

（5）有时候，烦是因为工作中不受重用，怀才不遇。

由于企业或部门领导独断专行，自己满怀一腔热情却没有施展的舞台，得不到足够的重视和认可；既想多干事，又怕出错误，最后领导怪罪下来，又惹得一身的不是；职务晋升空间小，感觉越往上走，很难晋升，导致工作干起来没有劲头，感受不到快乐；工作中老是遇到不顺心的人和事……实际上深入地想一想，因为事情的发展不是由你担心与否、怕不怕决定的。相反，变个想法面对现实，随遇而安，你不在乎它，也就不怕了，也就无所谓烦恼了。

（6）有时候，烦是因为获得权利和财富以后，心灵走向沙漠化。

随着我国生产力水平的快速发展，企业效益逐年提高，人民安居乐业。当物质生活条件已经不能构成影响人们生活质量的因素之后，人们的精神需要却难以满足，郁闷和烦恼随之增加。物质极大丰富，却导致人们幸福感的下降。人们对衣食住行缺乏兴趣，甚至对吃喝玩乐都提不起精神，把每天必须参加的高档饭局定义成"应酬（愁）"，很多人的心灵正走向沙漠，心态出现问题。

众多的压力和烦恼会使管理者产生各种不良的心态。每个人都希望自己过得愉快，企业也都希望员工过得愉快，唯一的和容易做到的就是选择自己的工作态度，创造和谐的氛围。这样才能把烦恼的事情丢掉，才会有愉快的心情。优秀的管理者提倡心态管理，而快乐就是一种心态，一种精神，也是一种力量，一种文化。把快乐还给员工，员工将还给你一个宝藏。

二、学会调整不良心态

有人说：生活不过如此，无论如何都得一天一天地过，快乐是一天，不快乐也是一天，我们为何不快快乐乐地过好每一天呢！在日常工作和生活中，烦恼、不愉快经常发生，失败和挫折伴随我们左右，怎么办？我们应该学会调整自己的心态，及时化解紧张情绪，保持健康的心态。如何调整？具体办法如下：

1. 学会倾诉

当我们在学习、工作或生活中，由于节奏不断加快而带来极大的精神压力时，不要一个人闷着，独自一人沉溺在低落的情绪之中，而应该找家人、朋友或同事聊聊天，将自己心中的不满向家人或好朋友倾诉，试着让家人或朋友开导你、鼓励你，将不良的情绪都宣泄出来，这样对一个人的身心都非常有好处。广交朋友，推心置腹的倾诉和沟通，不仅可以增强人们的信任，更能使人精神舒畅、烦恼尽消。

2. 追求真实

经常看一些自我心理调整方面的书籍，凡事往好处想，淡泊名利，正视现实，知足常乐，追求真实的自己。古人讲，天下有"三危"：少德而多宠、才下而位高、无功而受禄。这告诉我们一个道理，人的思想水平、工作才能和贡献没有达到一定程度而得到不相适应的名利待遇是危险的，任何情况下都不要盲目攀比，否则都无益于人的身心健康。对一些琐碎的小事，不妨顺其自然，不要多想，否则会人为加重自己的心理负担。

3. 培养兴趣

不知道你有没有发现：每当一个人在做自己感兴趣的事情时，会觉得非常开心快乐并且效率高。而在情绪低落时感觉做什么都无精打采，提不起兴趣。如果是这样的话，我们就要多培养自身的兴趣，多做自己感兴趣的事情，就会找到快乐和开心，干起事情来效率就会更高。比如静静地听听轻音乐，轻快、舒畅的音乐不仅会给人美的享受，还能使人精神得到彻底放松。经常看看轻喜剧，或者偶尔自恋一下，都是对身心的一种放松，会让你对生活、工作充满信心。

4. 多做运动

运动有助于减压，强身健体，可以放松身心，还能防止抑郁症的发生。虽然人在情绪低落时一般不爱动，只想静静地一个人待会儿。越不想动越要动，哪怕只是出去散散步，都可以帮助你调整不良的心态。抽时间三五人结伴而行，去风景名胜地旅游，感受大自然的熏陶，学会享受生活中的点点滴滴。实在不愿意动，也可以原地做几个深呼吸，将心里的怨气发泄出来，也是一种不错的减压方法。学会自我放松，保持乐观、积极向上的精神状态，从容不迫地应对日常工作和生活中的压力。

5. 睡眠放松

美国心理学家认为，人有了旺盛的精力，才能抵制住压力的侵袭，睡眠便是一个使人保持精力旺盛的必要条件。深度睡眠，一方面可以抑制神经的兴奋状态，另一方面可以使肌体放松。通过身心松弛，从而减少紧张。现在利用睡眠放松不良心态的方法很多，比如肌肉松弛法、静坐冥想法、自我催眠法等，都对减少精神和心理的焦虑紧张具有很好的疗效。睡眠放松的同时就是学会忘记，忘记那些不开心的事，过去的事就让它过去，这样就会除掉很多烦恼，心情自然舒畅。

6. 多做善事

众多科学家研究表明，经常做好事、助人为乐、与人为善的人心胸坦荡，他们在善待别人的同时也善待了自己，帮助别人的同时也体现了自身价值，使身心都获得了很大的满足。我国唐代医学家孙思邈曾提出以"善"为特征的道德修养。他认为，"性既自善，内外百病皆不悉生，祸乱灾害亦无由作，此养生之大经也。"那些以自我为中心、损人利己、唯利是图的人，常常是心胸狭隘，神经过敏，终日挖空心思想得到利益或好处，致使心理不健康，心态不良好，甚至出现早衰、患病的危险。

7. 饮食调节

当我们处于情绪低落时，可以通过饮食来调理。食物中的氨基酸起着振奋人的精神的重要作用；B 族维生素可以维持神经、消化、肌肉、循环系统的正常功能；钙和镁能影响肌肉收缩和神经细胞的转换，有利于缓解精神的紧张。所以当情绪处于低沉时，可适当增加上述营养物质的食物的摄入量，这些营养物质主要储存在瘦猪肉、动物内脏、鱼类、鸡蛋、牛奶、豆类及各种蔬菜和水果中。

8. 幽默调节

幽默是情绪调节的润滑剂，它是通过吸取一些幽默的笑料，使人变怒为喜，破涕为笑，在良好情绪的影响下，人体各机能得以改善，从而达到舒缓心情、改善心态的目的。老话说得好："笑一笑，十年少；愁一愁，白了头"，笑能够有效地调节人的情绪，可以使人愉悦、兴奋、乐观、心胸豁达，进而增强抵御病菌和病毒侵入的免疫力。因此，从某种意义上来说，心情舒畅、愉悦、快乐不仅能调整不良的心态，还可以治病。而幽默就是让人从发笑到调整心态的一剂良药。比如：

学说一些搞笑幽默的段子，或者从喜剧、小品、相声、魔术、笑话等曲艺中吸收一些笑料，或从经典文学、漫画、人文逸事中汲取幽默的营养，培养自己的幽默感；

经常和具有幽默感的人交往，时不时地与朋友小聚，在交谈和相处中分享他们的快乐，会使人有个好心情；

多和孩子们在一起，他们的天真无邪和幼稚可爱经常惹得成年人发笑，从而感到似乎自己又回到了童年，轻松愉快。

9. 学会忘记、发泄和妥协

人在很多时候不快乐，是因为被很多名利、忧愁、怨恨、不公平等世事困扰，心里老放不下或气不过，从而导致心情沮丧、牢骚满腹，既影响工作又影响生活。那在这种情况下怎么办呢？就应该学会忘记，学会发泄，学会妥协。

忘掉名利，知足常乐；忘掉忧愁，快乐无忧；忘掉不公，做好自己；忘掉疾病，泰然处之；忘掉怨恨，心平气和；忘掉悲痛，心中有爱。

学会发泄：即有了不良的情绪要及时释放，否则，越积越多，日久成垢，不仅影响心态还会给健康带来威胁。一般来说，常用的发泄方式主要有：聊天倾诉、大哭一场、心理疏导、幽默性的自嘲、运动等，这些都是发泄不良情绪的有效方法。

学会妥协：老话说得好：人在矮檐下，不得不低头。说的就是人在逆境中无法左右自己的情况下，适当妥协。妥协不是倒退，而是为了更好地前进。成功学告诉我们，不想当将军的士兵不是一个好士兵，不想当船长的水手不是一个好水手。但是现实的情况是，只有一个人能当船长，难道把别人都扔到海里去吗？因此，成功学是对的，但如果不善于妥协，不善于对当前状况满意，那你就会永远生活在痛苦中。

总之，积极心态是一种主动的生活态度，它反映了一个人的胸襟和魄力。积极的心态会感染人，给人以力量。

三、缔造阳光心态，快乐工作

阳光心态是一种与环境相适应的健康的心理：愉快、温和又积极向上；既生气勃勃又沉着冷静，是一种让人在低潮时富有承受力、高潮时学会谦和、平淡时奋起向上的精神动力。它会激发出主动性、创造性、积极性，产生内聚力、创造和谐。

管理者如何让效率低下的企业或部门变得活力四射，提高效率，让员工发自内心地爱上自己的工作和生活，也许这句广告词道破了真谛："人生如同一次旅游，不在于沿途的风景，而在于看风景时候的心境。"

我们可能无法选择工作类型，但是我们可以选择工作态度——积极和激情。带着良好的积极的心态、带着幽默和愉快的心情去上班，我们会在团队中度过美好的一天，会使我们的忙碌更有效。阳光心态包括如下几方面：

1. 知足、感恩——淡泊名利

人人都想快乐和幸福，所以人人为了快乐和幸福去追逐财富与权力。但是财富与权力是稀缺的，追逐的过程必然导致竞争，竞争又导致心情不好。同时，你获得了财富与权力也不一定增加快乐和幸福，反而在无休止的向上比较中感到不满，因为总有人比自己更强，所以还要争……如何让自己在进步的过程中获得幸福？方法就是通过知足、感恩的阳光心态，了解自己，正确地评价自己，面对现实，"淡泊然后求之"。

老子说过："知足者常乐也。"不知足可以使人进步，知足可以使人获得幸福，知足才有好心情。试想一下：天地之大你只需要一张床，山珍海味你只有一个肚子，椅子无数你只有一个屁股。如果心情糟糕的话，再好的东西吃不下去，再好的床睡不着觉，再好的椅子也坐不安稳。

做人要始终保持一颗"平常心"，不要介意别人比自己强，而要多看别人的成绩，多看别人的长处，多看别人的好处。这样，你才能经常分享别人成功的喜悦，你的心理状态才会是健康的，人际关系也才会是和谐的。当你的心态平和，为人处事便会得体，自然就有了亲和力。

成功学家安东尼说："成功的第一步，就是先存有一颗感恩之心，时时对自己的现状心存感激，同时也要对别人为你所做的一切怀有敬意和感恩之情。"

感恩也同样可以使人拥有好心情，是给自己最大的幸福。团队是一个平台，每个人都在利用这个平台实现自我价值，因为有了你、我、他，才有了他、我、你。因此要互相感恩。靠近优秀的人你不会落后，能够走多远，取决于同谁在一起。心存感恩，珍惜自己在团队中的点点滴滴。然后带着好心情去争，实现先生存、后发展，满意现状，努力进取。

2. 达观、洒脱——学会简单

| 寓言故事 |

两块砖的对话

工地上摆放两块造好的砖，它们的使命是参与一项工程的构造。下面是两块砖的对话：

第一块砖对第二块砖说："去参与高楼大厦的构造，经一经世事的磕磕碰碰吧，能够搏一搏，也不枉来此世一遭。"

"不，何苦呢？"第二块砖嗤之以鼻，"安坐高处一览众山小，或是到草坪中去，周围花团锦簇，谁会那么愚蠢地在享乐和磨难之间选择后者呢？再说参与高楼大厦的建造，那种挤压和磨难会让我粉身碎骨的！"

于是，第一块砖参与了一面墙体的建造，历尽了挤压和痛苦的磨难，它依然义无反顾，执着地在自己的位置上奉献。

第二块砖讥讽地笑了，当它在草坪中享受着安逸和幸福，享受着花草簇拥的畅意抒怀时，被清洁工人当作垃圾搬进了垃圾箱。

第二块砖有些后悔当初的选择，现在它想投入到高楼大厦的建造中去已经来不及了，因为它已经被环卫工人粉了身碎了骨，面目全非了。

磨难是人生的试金石，懦弱的人必然被淘汰，只有坚强的人才会走完自己想走的路程。一个人犹如一块砖，加入一个团队就如同参与一面墙体的构造，就要受到挤压，阳光心态的达观、洒脱，就是向第一块砖学习，把挤压当作正常！从另一个角度看，你自己也在挤压别人，被挤压的人就是你的支撑力。把别人对你的挤压看作你对别人的支撑，没有这种挤压和支撑组织就无法存在。郭小川诗曰："风如马，任我骑；云如雪，随我踏；哪儿有艰难，哪儿就是家！"迎难而上，以难为乐，才能成就一番事业。

3. 换位思考——减少误解和摩擦

｜寓言故事｜

被圈点的画

一个年轻画家把一幅自己的得意之作摆在一个人流密集的大街上，旁边放着一只画笔，并付上注释：如果您觉得这幅画哪里不好，可以用画笔圈出来。一天下来，画上布满了圈圈点点，这位年轻的画家感到很沮丧，这时一位老者安慰他说："如果你将注释改一下，看看结果会是什么样呢？"

于是，第二天年轻画家按照老者的提示来到另外的一条街，同样摆上昨天的那幅画以及画笔，不过注释改成了："如果您觉得这幅画有画得好的地方，可以用画笔圈出来。又一天过去了，画上同样布满了圈圈点点。

一个在我们看来是缺点的地方，或许在他人看来就是优点，这也就是为什么不同的领导下会有不同的执行者；不同的执行者眼里有不同的领导人。

人人都知道换位思考，但并不是每个人都能把它做好，不在其位不谋其政，在公司中每个角色都有他不为人知的难处，要做到换位思考，有时候你不得不亲为其事。会换位思考是高情商的表现，有助于相互理解。当学会站在对方角度去思考问题时，就会发现对方之所以这样一定有他的道理，可以增加理解，减少摩擦和误解。

依照牛顿定律，作用力和反作用力大小相等，方向相反。换位思考也是一个交换，你能够理解别人，别人也会理解你。你给别人带来快乐，别人也会带给你快乐。有一个小故事，说有一个大妈，有两个儿子，大儿子是制砖的，二儿子是卖伞的。这个大妈从来都开心不起来。晴天的时候，她担心二儿子的雨伞卖不出去；阴天的时候，她就担心大儿子的砖会被雨淋。有一天，来了一个高僧，对她说：你为什么不能换一个角度想问题呢？晴天的时候你就想，今天真好，我大儿子的砖一定会卖个好价钱；雨天的时候你就想，今天我二儿子的雨伞一定买得很火。所以，快乐是你自己创造的，关键是看你站在什么角度看问题。

4. 彼此欣赏——和谐共赢

天平保持平衡才可以有效称重，倘若一边轻一边重就会失衡。一个团队也是如此，团队成员之间只有彼此欣赏，宽容鼓励，团结协作，才能增加润滑，充满活力，干劲十足。倘若一些人看不起另一些人，互相拆台、猜忌、挖苦、讽刺、打击、报复，团队将难以缔结合作关系，更谈不上高效的工作实现企业目标，严重的话，甚至可以毁灭团队。

大家都知道，草坪上的草都要一般高，看起来才会像地毯一样漂亮，如果有一棵草过高了，就要被剪掉。倘若这根草非要高出来，还要防止被剪掉，怎么办呢？它的策略有：带动别的草一起长高或者弯曲、爬着长，或者靠近假山。做不到这些它就必须矮，别的草矮了，它就要更矮，直到无草，最终将导致荒漠化。我们把这种文化叫作"草坪文化"。

草坪文化描述的是一种严重影响创新的、不允许别人优秀的负面文化氛围。在草坪文化严重的企业，成员之间缺乏团结向上的氛围，生怕谁比自己强，抢了饭碗，引进的人才也会被打趴下，再引进人才，再被打趴下，最后被打趴下的人打击别人的能力显著增强。最终导致"木秀于林风必摧之"。这样会使组织形势更加恶化，人才缺乏，工作效率低下，工作在此的员工就像人没有空气一样，将会窒息，最终毁灭团队。

团结就是力量。没有哪一种力量会比团队所爆发出来的力量更强大，而要产生这种力量，就需要团队中的每一位成员齐心合力、快速反应，彼此欣赏，相互鼓励，把能量向上释放，充分发挥每个人的主观能动性，快乐工作，活力无限，实现最大效率。

而作为管理者，就要在组织和企业当中具有恰当处理与协调人际关系的能力。要协调好周围的人际关系，形成相互合作、相互支持的良性互动关系，创造利己利人的双赢局面，永远和同事们组成一个坚强的整体，这对一个人的事业成功有着至关重要的作用。

作为管理者，首先，要给员工一个充分展示自身才华的最佳位置，做到人尽其才，才尽其用；其次，要给员工一个广阔的发展空间，加强对人才的培训、深造和再教育；再次，给员工一个宽松和谐的工作和生活环境，使其心情舒畅、精神愉悦，从而把工作不仅看作一种谋生的手段，更是一种人生的乐趣。

以美国微软公司为例，该公司不仅给员工以丰厚的物质待遇，使公司的17800名雇员中，就有百万富翁300多人。而且，他们奉行人格化管理，公司无论职位高低，都有标准统一的办公室，无等级划分的停车场，每个员工都有自己的电子信箱以及总裁与普通员工共度快乐的周末等等，使微软成了一个其乐融融的大家庭。

四、创造良好心态的八大法则

1. 猴子爬树法则

往下看全是笑脸，往上看全是屁股。往下看觉得满意，懂得知足、感恩，可以获得好心情；往上看看到差距，可以激发前进的动力。活在当下，未来导向，向下比较，就能使你每天获得阳光心态。

"活在当下"最早起源于一位禅师的话。什么是活在当下？禅师回答，吃饭就是吃饭，睡觉就是睡觉，这就叫活在当下。活在当下并不等于"今朝有酒今朝醉"，它的真正含义是让大家现在快乐，对自己当前的现状满意，要相信每一个时刻发生在你身上的事情都是最好的，要相信自己的生命正以最好的方式展开。如果现在你不开心，就不能称为活在当下。

2. 砖块法则

一块砖如果它参与高楼大厦的建造，受到的挤压就大；如果它参与小平房的建设，受到的挤压会小些；如果它想不受到挤压，就到草坪上去，但会被当作垃圾。

3. 电梯法则

电梯能上也能下，不能只上不下。把自己定义成电梯，能上也能下。

4. 罗汉法则

在佛的组织里，处于最底层的第800个罗汉始终能笑口常开，因为他认为虽然自己地位很低，但是绝对能量不低，在这个组织中是不可或缺的，因而自信稳定。

5. 妥协法则

压力大了要学会弯曲，等待再次挺直的时机。刀再锋利，如果一碰就断，也没有什么用。中国的传统文化中不乏这样的精神，比如强调阴阳平衡、以柔克刚的太极，要取向于前、外圆内方的古代钱币。虽然这样很难，但是我们要努力。

6. 适者生存法则

物竞天择，适者生存。改变不了环境就适应环境，改变不了事情就改变对事情的态度，改变不了别人就改变自己。有人总是为未来担心，忧心忡忡，千万不要庸人自扰，如果你担心的事情不能被你左右，就随它去吧，我们只能考虑力所能及的事情，力所能及则尽力，力不能及则由它去。

7. 谷底法则

老天爷对每个人都是公平的，物极必反，如果已经到谷底了，接下来就会反弹了。已经很坏了，就不会再坏了，凡事要往好地方想，充满信心。

8. 安心法则

立足当前，着眼未来。把握现在，享受过程，快乐工作，接受结果。

小贴士　　良好心态八大法则

1. 猴子爬树法则　　2. 砖块法则

3. 电梯法则　　　　4. 罗汉法则

5. 妥协法则　　　　6. 适者生存

7. 谷底法则　　　　8. 安心法则

五、改变态度

智者说：我们改变不了事情就改变对这个事情的态度，事情本身不重要，重要的是人对这个事情的态度，因为心态决定命运。

寓言故事

秀才赶考

古时候有甲、乙两个秀才去赶考，路上遇到了一口棺材。甲说，真倒霉，碰上了棺材，这次考试死定了；乙说，棺材，升官发财，看来我的运气来了，这次一定能考上。当他们答题的时候，甲因为老在想碰到棺材的晦气事，情绪低落，发挥一般；乙由于觉得碰到棺材是好事，精神振奋、情绪饱满，超常发挥，结果乙考上了。回家以后他们都跟自己的夫人说："那口棺材可真灵啊！"

这是典型的心态决定命运的案例，心态影响人的能力，能力影响人的命运。事情没有好坏之分，关键是我们对事情的态度。一个人改变了对事物的看法，事物就会改变。同样，工作的质量也取决于你每天的工作态度，态度是我们内在的动机、兴趣和价值观，它决定着我们的行为，是我们行动的准则。假如你每天都有一个好心情，改变了态度就有了激情，有了激情就有了奋发向上的斗志，干起工作来就会如虎添翼，不知疲倦，效率非常高，结果就会变化。

所谓工作态度是指员工不计较自己所做的事情是否超出了应该做的范围，每天工作结束的时候，都为自己高质量完成工作任务而产生一种成就感，是对自己圆满完成工作的满意的态度。下表就反映了问题与态度的一一对应关系。

第四面 心态镜子

高效管理的九面镜子

表4-1　问题与态度的对应

日常工作问题	积极工作态度
1. 工作难度大，压力增加	1. 勇敢面对问题，变压力为动力
2. 单位间、部门间协调困难	2. 沟通上使用积极、中肯的语言
3. 向上反映问题得不到支持	3. 调整自己的期望，培养解决韧性
4. 流程中受上游品质不良影响	4. 专注本环节质量，做好自己
5. 同事常用怀疑、批评态度对我	5. 经常微笑面对展现信心
6. 自己心情不好，不知怎么办	6. 学着转换心智模式，善于调整

国内一知名网站曾经协同相关部门共同组织了一项大型的社会调查，其中有一个问题，即：你认为在自己的工作中，最需要提高的是什么能力？选择最多的是：沟通表达能力、适应环境能力和人际交往能力。实际上这三种能力都属于人际关系范畴。人际关系在我们的工作中，对提高效率起着很重要的作用。人际关系和谐可以促进员工个人的职业发展，无论谁在群体当中遇到心理危机，都可以得到及时有效的帮助；同时，良好的人际关系会使团队凝聚力非常强，大家心往一处想，劲往一处使，可快速提高工效。相反，如果人际关系不好，不仅会给员工个人的工作、生活造成严重影响，而且会带来极大的心理压力，导致心理问题的产生。我们身边就不乏这样的人，他们具有超强的创新思维，工作能力极高，但人际关系却一塌糊涂，快乐无人分享，痛苦无人分担，抑郁无人倾诉，活得一点儿不幸福。

心理学中一个著名的"社交剥夺实验"，就是讲的人际关系不良的后果。实验是这样的：将一只猴子关在一个笼子里，彻底与外界隔绝，不让猴子与人或其他猴子接触，喂养工作全部自动化。结果，一段时间过后，缺乏沟通的猴子开始烦躁不安，明显缺乏安全感。以后，再将这只猴子放回到正常喂养的猴子中间，发现它已不能与同类进行正常的交流，而且，总是蜷缩在笼子的一角，甚至连一些本能的行为也差不多消失殆尽了。

人际关系和谐就是要有一个阳光心态，用真诚、宽容、相互理解来进行人际交往，不能把自己封闭起来，与世隔绝，这样的话，将会与这个世界脱节。

| 寓言故事 |

塞翁失马，焉知非福

在古代，有一个智者，他的一匹马丢了，失去了交通工具，邻居说：

"你真倒霉。"智者回答:"是好是坏还不
知道呢";不久丢失的马回来了,还领回
来了一匹野马。邻居说了:"你们家太幸
运了,还多了一匹马。"智者回答:"是
好是坏还不知道呢。"他儿子驯服野马
时,从马上摔下来,腿摔断了,邻居又说了:"你真倒霉,就这么一个儿子,
腿还断了。"智者回答:"是好是坏还不知道呢。"没多久,皇帝征兵,青壮
年男子都得去当兵,战死沙场,智者的儿子由于腿断了不能去打仗,结果没
被征兵,保住了一条性命。邻居说了:"你真幸运,儿子还活着。"智者回
答:"是好是坏还不知道呢。"

故事还可以继续推理。不管怎么往下推,智者的心态值得我们学习,当
你抱怨买不到合适的鞋子的时候,想想世上还有人没钱买鞋。所以凡事要往
好处想,具备一个良好的心态,人就会变得洒脱、平淡一些,就会有一个很
好的人际交往的圈子。

六、高效管理者必备的积极心态

心态的好与坏决定一个人发展的方向和生活的轨迹。拥有积极心态的
人,能够不断地激发所拥有的聪明才智,按照自己选择的道路顺利而愉快
地走下去;而一个心态消极的人,却像蛛网缠住昆虫的翅膀一样,在各种
压力面前就有可能萎靡不振、精神焦虑、束手无策,难以取得事业的成功。
心态好比一颗种子,在土壤里它会发芽、成长,并且不断地繁殖。管理者
作为部门的核心人物,如果心态有问题,不仅自己难以在企业里立足,而
且还会对员工、客户等造成不同程度、不同形式的伤害,这些会直接影响
企业的绩效。所以,高效的、事业成功的管理者,往往能够以积极的心态
去做自己想要做的事。

1. 学会微笑

微笑面对你的上级、下属、同事、客户。俗话说:境由心生。人的一颦
一笑、一言一行,就像一面镜子把内心的情感表露在了脸上。在四川乐山大
佛附近的凌云寺有一副对联:开口便笑,笑古笑今,凡事付之一笑;大肚能
容,容天容地,于人何所不容。学会微笑面对,养成习惯,善于发现生活中

的美好方面，积极的处理每一件事，学会欣赏每个美好瞬间，热爱生活。这样，我们的心情才能愉快，我们的工作才能达到理想的状态。

2. 踏踏实实做好每一件事

现在的社会大量充斥着浮躁和急功近利之风，缺乏脚踏实地的务实精神。其症状大多是：好高骛远，眼高手低；说得多，做得少；大事做不来，小事不想做。整日幻想着一夜成名、一举成功，却从不踏实做事。而高效管理者大都从小事做起，踏实肯干，立身职场。创维集团人力资源部总监曾经说："年轻人只有沉得下去，才能成就大事。无论你多么优秀，到了一个新的领域或新的企业，刚出校门就只想搞管理，可是你对新的企业了解多少？对基层的员工了解多少？没有哪个企业敢把重要的位置让刚刚走出校门的人来掌控，那样做无论对企业还是对毕业生本人，都是很危险的事情。"

3. 遇到困难，多想办法，不找借口

在企业发展的过程中，不可能什么事情都是一帆风顺的，总会不可避免地遇到各种各样的困难和挫折。管理者面对挫折、磨难，不要寻找借口逃避，更不要依赖他人，而要积极向上，敢于面对与迎接。很多时候，打倒你的不是挫折，而是你面对挫折时所持的态度。遇到困难，乐观、自信，心怀必胜的信心，因为信心是成就的保证，挫折等于存折，有压力才有动力。永远想到好的一面，绝不说消极话；即使失败了也不失望、不抱怨。

4. 勇于承担责任

不管从事什么职业，处在什么岗位，每个人都有其担负的责任，都有自己分内应做的事情。因为工作就意味着责任。作为企业的一员，必须时刻牢记：企业的利益永远是第一位的。著名企业家松下幸之助说："做人跟做企业都是一样的，第一要诀就是要勇于承担责任，勇于承担责任就像是树木的根，如果没有了根，那么树木也就没有了生命。"

案 例

"我是导游，先救游客"

文花枝是湖南省湘潭市新天地旅行社的一名普通带队导游。2005 年 8 月 28 日下午，她在带团去景点参观的途中不幸遭遇了特大车祸。她不顾个人安危，吃力地对前来救援的交警说："我是导游，后面是我的游客，请先救游

客!"为此，最后被救出的她，因为耽搁了极其宝贵的最佳治疗时机，不得不做了左腿截肢手术。面对残酷的现实，年仅22岁的她仍笑靥如花，对采访的记者说："我是一个普通的导游，只是做了我应该做的事。"文花枝以牺牲自己利益的行动践行了自己崇高的责任诺言。

5. 注重细节，细节决定成败

毛泽东曾经说过："世界上，怕就怕'认真'二字。"认真就是第一次做好，零缺陷；相反就是马虎，投入不够，有缺陷。的确，一个人只要有认真负责的态度，妥善处理自己的个人事务，勤俭节约，在一些不起眼的事情上做足功夫，经常反思自己是否做好了分内的事情，经常思考改进、完善工作的方法，只有把这些事情都做好了，企业的大船才能平稳前行，能为维护企业良好的运转提供更多的动力和支持。否则，一件小事没有做到位，就有可能给企业带来"灭顶之灾"。

6. 心存感激，信守承诺，学会真诚的赞美别人，乐观向上

具有一颗感恩的心，主动帮助别人，给予、奉献、分享、忍耐、牺牲忘我，而不是一味地索取，自私自利；心胸宽广，学会放弃鸡毛蒜皮的小事；坚守承诺讲诚信，即说到做到，绝不虚假，从不放弃；善于称赞员工，要用美好的感觉、信心和目标去影响员工，使员工感觉到他是重要的，是被需要的；具有乐观向上朝气，而不是消极地认为某件事情是不可能的。只要有积极的心态，办法总比困难多。

7. 工作积极主动，绝不半途而废

卡耐基曾经说过："有两种人永远将一事无成，一种是除非别人要他去做，否则绝不主动去做事的人；另一种则是即使别人要他去做，也做不好事的人。那些不需要别人催促就会主动去做该做之事而且不会半途而废的人必将成功。"

高效的管理者，总是想着自己能为公司多做点什么，总是积极主动地做事情，自动自发地为自己争取最大的进步。每天多做一点事的工作态度将会使管理者与众不同，会让上司、下属发现你实际做的比你原来承诺的更多，愿意加倍信赖你，从而有更多的发展机会。成功的机会总是在寻找那些能够主动做事的人，可是很多人根本就没有意识到这点，因为他们早已习惯了等

待。比尔·盖茨说过："一个好员工，应该是一个积极主动去做事，积极主动去提高自身技能的人。这样的人，不必依靠强制手段去激发他的主观能动性。"

在任何时候都不要消极等待，企业不需要守株待兔之人。在竞争异常激烈的年代，被动就要挨打，主动才可以占据优势地位。所以要行动起来，把握机会，展现超乎他人要求的工作表现，还要拥有"为了完成任务，提高效率，必要时不惜打破常规"的智慧和判断力，这样才能在工作中创造出更为广阔的发展空间。

乔丹在他的自传中这样讲述他和斯科特·皮蓬的区别："皮蓬让自己成为随时进攻别人的'侵略者'，每次进攻都给人们创造一次惊奇。但我和他之间存在着区别：他是只要后面有一群狼在追着自己时才会发动进攻，而我是任何时候任何位置（哪怕没有追逐的狼群）都会发动进攻。"其实这种区别是巨大的，所带来威力的不同也是不言而喻的。也正是因为有主动发出进攻的精神，乔丹成为最出色的球员。所以，在工作中凡事不要等着领导交代，充分发挥你的积极主动性，去争取成功的机会，创造辉煌的人生。

镜 鉴 感 悟

我们可能无法改变环境，我们就适应环境；我们可能无法改变别人，我们就改变自己；我们可能无法改变风向，我们至少可以调整风帆；我们可能无法左右事情，但我们至少可以调整心情，因为良好的心态能够使忙碌更有成效。

第五面　沟通镜子

主动沟通，缓解压力和冲突

镜中焦点：

一、沟通要主动

二、学会倾听

三、注重沟通的细节

四、让员工说出不满

五、让高效的会议成为真正的沟通

六、有效沟通，减缓压力

七、化解冲突的润滑剂

八、采用适当的沟通方法

一个人必须知道该说什么，一个人必须知道什么时候说，一个人必须知道对谁说，一个人必须知道怎么说。

——现代管理之父 彼得·德鲁克

内 涵 解 析

沟通是人们之间最常见的活动之一，原意是指开挖沟渠以使两水相通，后来用以泛指人们之间相互连通、疏通彼此思想及信息的过程。

沟通在我们的生活和工作中都占有很重要的地位。我们用它进行劝说、通知事情、影响彼此关系、分享发现和披露信息。通过沟通，人们会发现别人的需求并很好地展现自己。有效的沟通可以使我们更充分地享受生活、工作、学习，从中吸收到更丰富的更有趣的知识和营养。著名管理学家卡特·罗吉斯曾说："如果我能够知道他表达了什么，如果我能知道他表达的动机是什么，如果我能知道他表达了以后的感受如何，那么我就敢信心十足的果敢断言，我已经充分了解了他，并能够有足够的力量影响并改变他。"可见，从某种意义上讲，沟通已经不再是一种职业技能，而是一种生存方式。

一、沟通的种类

沟通通常分为两大类，一类是单向沟通与双向沟通；另一类是正式沟通与非正式沟通。

单向沟通就是一方发送一个信息，另一方接受信息，不要求对方提问。这种沟通方式在我们日常工作中非常普遍。如：上级向下级布置任务的自上而下的沟通，同事之间交代工作的平行沟通，下级向上级汇报工作的自下而上的沟通，还包括调查问卷、通知、告示、留言、各种场合的信息发布等。单向沟通要求发布信息的一方传递的信息要准确，同时发布信息者是否完整地表达了要传达的内容。

双向沟通是指信息发布者传递信息之后，征询信息接受者的意见和反映，然后再传达、再反馈，直至传递的信息准确无误。沟通在正常情况下是双向的、反复的过程。比如沟通双方面对面的交流、谈心、开会、打电话、短信等，都是双向沟通的方式。

正式沟通是指按照组织规定，事先计划和安排好信息传递和交流的过程，如定期的书面报告、组织内部的文件传达、定期召开的会议、上下级之间的定期汇报以及一对一的正式面谈等。

非正式沟通是指未经计划的，在正式沟通渠道之外进行的各种沟通活动。如非正式的会议、闲聊、走动式交谈、吃饭时进行的交谈等。由于非正式沟通形式多样、方便灵活，不需要刻意准备，沟通及时，容易拉近上下级之间的距离，能提供一些正式沟通中难以获得的信息。有时比正式沟通还重要。在美国，这种沟通方式常被称为"葡萄藤"（grapevine），用以形容它枝茂叶盛，随处延伸。

上述种种沟通类型，都有其优缺点。作为一名高效的管理人员，在管理工作实践中，要进行有效的人际沟通，就要充分发挥各种方式的优点，规避其缺点，使组织的管理水平逐步提高。

二、影响高效沟通的因素

沟通的重要性不言而喻，然而正是这种大家都熟悉的事情，却又常常被人们忽视。在我们的工作和生活中，由于不会沟通、缺少沟通或沟通不当造成的误传、误解，在很大程度上影响了我们的工作和生活。沟通过程中，影响有效沟通的因素很多，既有来自沟通双方个人的因素，也有来自沟通的环境、态度、文化等因素的影响，最常见的因素包括如下几个：

1. 重视程度高低

不重视沟通是企业管理人员经常犯的一个错误，之所以会犯这个错误，是因为他们受儒家文化的等级观念影响太深，认为上级就是上级，没有必要向下级告知其做事的理由，下属也没有必要知道得太多，上下级之间缺乏充分有效的沟通，导致下属员工不知道为何做事，也不明白做事的意义，因而做事的积极性就不高，创造性也就无法发挥出来，墨守成规，按习惯行事，必然效率低下。不重视沟通就意味着不充分准备，即沟通前没有准备足够的资料和信息，没有正确地阐述信息，造成在沟通中不能对沟通的内容进行清晰而有逻辑的思考和正确地阐述，使得对方不能正确地理解和加工，甚至产生误解，有效的沟通也就无从谈起。一个高效的管理人员，如果明了沟通与管理的关系，也就绝不会轻视管理沟通工作。

2. 体态因素

不同的体态可以传达不同的信息，就是相同的体态有时也会因地域文化的差异而代表不同的意义。体态要素包含的内容很丰富，包括我们的手势、姿势、动作、表情、眼神。体态运用不得当，传递出来的信息会影响沟通的效果。因此，学会理解并运用各种体态，对于提高沟通效果十分重要。

以几种体态为例：

第一种手势："👌"表示"好、行、对"等意思，告诉别人一切顺利。

第二种体态：搔头，当对某事感到困惑、不知做何回答时或者尽力要回忆起某人某事的时候，会有这种动作。通常表示"给我点时间"，"让我想一想，考虑一下"。

第三种体态：两臂交叉于胸前，表示一种不在乎、无所谓，不关心、不屑一顾的态度。也指对某人、某事持袖手旁观的态度，拒绝采取行动。

第四种体态：拍某人的肩膀，通常是表示亲切、友好。有时人们互拍肩膀表示祝贺。

3. 语言因素

语言是人类特有的一种非常有效的沟通方式。在一个组织中，员工常常来自于不同的背景，有着不同的说话方式和风格，对同样的事物、同样的词汇有着不一样的理解。

因此，沟通时说话的内容、语音、语调、语气、语序、口头语、书面语等，对人心理的影响在交流中起着很重要的作用，如果运用不当就会造成沟通的障碍。所以人们常说："不在于你说什么，关键在于你怎么说。"沟通时没有注意自己的语言沟通方式，比如本该用通俗上口的口语时，却用了晦涩拗口的专业术语，本该使用非常书面的措辞时，却不假思索地使用乡言俚语，也会扭曲信息，造成对方对你表达的内容不感兴趣，不愿沟通。另外语气的轻重、语速的快慢、声音的高低等都影响着沟通的效果。

4. 不善聆听

沟通时最忌讳说话时对方在干其他事，如看报、转着手上的笔、错误的肢体语言、漫不经心等，这一方面给人的印象是不重视，根本就没有把对方的话听进去，另一方面是这种不恰当的聆听，听到的有可能是片言只语，进行加工之后，不仅会错失至关重要的信息，还会造成错误的理解。

5. 心态因素

沟通是双边的，只有态度谦和、人格平等，才谈得上感情和信息的交流。另外，心态的不同使得人们在接受信息时，符合自己利益需要又与自己切身利益有关的内容很容易接受，而对自己不利或可能损害自己利益的则不容易接受。所以，在沟通交流中，凡事以心交心，以诚相待，双方都会满意、开心，从而达到沟通的目的。

6. 环境因素

很多企业，由于地域分布广泛，存在地域上的障碍，为了节约成本，很多企业采用电视电话、网络视频、E-mail 等方式进行沟通，在一定程度上会影响沟通的效果。

7. 文化因素

随着经济全球化进程的加快发展，跨国跨文化交流活动日益频繁，跨文化沟通也存在一些障碍，如语言障碍、价值观的障碍、思维方式、法律规范和风俗习惯等，都会对沟通产生重要的影响。

8. 结构因素

信息发布者在组织中的地位、信息传递的层次、组织的规模等结构因素也都影响着有效的沟通。研究表明，地位的高低对沟通的方向和频率有很大的影响。信息传递层次越多，它到达目的地的时间也越长，信息失真率则越大，越不利于沟通。另外，组织机构庞大，层次太多，也影响信息沟通的及时性和真实性。

9. 其他因素

其他技巧运用不当，也会导致沟通不力。比如：破烂的牛仔裤和邋里邋遢的运动鞋与笔挺气派的西装给人以截然不同的印象，都会给人以完全错误的信息，应根据场合的不同适当着装；不恰当的手势会给人错误的信号；无意义的闲聊、打岔，使对方对沟通产生不重要的印象；沟通的时间、地点选择不对。拖沓，不准时赴约表明你没把对方当回事。对于守时的人，对方会认为他很在意，把自己放在心上，但如果总是迟到，就会给人这样的印象，即沟通的内容是不重要的。

总之，上述许多问题都是由于沟通不当、不会沟通或缺少沟通而引起的。没有沟通，就没有高效的管理，就没有成功的企业。无效沟通会导致企业受损失，家庭不和睦，个人信誉降低，身心疲惫，失去热情和活力，产生错误和浪费时间，自尊和自信降低，团体合作性差，失去创造力。

只有重视沟通，理解沟通，掌握沟通的技巧和方法，加强企业内部的沟通管理，企业内部良好的沟通文化才能使所有员工真实地感受到沟通的快乐和绩效，管理者工作才能更加轻松，才能大幅度提高工作绩效，才能避免上下级之间、部门之间的信息被误传和误解，团队才能和谐，办起事来才能畅行无阻，增强企业的凝聚力和竞争力，因此我们每个人都应该从战略上重视沟通！

镜 中 焦 点

一、沟通要主动

没有沟通就没有高效的管理。管理学中有个"双 70 定律"，是说各层级管理者在管理中平均要花费大约 70% 的时间用来做沟通工作；而日常管理中大约有 70% 的管理问题都来自于沟通的障碍。可见，沟通在企业管理中的重要性以及沟通障碍的普遍性。有团队、有管理，就必然需要沟通，只有沟通才能减少摩擦、消除误解、避免冲突，才能发挥团队和管理的最佳效能。而当员工说："啊！我怎么不知道啊。""哦！原来是这样。""你怎么不早点说?""什么时候发过文件通知的?"……这说明，沟通出现了障碍。

优秀的企业都有一个很显著的特征，企业从上到下都重视沟通管理，拥有良好的沟通文化。如果在企业中管理者对什么都无所谓，不去主动与下属沟通发现问题和解决问题；员工也都消极地对待沟通，既不找领导，也不去消除心中的愤恨，那么长期下去这个企业就会形成一种无所谓的企业文化。企业内部没有沟通，就没有成功，也就没有企业的发展，所有的人也就会没有在这个企业中工作的机会。

打破企业的"无所谓文化"就要加强沟通管理，提高企业的经营业绩，提高所有员工的工作满意度，就应该在管理者与部属之间建立适当的沟通平衡点。如果管理者和部属没有沟通意识，就必须创造一种环境，让他们产生沟通愿望，而不能让他们麻木不仁，不能让他们事事都感觉无所谓。在团队当中如何进行沟通呢？要先掌握沟通的特征。沟通具有三个特征：

1. 沟通具有双向性

沟通是双向的活动过程。首先，员工应该主动与管理者沟通。在实际工作中，管理者在下达命令让员工去执行，员工往往会产生这样或那样的心理问题，他们非常希望得到上司的指导和建议。管理者应该敞开办公室大门，随时欢迎下属们进来，这样可以弥补管理者因为工作繁忙而忽视的沟通。其次，管理者应主动和下属沟通。衡量一个管理者是否优秀的标准之一就是看其是否具有高效的沟通技巧，即管理者要善于与上级领导沟通，还必须重视与部属沟通。许多管理者喜欢高高在上，缺乏主动与部属沟通的意识，凡事喜欢下命令，忽视沟通管理。

案　例

耕柱的"委屈"

春秋战国时期，墨子有一得意门生叫耕柱，非常优秀，不过，墨子经常骂他，而且经常当着许多门生的面骂，耕柱很是没面子。有一天，墨子又责备了耕柱，耕柱觉得非常委屈，就去责问墨子："老师，难道在这么多学生当中，我竟是如此的差劲，以至于要时常遭您老人家责骂吗？"墨子听后，平静地问："假设我现在要上太行山，依你看，我应该要用良马来拉车，还是用老牛来拖车？"耕柱回答说："再笨的人也知道要用良马来拉车。"墨子又问："为什么不用老牛呢？"耕柱回答说："理由非常简单，因为良马足以担负重任，值得驱遣。"墨子说："你答得一点也没错，我之所以时常责骂你，也是因为你能够担负重任，值得我一再地教诲你。"

上面的故事当中，如果耕柱因为老师教的学生太多，不主动与老师沟通，老师便感受不到耕柱心中的怨恨，那么积怨就会越来越多，误会就会越来越深，最后的结果只能是分道扬镳。而作为老师的墨子，如果耕柱在受委屈的情况下主动与墨子沟通，而墨子采取消极应对，导致耕柱远走他乡，那墨子作为一代宗师将犯下失去一个可塑之材的大错。所以作为下属一定要养成好的习惯，就是主动反馈，积极与管理者沟通，说出自己心中的想法，对工作进度要主动汇报，以便让上级知道你在做什么，做到什么程度。带着问题向上级汇报工作，是展示自身能力的绝好机会。

2. 沟通具有随时性

案 例

福特的做法

福特汽车公司北美市场部经理理查·芬斯特梅契常常对他的下属说："我办公室的门永远是开着的，如果你经过时看到我在座位上，即使只是想打个招呼，随时欢迎进来。如果你想告诉我一个点子，也欢迎你！千万不要以为要经过秘书通知才可以跟我说话。"理查认为，这样做可以增加自己的亲和力，让下属们愿意接近你，乐意与你交谈。

（1）经常接触下属：一般来说，下级并不愿意总找上级谈话。作为管理者，应该洞悉人的这种心理，可以主动多与下级沟通，不要等到发现了问题再去沟通。

（2）上级可以使用意见箱和电子邮件的方式：员工对上级和企业有什么建议和不满，都可以匿名的方式说出自己的想法。这既能够保持私密性，大大便利了企业和经理之间坦诚、真实的交流，又节省了很多面谈的时间。当然有些问题是需要口头沟通的，不能用电邮来代替。

3. 沟通具有情感性

罗勃·康克林在《如何让人们为你效命》一书中这样写道："如果你希望某人为你做某些事情，你就必须用感情而不是智慧，谈智慧可以刺激他的思想，而谈感情却能刺激他的行为。如果你想增强说服力，就必须好好处理一个人的感情问题。"同时，康克林还提出了沟通要"动之以情"：要温和，要有耐心，要有说服力，要有体贴之心，意思就是要设身处地为别人着想，要体谅别人的感受。关心是沟通中非常重要的一环。

（1）关心应从细微处入手：管理者关心下属可以采用一些实用的小技巧，比如，亲笔写一个感谢便条，打个电话，下属有进步时立即表扬，对下属的生活和家庭表示关心，必要时送些小礼物或请下属喝茶、吃饭。在美国IT界，当员工工作到很晚时，老板会派按摩师来帮他们按摩；允许员工在办公室听音乐，穿着拖鞋……这些细致入微的措施可能带来很大的效果。

（2）关心员工的个人发展：按照马斯洛的需求层次理论，人在满足了基本的生理需求、安全需求和社交需求后，会转向高层次的自尊需求和自我价值的实现。在现代企业中，员工要求被尊重和认同的呼声也越来越高，这一点已经构成他们工作是否快乐、是否高效的最基本要素。

因此，关注员工的个人发展，是人力资源部门亟待解决的问题。企业一方面要积极进行人力资本投资，直接提高员工的专业技能，开发潜能；另一方面，要进行企业文化的传播，尊重员工，理解员工，了解他们的需求，有针对性地、全方位地进行管理。

二、学会倾听

所谓倾听，就是通过广泛接受来自各种不同途径的信息，以拓宽管理视野。现实中，作为管理者往往更愿意"说"，更习惯于发号施令，而不是观察倾听。

不良倾听具有如下表现：环境干扰，先入为主，急于表达自己的观点，自认为了解了，不专心，排斥异议。如果这种状况长此下去，其身边愿意提建议的人必将越来越少，该企业的发展潜力就会受到影响。

你是一个善于倾听的人吗？要真正做到有效倾听，需从四个方面入手。

1. 主动倾听

俗话说：要想让人服，先得让人言。纵使说服的理由有一百条，也别忘了让下属们先说完自己的看法，不要连听都不听。不听等于取消别人的发言权，是不信任的最直接表现。不管自己多么正确，都要让对方把话说清楚，然后再去要求他们换位思考，让他们设想处在自己的位置上看如何解决此类问题。如果对方能设身处地想问题，很可能就能取得一致性的意见。管理者在沟通时，要有一定的自知之明与自我约束精神。比如在召开讨论会时，能够做到不听完他人意见之前，决不先发言。要对对方的意见表现出极大的兴趣，还要了解他的深层次想法，千万不要打断对方的谈话，匆忙下结论；反之，如果管理者先发言，可能会给下属一个感觉是上级已经做出决定，如果此时自己再谈不同看法，似乎有点不识时务，这样即使原本有很好的设想也就不想说了。

2. 全神贯注倾听

管理者能否真正听到下属的心声，不在于其如何说，关键在于其如何做。管理者在倾听的时候，不要有任何的小动作，如看表、翻阅文件或东张西望，这些都会分散对方的注意力，打断他们的思路。比如，有的管理者，当下属找他谈问题时，一方面故作姿态，嘴里说着："请讲！请讲！"另一方面，目不正视，心不在焉，用肢体语言向人们发出了强烈的不想听信号，使下属感觉到你很不耐烦或者对他的谈话不感兴趣。

3. 要有耐心与雅量

有的管理者征求下属对某事的看法，一听到不同意见，下属才讲一句，他却用几十句来解释自己观点的正确性，试图以此来说明下属意见的不正确。这给下属传递的信号就是，领导不是来征求意见（倾听），而是来提供指导（说教）的。还有的领导不懂得沟通技巧，造成倾听困难。例如，领导想找员工交流思想，了解他们的真正想法。但实际面对员工时，首先不着边际地就公司未来发展构想高谈阔论一番，然后，请与会员工发表意见，也就是谈一谈对自己刚才所发表的"长篇宏论"的看法。显然，这些做法都是有碍沟通的。耐心倾听能鼓励他人倾诉他们的问题，从而协助他们找出解决问题的方法，不随意插话，也不轻易随便打断对方的谈话，倾听需要相当的耐心与雅量。

4. 善用询问

沟通过程中要适时地提出自己的意见，以显示自己不仅在充分聆听，而且在思考。尤其是当对方默不作声、欲言又止或没什么话题的时候，可用询问的方式引出对方真正的想法，了解对方的立场以及对方的需求、愿望、意见与感受，诱导对方发表意见，并且运用积极倾听的方式，进而对自己产生好感。一位有效的沟通人士，绝对善于询问以及积极倾听他人的意见与感受。

询问可以从兴趣开始。每个人的脾气秉性都不尽相同，有的人快言快语想说就说，有的人少言寡语笨嘴拙舌，有的人则表面不说，心里却非常有数。所以，管理者如何开始沟通，让下属打开话匣子，从对方感兴趣的话题说起是很有效的技巧。因为把兴趣作为开场白，能敏锐地触动他心灵的"热点"，进而使其产生心理共鸣。

| 案　例 |

沟通不当让人如此尴尬

新中国成立之初，古巴代表团一行六人到中国访问，当时外交部负责接待的涉外人员对古巴人的习俗还不甚了解。第一天招待试着上了十道菜，结果代表团都吃光了。涉外人员以为菜量不太够，因为按照中国人的习俗，请朋友吃饭要剩些饭菜才表示客人吃饱了；于是下一顿就加了两道菜，结果外宾又都吃光了，这样，每顿加两道菜，直到加至十六道菜还是吃完了。等代表团临回国时，涉外人员就为招待不周而道歉，但古巴团长说这次访问什么都好，就是饭菜准备得太多了。经仔细了解才知道，原来古巴人的习俗是把饭菜全部吃完才代表对主人盛情款待的感谢。

这就是由于沟通不力闹出的尴尬笑话。可见，任何相互关系都需要开放和准确的沟通路径。只有当这种路径存在时，你才能自由地表达重要的思想和情感。

三、注重沟通的细节

无论是企业领导还是管理者，都要掌握沟通的细节，否则，即使你有良好的沟通动机，却有可能因为在某些细节上没有处理好，而造成相反的结果。

1. 平等的人格

管理者跟下属沟通时，力求避免用命令、训斥的口气说话，而是要放下架子，以平易近人的方式对待下属，最好不要做否定的表态。如，下属出了点状况，马上批评道："你这是怎么搞的？""有你这样做事的吗？"这样会令下属产生反感。

对上沟通也没有必要过于谦恭、胆小、拘谨、服从，甚至唯唯诺诺，要知道你和领导不过是工作中的上下级关系，并不表示你在什么地方都要矮他一截。要保持独立的人格，不卑不亢。必要的时候，要敢于表达自己的观点，只要你从工作出发，摆事实，讲道理，领导一定会尊重你的。

2. 谦和的态度、真诚的心

沟通是双边的，只有态度谦和、人格平等，才谈得上感情上的贯通和信息的交流。沟通时管理者的态度一定要谦和、诚恳，而且发自内心。老话说得好："诚于内而形于外"，"相由心生"。你用什么样的态度对待别人，别人就会用什么样的态度来对待你。因为别人可以从体态、声音等外在表现感受到你是否诚心，以诚待人，才会得到认可你，沟通才能顺畅。

3. 适宜的体态

在沟通过程中，不同的体态可以传达不同的信息。具体包括：管理者在谈话的时候要保持恰当的面部表情，与对方保持一定的目光交流时间，当然不能死盯对方，要让对方感觉到你是在集中精力认真地听他讲话；坐姿要保持前倾，以表示对说话人的尊重和对谈话内容的兴趣；在对方说话时，要时不时赞许地点头、附和，表示在认真听；避免左顾右盼和漫不经心的举动或手势；用自己的话复述对方所说的内容，表示你对谈话内容非常关注，会让对方觉得你和他的交流是真诚的，进而对方愿意把内心深处的想法都和盘托出。

4. 舒服的话语

对于沟通效果的影响，有这样一句话说得很到位："关键不在于你说什么，而在于你怎样说。"要重视开场白的作用。不妨与他们先拉几句家常，以便联络感情，消除拘束感。还要善于找话题，比如新闻、天气、市场变化、办公室环境、身体状况等。同样的内容，不同形式的语言，表达的效果是不一样的，话不投机半句多，就是说的沟通的语言技巧。

案　例

经理的鼓励

本季度销售部业务员小李没完成任务，部门经理找小李谈话，谈话的内容就是让小李加把劲，下个季度干出好成绩来。部门经理说："小李，这个季度你的业绩不太好啊，下个季度可要加油了！"说这话时，部门经理面带微笑，语气和缓，带着信任的眼神，说完此话又用手拍了拍小李的肩膀，小

小李内心在暗暗发誓，经理对我如此信任，这是在鼓励我，我下个季度一定加倍努力。相反，如果部门经理说这话时板着脸，语气加重，而且用不信任的眼神，小李肯定会认为经理这是要处罚他，没准儿可能还会被炒鱿鱼，心情沮丧。

5. 严于律己

人都有一个特点，只要碰到自己特别兴奋或感兴趣的事，都要表达出来，而这时往往会忽略对方的感受。讲话要分场合，在沟通时要严格自律。不要揭人短，即使对方做得不对，尽量不要当着大家的面训斥他，那样会深深挫伤其自尊心。记住：夸奖要在人多的场合，批评要在单独相处的时候。尤其是点名道姓的训斥，更要尽量避免；不要随意打断别人，听对方说完再说；不要一心二用，做到耐心专注。

6. 了解对方个性

沟通双方如果能事先了解对方的性格、爱好、语言习惯，沟通起来就会容易很多。比如美国人说话喜欢开门见山，往往把最重要的话放在开头说，即重视第一印象；而中国人的习惯恰恰相反，中国人比较含蓄，往往把最重要的话放在结尾说。如果不了解这些，就会因为语言的重点不清导致沟通障碍。不论是工作中的哪一种沟通，都要遵循 KISS（Keep it Short and Simple）原则，即言简意赅。

可见，沟通是一门学问，更是一门艺术。所谓艺术，就是做事的适当方法和策略技巧。良好的沟通需要管理者潜心研究，需要长期的修炼和学习。

四、让员工说出不满

尺有所短，寸有所长，再能干的管理者，也要借助他人的智慧。国际知名企业的领导人，大多是从谏如流的管理者。如：微软的比尔·盖茨鼓励员工畅所欲言，对公司的发展、存在的问题，甚至上司的缺点，都要毫无保留地提出批评、建议或提案。他说："如果人人都能提出意见，就说明人人都在关心公司，公司才会有前途。"人称"经营之神"的松下幸之助有句口头禅："让员工把不满讲出来。"他认为，员工对企业管理现状的不满，正是沟通的黄金时机。优秀的管理者就要能够从员工的不满中学会管理的"金科玉律",从抱怨声中完善管理。

员工抱怨的内容一般有三种:一是薪酬,二是工作环境,三是人际关系。作为管理者,面对员工抱怨时所表现出来的态度,反映了你的领导哲学。首先,要乐于接受抱怨。80%的抱怨都是一些不合理、不公平的小事。抱怨无非是一种发泄,这种发泄需要听众,而这些听众往往又是抱怨者最信任的那部分人。只要他在你面前尽情发泄抱怨,你的工作就已经完成了一半,因为你已经成功地获得了他的信任。其次,与抱怨者平等沟通,安抚情绪,阻止抱怨的扩散。最后,了解抱怨的起因,采取有效措施果断地解决问题。一般来说,员工的抱怨多是因为管理混乱造成的,所以规范工作流程,明确岗位职责,完善规章制度等是处理抱怨的重要措施。措施得当,管理工作多了快乐,少了烦恼;人际关系多了和谐,少了矛盾;上下级之间多了沟通,少了隔阂;公司与员工之间多了理解,少了对抗。

五、让高效的会议成为真正的沟通

有人认为开会是沟通工作、了解下属工作进度的主要方式。其实未必。有时冗长无味的会议只能是浪费时间,降低工作效率,消磨人的意志。一位管理者就曾经这样说过:"单位每周一上午召开例会,刚开始时,大家好像都有很多问题要谈,但随着开会次数的不断增加,例会变成了一种例行公事,会议越开越短,越开越没有主题,大家好像都没什么话可说。"

其实,开会是一个很好的沟通工具,会开得好,可以事半功倍,信心百倍;会开得不好,则会事倍功半,让人气馁。如何高效地开会,不妨参考下面的建议:

第一,不要动辄开会:可以借助电子邮件等现代信息手段,效果可能会更好。

第二,不要会而不决:没完没了地讨论,没有落实到行动上,造成时间和精力的浪费。

第三,不要跑题失控:控制发言时间,有效引导会议主题是管理者提高会议效率的技能。

相比定时定点的开会,持续的沟通才是提高效率的关键。管理者与员工经常性地对企业存在和可能存在的问题进行讨论,磋商,共同解决,共同进步，把沟通贯穿于企业绩效管理的全过程。

俗话说："听过易忘，看过易记，做过易懂。"沟通看起来、听起来都很简单，可真正要做起来，尤其是持续不断地做好很难。鉴于沟通在企业管理当中的重要性，管理者，特别是高效的管理者更要做好，而且要持续不断。因为：持续沟通可以帮助管理者探知未来可能出现的问题并及时制定应对措施；可以帮助管理者获得企业、下属和有关自己的各种必需的信息；可以帮助员工协调工作、清除障碍、提高绩效。

六、有效沟通，减缓压力

1. 中国企业管理者面临的工作压力的现状

所谓工作压力是指员工面对不适应的工作、工作环境时所产生的以无力应付为主要特征的不良情绪和消极反应。工作压力是一把双刃剑。适度的压力，能促使人发挥最大的潜能，以适应压力，提高效率。过度的压力，会对人的生理、心理和行为产生一系列的异常反应，容易产生挫折感和紧张感，致使人际关系紧张，工作效率低下。

随着我国经济的快速发展，受人口膨胀、社会转型及与国际接轨等因素的影响，竞争更加激烈。企业中的每个员工都被赋予了更多更高的工作职责和要求，尤其是作为高效运转的中坚力量管理人员，对企业发展的成败负有直接的责任，在高节奏、高负荷的组织环境中，管理者面临着巨大的工作压力。据国内某权威机构发布的中国社会压力排行榜显示，企业的中层管理者是工作压力最大的群体。中层管理人员有13%处于低度压力状态，50%处于中度压力状态，37%处于高度压力状态。而研究表明，长期处于高工作压力下会产生一系列的身心及行为的不良反应，这些反应如果得不到有效缓解，管理人员很容易产生工作投入程度下降、工作效率低下、生病等各种症状，进而会给组织的效率带来严重的损害。由此可见，对于这部分人群工作压力的关注刻不容缓。

2. 造成压力的原因分析

管理者的压力除了工作压力，受之影响的还有生活压力、身体压力。造成这些压力的原因也是多方面的，具体包括：

（1）工作量压力

工作量压力可以说是管理者最直接面对的最大的工作压力，为了完成工作量，管理者加班加点超负荷工作是常事。如完不成工作量，就将面临薪酬无法兑现、降级使用或被老板炒鱿鱼的危险。

（2）职业生涯发展

管理者进入管理层以后，都非常重视自己的职业生涯发展。为了更好地管理下级，完成上级的任务，实现自身的价值，无形中增加了不小的压力。

（3）制度过于严苛产生压力

║案　例║

肯德基员工的压力

美国肯德基国际公司的子公司遍布全球60多个国家，达9900多个。这样庞大的机构，总部如何管理他的下属行为呢？——监控无时不在。

一次，上海肯德基有限公司收到了3份总公司寄来的鉴定书，对他们外滩快餐厅的工作质量分3次鉴定评分，分别为83、85、88分。公司中外方经理都为之瞠目结舌，这三个分数是怎么评定的？原来，肯德基国际公司雇佣、培训一批人，让他们佯装顾客潜入店内进行检查评分。这些"特殊顾客"来无影、去无踪，这就使快餐厅经理、雇员时时感到某种压力，丝毫不敢疏忽、懈怠。

（4）多重角色压力

作为社会人，企业管理者必须扮演多种角色。在企业中，无论以决策为主要职能的高层管理者，还是以承上启下为主要功能的中层管理者，或是以执行为主要职能的基层管理者，每个角色都要关注自己的事业成功，尤其是中层管理者一方面作为下属要贯彻执行上级的意图，另一方面要作为上级对下级进行管理、协调，在自己的职权范围内进行决策，要处理比较敏感或棘手的问题，要为自己的决定承担后果，有时甚至需要为上级的决策或者下级的行为承担责任，因此往往面临着更大的压力。在家里，中高层管理者属于"上有老，下有小"的角色，对于父母来说是孩子，对于孩子来说是家长，既承担着孝敬老人、教育子女、维系家庭的义务和责任，又在事业上处于关键时期。哪方面都得顾及，哪方面都得做好，如何寻找家庭与事业的平衡是企业中高层面临的巨大压力。

（5）部门协调与人际冲突的压力

企业内部的分工是企业高效的前提，部门之间的合作程度如何是管理者的主要压力源之一。因为随着分工的固化，部门之间往往形成各自的利益需求和复杂的利益关系，而管理者则直接面临着与更多部门沟通协调利益关系的任务。由于管理者不具备相应的权威，因此在协调过程中会导致更多的人际冲突，协调不好即会产生挫败感和畏难情绪，随即压力增加。

（6）适应社会压力

时代在进步，社会在发展，新知识、新信息、新思维层出不穷。对企业的行为方式、经营理念和发展模式提出了全新的要求。为了适应社会的需要，管理者必须注重学习，必须参加各种培训，不断给头脑充电，提高知识水平。这些无形当中会给管理者造成了很大的压力。

总之，对于每一位管理者，上述压力都不同程度地存在着。这些压力不仅会影响企业的绩效和管理者事业的发展，而且会使他们的生理压力加大。

3. 压力管理方法

有什么样的方法帮助中国企业管理者进行压力管理呢？西方国家较通行的方法是员工帮助计划（Employee Assistance Program，EAP）。EAP 是通过专业人员对组织以及员工进行诊断和建议，提供专业指导、培训和咨询，帮助员工及其家庭成员解决心理和行为问题，提高绩效及改善组织气氛和管理。简而言之，EAP 是企业用于管理和解决员工个人问题，从而提高员工与企业绩效的有效机制。其服务内容主要是通过帮助员工缓解工作压力、改善工作情绪、提高工作积极性、增强员工自信心、有效处理同事/客户关系、迅速适应新的环境、克服不良嗜好等，使企业在改善组织气氛、提高员工士气、提高组织的公众形象、改进生产管理、节省培训开支、提高效率等方面获得很大收益。一项研究表明，企业为 EAP 投入 1 美元，可节省运营成本 5 至 16 美元。目前财富 500 强企业中，有 80% 以上的企业为员工提供了 EAP 服务。对中国的企业和管理者来说，实施 EAP 计划进行压力管理，应从如下几个方面入手：

（1）心理咨询

咨询是最常见、也是最行之有效的一种压力缓解方式。当管理者由于压力闷闷不乐时，可以通过专业的心理咨询或者主动找自己的好友、亲人倾诉，倾诉的过程实际上就是解压的过程，从而可以达到心情舒畅、缓解压力、愉快工作的目的。

（2）情绪释放和转移

郁闷的情绪和压力到了一定程度就要释放和转移，否则会憋出问题。日本一家企业专门设置了一间"宣泄室"，在宣泄室中放着一些玻璃器皿和橡胶木偶。玻璃器皿都是易于被打碎的，专供员工发泄使用；橡胶人偶的外形甚至是企业领导者的头像，供员工选择发泄。更妙的是，在宣泄室的出口有一个记录本，宣泄后的员工可以把自己对企业的意见写到记录本上，供企业管理者参考。释放情绪的方式还有很多，比如可以找个没人的地方大吼几声；找个没用的东西踹上两脚；甚至找个人打一架等等。转移也可以达到减轻压力的目的。比如管理者要适当修正个人发展目标，让目标具有现实性、可完成性，这样不至于受挫太大；管理者要善于培养个人的兴趣爱好，多参加一些像体育锻炼、公益活动、爱心活动、歌咏比赛、球类比赛等各种娱乐活动，释放情绪，转移压力，解除身心疲劳。

（3）制定宽松的工作规范

虽然肯德基让监控无时不在，强化了管理，但不免让人心里产生紧张感。压力管理的宗旨就是让人们心情放松，情绪高涨，提高效率。宽松的工作规范可以很好地调节人们的情绪，减轻工作的压力，比如：企业改善工作场所，建立花园式工厂、车间；安排下午茶、水果；员工们着便装上班；实行弹性工作制；提供娱乐度假时间；等等。这些都可以缓解管理者的紧张情绪，达到减压的目的。

（4）摒弃思维枷锁

在生活和工作中，有很多压力来源于管理者固有的思维模式，严重影响了管理者自身的行为。因此，要摆脱或减轻心理压力，管理者就必须摒弃思维枷锁，给自己创造一个宽松的思维空间。首先，进行积极的自我评价，总结过去的经验，引导自己朝着积极的方面思考问题，避免负面的思维。同时确信自己只是普通人，善待自己，不要自寻烦恼。其次，提防消极思想，不要"非此即彼"，避免用极端的语言对事物或人进行评论，试着改变用某些中性的词语，以确立一种积极的思想。最后，学会换位思考。换位思考是创造没有压力的一种思维模式，某件事情对你来说感觉有压力，但如果换个角

第五面 沟通镜子

127

度思考一下，也许问题就能迎刃而解了。

　　企业的领导者，要多理解中、基层管理者的处境，尽量为他们创造一个相对宽松的环境，给予他们更多的关爱与支持。同时，管理者自己也要学会利用一些减压办法来维护自己的身心健康，保持身心的平衡。比如要用积极的心态面对压力，多运动，多锻炼，忙里偷闲，做点减压食品，按摩不同的穴位，看电影，旅游，画画，参加群体活动等，都是不错的减压小窍门，每个人可以根据各自的情况适时采用。

七、化解冲突的润滑剂

┃ 案　例 ┃

新官上任三大难题

　　张涛最近升职了，担任地区分公司的经理，掌管着由400多名员工组成的团队。该分公司员工多，组织机构完善，岗位职责清晰，张涛原以为可以得心应手、痛痛快快地大干一场。可是上任没多久，郁闷的事情就来了。这天早上刚一上班，采购部的经理找到张涛，说公司急需进一批新材料，但财务部不给提供资金。于是张涛找到财务部经理问情况，财务部经理的回答是："之所以不能提供资金，是因为这段时间设备销售不好，外面有很多欠款没及时追回来。"张涛又找来了销售部经理，销售部经理说："设备之所以卖不动，是因为采购部门采购失误，造成设备滞销，销售量大幅下降。"

　　绕了一大圈儿，问题又回到了采购部。据员工反映，各部门经理经常因为一点小事没及时处理而相互指责和埋怨。张涛真切地感觉到部门之间存在着激烈的管理冲突。下一步该如何进行公司内部管理沟通，化解矛盾和冲突，提高公司效益呢？

　　所谓冲突，就是双方的利益、意见、思想不一致而造成的争端。

　　通过沟通化解或预防冲突，就是部门之间、人员之间多交流观点和看法，寻求共识，消除隔阂，谋求一致，使管理更高效。"沟"只是手段，"通"才是真正的目的。其实，冲突的发生并不可怕，任何单位、部门和个人都有可能发生冲突，理性地认知到该冲突行为类型及背后的原因是什么，并加以及时解决才是最重要的事。大多数的成功企业家一致认为，管理者的必备素质与技能中，以沟通化解冲突要排在决策、领导力技能之前。由此可见，化解冲突是沟通管理中的不可忽视的重要内容。

如何通过沟通来预防冲突的发生和化解冲突呢？三大途径帮你解决：

1. 了解冲突的特性：

冲突分为两大类，一类是良性冲突，一类是恶性冲突。

所谓"良性冲突"是指并非所有的冲突都是不好的，冲突双方会因为争执而产生"意想不到的效果"，是一种建设性的互动。正如通用电气前CEO韦尔奇说："良性冲突能够让交战双方不同的观点发生碰撞，进而迸发出新的思想火花，反而有利于管理者顺势推动改革。"因此，高效沟通的成功企业经常组织各种类型的活动，促使员工经常性的进行辩论、提出个人的见解，发表不同的观点，从中发现问题，让观念在碰撞中达成共识，进而改善企业管理。

所谓"恶性冲突"是指真正对企业有破坏性的冲突，上述案例中张涛公司内部各部门之间的冲突就是恶性冲突。这种冲突的结果就是部门间相互指责、推诿、逃避责任、内耗严重，出现低效甚至负效。这种冲突如果不及时引导和排除，局部矛盾就会放大，就可能影响企业的总体发展，给企业带来巨大的危害。

2. 了解冲突产生的原因

不论是部门之间发生的冲突还是员工之间产生的冲突，都不外乎下面几个原因：

（1）员工的"个性"。每个人因家庭背景、受教育程度、职业阅历、性格、个人爱好、心态、价值取向等方面的差异，导致对待事务的理解、看法和观念上都不尽相同，因而在工作中就要产生分歧，而且有时这种分歧还很大，互不相让，最终导致冲突。

（2）利益冲突。这是最常见的一种冲突。企业各部门之间利益不同，站在各自的立场，会对同一问题产生异议和冲突。比如：提高产量与提升品质的冲突、生产部门和采购质检部门的冲突、生产部门和销售部门的冲突、销售部门和财务部门的冲突、生产部门和人事部门的冲突等等。

（3）岗位职责不明确。这是企业内部非常普遍的现象。对于企业不断出现的新问题、新任务该由哪个部门负责，部门间各执己见，因为职责不明确，导致部门间相互推诿或者竞相插手，从而引发冲突。

（4）信息不畅。一些错误的信息、不完整的信息或者对信息的错误解析，给信息的传递带来了障碍，使得各部门在执行过程中发生冲突。

（5）组织机构的变动。当企业内部组织机构发生变动时，例如机构精简、合并或扩大等，打破原来的平衡，必然会带来权力和利益的变更，从而出现权力和利益等方面的冲突。

3. 有效沟通化解冲突

只有认清了产生冲突的原因，才能够对症下药，沟通化解冲突从以下几方面入手：

（1）找共同点，相互认同。当冲突双方彼此的观点和态度互不认同现严重分歧时时，不妨先找到一个双方都认可的观点或彼此都能接受的事物，利用这个共同点引起共鸣，从而达成共识。

（2）及时调解，创造互信的氛围。发生冲突，都是事出有因，高效管理者必须及时充当调解员的角色，通过协调，培养一种既能提高绩效又能促进成员积极参与、公开交流、团结协作的氛围，使得团队成员之间重新建立信任。当遇到复杂的沟通问题时，还要学会调整思路、改善行为，切忌一成不变、不会变通。上述案例中，张涛的三个部门经理之所以发生冲突，是因为沟通不及时，互相不信任造成的，如果采购部门在采购零配件之前，先征求一下销售部门的意见，因为销售部门最了解市场的需求，双方及时沟通，保持信息畅通，就不会发生类似的冲突。

（3）综合考量，利益兼顾。在企业中，任何部门和个人原则上都是平等的，因此在冲突管理中，管理者应充分兼顾各方的利益，并采取各方都能接受的解决办法，达到各方都有所赢、有所输的目的。同时，当各方利益无法均衡时，彼此做出一定的让步，从而达成一致，避免冲突。

（4）分工明确，目标牵引。企业中的部门冲突，在很大程度上是由于部门之间存在交叉管理，从而导致相互扯皮的现象而延误了工作。为了避免这种情况的发生，管理者必须建立一个共同的作战目标，明确各方应担当的职责，分工清楚，同时告诫员工：单凭某一方的资源和力量是无法实现总体目标的，大家必须齐心协力，通力合作，才能成功。

（5）创新思维，灵活应对。管理者要善于创新自身的思维方式，巧妙地化解冲突，切忌钻牛角尖。当冲突已经发生而且愈演愈烈时，管理者可以通过"换环境"来缓解尴尬的氛围，比如可以起身倒杯水，冲一杯咖啡，舒缓一下身体和内心压抑的气息；可以去一趟洗手间，躲开冲突现场；可以从压抑的办公室换到相对舒适的会议室，或从会议室换到开阔的阳台等。切忌在双方争执不下、情绪激动时做出决定，逼迫对方认同自己的观点，这样做往往会使情况更加恶化，使沟通失败的风险性升高。另外，在没有冲突发生的情况下，作为管理者，要时刻关注日常生活和工作中员工透露出的潜在的对立信息，并对这些潜在信息做出积极回应，为今后的高效沟通扫清潜在的矛盾和障碍。

八、采用适当的沟通方法

1. 情景分析法

情景分析法是高效沟通中最关键的方法。这种方法要求管理者在进行沟通活动之前，必须首先回答为什么（Why）、谁（Who）、什么时候（When）、什么地点（Where）、什么事（What）、如何做（How）这六个问题，即我们通常说的 5W1H 分析，明确了这几个问题，才会使沟通工作更加容易进行并更好地实现沟通目标。具体分析如下：

（1）Why——目的分析，即我为什么要进行沟通？我沟通的真正原因是什么？通过沟通我希望得到什么？

（2）Who——对象分析，即谁是我的沟通对象？他们是一些什么样的人，包括他们的性别、年龄、爱好、个性、受教育水平、地位等？他们对我的沟通意图了解多少？一旦沟通他们会作何反应？他们手中还能有多少有价值的信息？

（3）When & Where——场景分析，即何时沟通比较合适？何地沟通比较有效果？

（4）What——主旨分析，即我到底要谈什么？双方需要了解什么？什么信息可以省略？什么信息需要强化？什么信息需要完整阐述同时还要言简意赅？

（5）How——做法分析，即我将如何传递信息？利用哪种沟通媒介最适用？采用哪些沟通技巧和方法最恰如其分？我必须要规避哪些不利于沟通的方式？

清楚上述几个方面的问题，沟通才能做到有的放矢，沟通才有成效，也才能高效。

2. 乔哈里窗沟通法

美国著名心理学家乔瑟夫·勒夫（Joseph Luft）和哈里·英格拉姆（Harry Ingram）就沟通的技巧和理论建立起"乔哈里模型"，被称为乔哈里窗沟通法。

我们经常为沟通双方不能展开彼此深入地沟通而感到困惑，以至于为沟通效果不理想而烦恼。乔哈里窗沟通法借助心理学的理论，以人的内心世界中最隐秘的地方为切入点，一扇一扇地打开"心灵之窗"，化解沟通中的心理障碍，轻松、愉快地进行沟通。

乔哈里窗沟通法是把人的内心世界比做一个窗户，一般分为四个区域，即公开区、隐藏区、盲区和封闭区（如图 5-1 所示）。

图 5-1 乔哈里窗

（1）公开区（Open Area）：自己知道，别人也知道的信息。比如：姓名、住址等。

真正有效的沟通，都是在公开区进行的。因为在这个区域内信息共享，信息的真实性和确定性很高，沟通双方彼此坦诚相待，不藏着掖着，再加上主动征求反馈意见，所以沟通效果比较满意。管理者要多多开发此区域的沟通。

（2）隐藏区（Hidden Area）：自己知道，别人不知道的秘密，比如：愿望、隐私等。

沟通虽说是越公开越好，但每个人都有自己隐秘的东西，称为隐私也好，秘密也罢，是别人不知道的或不愿意让别人知道的，深藏于内心深处的信息。这种信息的区域如果太大，就可能出现孤傲、躲避，甚至别人根本无法接近，也就谈不上有效的沟通。为此，乔哈里窗沟通法提出，要让沟通双方采用以心换心的操作策略，用自我表露的方式提高个人信息的曝光率，要让别人了解自己的心愿和想法。同时选择一个能够为沟通双方都接受的"策略资讯开放点"，利用话题刺激，探入对方心理隐藏区，使沟通双方主动开放内心，不断扩大自己的公开区，增强信息的真实度、透明度。

（3）盲区（Blind Spot）：自己不知道，别人知道，对自己来说就是盲区。比如初次见面给人留下的印象等。

"智者千虑必有一失"，每一个人都有自己的盲区，要让这个盲区消失是不可能的，在沟通中我们能做的就是通过自身的努力来尽量减少自己的盲区。乔哈里窗沟通法告诉我们减少盲区的主要办法是在人际交往中注意控制自己的情绪，本着谦逊的态度与人交往，尊重他人。古人云："三人行必有吾师焉"，善于学习，善于借鉴，这样你的盲区就会大幅缩小。

（4）封闭区（Unknown Area）：自己和别人都不知道的神秘。比如个人的潜能等。

这是一个自己和别人都不知道的神秘的未知世界，它的能量有多大，我们无法预测。但是我们应该清楚，这个区域如果开发好了，会变成有用的资源，会为我们的沟通、生活和工作提供有力的支持，关键在于我们如何去发掘它。乔哈里窗法告诉我们：要不断地开放和学习，通过不断地开放和学习，拓宽隐藏区和盲区的资讯，在其他区域不断增加的基础上，实际上就是对封闭区的一种变革和减少。

可见，乔哈里窗沟通法中封闭区、开放区、隐藏区和盲区是有着一定联系的，随着沟通双方不断地努力，是可以互相转化和相互影响的。其宗旨就是想办法扩大沟通对象之间的公开区，沟通最好在彼此的公开区内进行，这样比较容易达成一致。同时，在沟通中对于彼此的隐藏区和盲区尽量不要触碰。

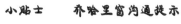

小贴士　乔哈里窗沟通提示

1. 承认不同点
2. 找到兴奋点
3. 增加共鸣点
4. 强化认同点

第五面　沟通镜子

133

3. 柔性沟通法（SOFTEN）

肢体语言在沟通中起着很重要的作用，如眼神、表情、姿态和动作，都表达出一定的信息，有时比口头语言更真实，更能体现人的内心的情感。我们把这些肢体语言的英文单词的第一个字母组合在一起，简称 SOFTEN——柔性沟通法。具体如下：

（1）Smile——面带微笑，显示沟通双方的真诚友好。

（2）Open——姿态放松，手脚自然放置，不紧张，不拘谨，不局促，不随意晃动，体现沟通双方的随意、放松、尊重和认真。

（3）Forward-leaning——身体微微前倾，体现沟通双方对谈话内容的专注。

（4）Touch——适当的身体接触，比如作为上级可以轻拍下属的肩、背，体现亲切、友好、随和。但不要过于亲密，尤其是与异性在一起独处时，要保持适当距离，至少相距 0.5 米。

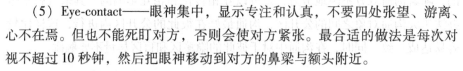

小贴士　　人际交往中适宜的空间距离

1. 亲密距离：0.5 米以下（密友关系）
2. 个人距离：0.5～1.2 米（一般关系）
3. 社交距离：1.2～3.5 米（工作关系）
4. 公众距离：3.5 米以上（社会关系）

（5）Eye-contact——眼神集中，显示专注和认真，不要四处张望、游离、心不在焉。但也不能死盯对方，否则会使对方紧张。最合适的做法是每次对视不超过 10 秒钟，然后把眼神移动到对方的鼻梁与额头附近。

（6）Nod——点头回应，表示你在认真倾听，对谈话内容完全理解并做出回应。

从以上简单的文字游戏中，你是否已经掌握了沟通过程中眼神、表情、姿态、动作等方面的较为形象的、系统的注意事项？可以在今后的沟通活动中有效地借鉴和应用。

4. 三明治式沟通法

如何批评

部门领导召集下属开会，结果有一个下属迟到了，领导批评这位迟到者。

批评方式一：不分青红皂白，劈头盖脸就是一顿臭骂："你怎么回事？一天到晚吊儿郎当，开会老是迟到，你还想不想干了？看来今天我要不给你点儿颜色看看，我还管不了你了。我警告你啊，别再让我逮着，我饶不了你！"

批评方式二："你一向表现都不错，最近怎么啦，老是迟到？（听他解释）按规定应该对你重罚，我真是不忍心。拜托以后别让我太难做了，好不好？（微笑、鼓励、信任的眼神；拍拍对方的肩膀），多帮帮忙。如果有什么困难，请尽管向我提出来，我一定尽力帮你。"

批评方式二就是典型的三明治沟通法。

所谓三明治沟通法就是：每当向别人提出建议或批评性的建议时，为了让对方能够容易接受，批评者在提出批评建议之前，先对被批评人的做法进行表扬和认同，再说中肯性的建议，最后再提出希望和鼓励。

这种沟通方式就像三明治，第一层是认同、赏识、赞美、肯定对方的优点或积极的一面，中间这一层夹着建议、批评或不同观点，第三层则是鼓励、希望、信任、要求、支持和帮助，使之后味无穷。这种批评法，不仅不会挫伤被批评者的自尊心和积极性，而且还会让对方积极地接受批评，并改正自己的不足方面，对今后的工作充满信心。

小贴士　"三明治"式沟通法

第一步：赞美、认同、肯定

第二步：批评、建议、意见

第三步：鼓励、希望、要求

沟通双方提出批评建议的方式有很多种，有直接的、有间接的，有冷面的、有温和的。管理者应尽量多用表扬与鼓励式的三明治法。就像我们平时生病吃药一样，吃药的目的是为了治好病，但为了能让病人减少一点痛苦，更容易吃下去，药的外面常常要裹上一层糖衣，和三明治沟通法是一个道理。

镜 鉴 感 悟

企业管理过去是沟通，现在是沟通，未来还是沟通。管理离不开沟通，沟通已渗透到管理的各个方面，正如人体内的血液循环一样，如果没有沟通，企业就会趋于死亡。

第六面 激 励 镜 子

有效激励，让下属跑起来

镜中焦点：

一、金钱激励不是万能的

二、激励要以攻心为上

三、尊重员工的自尊

四、时刻记得给下属戴高帽

五、有效激励员工的几种方法

"欣赏别人的长处比批评别人的短处更容易使人成功。"

　　　　　　　　　　　　　　——松下电器创始人　松下幸之助

内 涵 解 析

　　你看过动物园的驯兽表演吧？动物在表演时，驯兽师衣兜里都装有很多动物平时最爱吃的零食，让动物从最简单的动作做起，每完成一个动作，驯兽师就奖励动物一些零食，直至做完最后的高难动作。这是为什么呢？这是因为不断地给零食，就是在不断地提高对动物的要求和期待，其表现就会越来越好，完成的动作就会越来越精彩。这就是激励。

　　所谓激励，在管理学中，是指运用各种有效的方法去激发员工的工作动机，使其充分发挥积极性和创造性，实现组织目标的过程。

一、激励的作用

　　对一个企业而言，科学的激励具有以下几个方面的作用：

1. 激励是提高组织绩效的关键因素

　　在组织行为学中有一个公式：绩效 = f(能力，激励，环境等)，从这个公式中可以看出，组织的绩效本质上取决于组织成员的能力、激励政策和工作环境。可见，激励是提高绩效的一种很重要的因素，同时，能力和环境也不可或缺。

2. 激励是调动员工创造性和积极性的手段

　　美国哈佛大学的威廉·詹姆斯教授在对员工激励的研究中发现，按时计酬的分配制度仅能让员工发挥 20%～30% 的能力，如果受到充分激励的话，员工的能力可以发挥出 80%～90%，两者之间 60% 的差距就是有效激励的结果。一般来说，每一位员工总是由一种动机或需求而激发自己内在的动力，努力得到相应的报酬。而激励作为一种管理手段，它的功能就在于以个人利益和需要的满足为出发点，激发人们的动机和工作热情，挖掘人的潜能和创造性，努力去实现某一目标。

第六面　激励镜子

3. 有效的激励可以吸引并留住优秀人才

德鲁克认为，每一个组织都必须具备三个方面的功能：直接的成果、价值的实现和未来的人力发展。缺少任何一方，组织都活不长久。为此，在许多优秀的企业中，特别是那些竞争力强、实力雄厚的企业，都充分地意识到人才对企业功能的影响作用，都通过各种优惠政策、丰厚的福利待遇、快捷的晋升途径等激励措施来吸引并留住企业需要的人才。

4. 激励是造就良性竞争环境的有效途径

企业是由若干员工个体、不同的部门组成的，为保证企业协调运行，除了有严密的组织结构和规章制度外，科学的激励制度必不可少。它可以在满足员工的多种心理需求，调动职工积极性的同时，还能协调人际关系，创造出一种良性的竞争环境，增强企业的凝聚力和向心力。

可见，激励是高效管理者的必修课，不了解激励的作用，不懂得激励，企业就无法高效运行。

二、激励的原则

激励作为高效管理的手段，它也受到许多因素的影响，如激励的时机、激励的频率、激励的程度、激励是否合理等，这些因素在激励的过程中起着至关重要的作用，对激励的效果有着直接和显著的影响，因此，高效管理者在激励的过程中要把握原则，抓住大的方向，对搞好激励工作是大有益处的。

1. 时效性原则

激励讲究一个时机，在不同时间进行的激励，其作用和效果是有很大差别的。这就像厨师炒菜，什么时间放入什么调料，菜的味道和质量是不一样的。超前激励可能会使员工感到意义不大；延时激励可能会让员工觉得画蛇添足，失去了激励应有的意义；只有及时激励，才能激发员工的干劲，才能起到"雪中送炭"和"雨中送伞"的效果。因此，掌握好激励的时效性原则，何时该用、何时不该用，都要根据具体情况灵活选择、综合运用。

2. 物质激励和精神激励相结合的原则

物质激励主要作用于人的生理方面，是对人物质需要的满足，表现形式如实物奖励、发放工资、奖金、津贴、福利等，是激励的主要模式。精神激励主要作用于人的心理方面，是对人精神需要的满足，比如期望得到爱、得到尊重、认可、得到赞美和理解等。随着人们物质生活水平的不断提高，人们对精神与情感的需求越来越迫切。因此，高效管理者激励时要考虑员工的个体差异，在两者结合的基础上，逐步过渡到以精神激励为主。

3. 适度性原则

激励的适度性原则包括两层含义：

一是激励的频率要适度。所谓激励频率是指在一定时期内进行激励的次数，一般是以一个工作周期为时间单位的。激励的次数不是越多越好，它与激励的效果不是完全成正比例的关系，激励频率与工作的难易、工作的性质、任务目标的明确程度、员工的素质高低、劳动条件和环境等有关，管理者需因人、因事、因地制宜地确定恰当的激励频率。

二是激励的程度要适度。所谓激励程度是指激励量的大小，即奖赏或惩罚量的高低。能否恰当地掌握激励程度，直接影响激励的效果。过量激励和少量激励不但达不到激励的真正目的，有时甚至还会适得其反，严重挫伤员工的工作积极性。比如，过分优厚的奖赏，会使人感到得来的太容易，于是丧失了发挥潜能的动力；过于吝啬的奖赏，会使人感到得不偿失，多干不如少干，少干不如不干，助长工作的惰性，不思进取；过于严厉的惩罚，又会挫伤员工改善工作的勇气和信心，从此一蹶不振。所以，对于激励程度的把握，一定要做到恰如其分，既不能过高也不能过低。

4. 按需激励原则

按需激励是指激励的针对性，即针对员工需要的内容因人而异、因时而异实施激励。对激励效果也有显著影响。美国著名的心理学家马斯洛提出：人的需求是有层次的（即马斯洛需求层次论，见图6－1），这一理论与激励措施的选择有着密切的关系。当某一层次的需求基本上得到满足后，应该调

图6－1 马斯洛需求层次论

整激励方向，将其转移到满足更高层次的需求，这样才能更有效地达到激励的目的。比如对于那些工作是为了实现自身价值的员工来说，如果要对他取得的成绩予以奖励，与其奖励他一定的奖金和实物，不如在某些方面给其创造一个实现价值的平台更具激励性。因此，管理者必须深入地进行调查研究，不断了解员工的需求及其变化趋势，有针对性地采取激励措施，才能收到实效。

5. 明确性原则

激励的明确性原则包括三层含义：

一是目标明确。企业可以制定不同目标和阶段的激励措施，把奖金或福利的发放，制定成名目明确的制度表格。这样员工既有努力的方向，明确了工作职责，同时企业奖励时也有据可依。

二是措施明确。激励措施分为奖励（正激励）与惩罚（负激励），不同的激励措施对行为过程会产生不同程度的影响，措施的选择是做好激励工作的一项先决条件。奖励和惩罚都是必要而有效的，二者要很好地相结合，才能真正起到激励的作用。

三是奖惩要公平、透明。作为一个管理者，要想真正调动下属的积极性，就必须为下属提供一个公平竞争的环境，做到论功行赏，按过处罚。如果奖赏得当，可激励一群人；相反，如果惩罚得当，也可以儆戒一群人。赏与不赏，罚或不罚，都需要管理者用心去斟酌，做到公平、透明、适度，否则容易弄巧成拙。

镜 中 焦 点

一、金钱激励不是万能的

"钱"固然是个好东西，它是人们生存的物质基础，我国自古就有"有钱能使鬼推磨"的说法。有人说"有钱就可以买到一切"。于是，在企业中，很多管理者认为只要给予员工很多的工资、奖金、福利、分红，他们就会踏踏实实地为企业尽心尽力，显然这是一个荒唐可笑的论断。比如一个白丁买了一张大专文凭，上岗后能用大学知识解决实际的问题吗？能胜任工作吗？可见金钱不是万能的，金钱能买到文凭，但买不到知识；金钱可以满足人们物质需要，但不能满足人们更深层次的精神需求。

很多平庸的企业认为：员工当中只有20%是优秀的，70%~80%都是一般的，可能还有10%是很差的。而优秀的企业则认为，10%的员工是卓越的，80%的员工是优秀的，只有不到10%的员工是比较差的。而这10%比较差的员工，差的原因也是由于管理者没有教导好。是管理者自己没有开动脑筋或充分发掘员工智慧，没有采取适当的激励方法和手段，致使员工发展受阻。他们认为，员工不好，是管理者的错。所以，如何运用金钱激励是一门学问。

案　例

金钱、酒瓶两手抓

广东有一家企业很注重员工的技能培训，拥有一批得力的生产能手和技术骨干，企业订单不断，利润大增。老板非常高兴，对这批骨干宠爱有加，又是加薪，又是宴请，奉行的观念就是：一手抓金钱，一手抓酒瓶，不怕他们不卖命！

谁知好景不长，时间久了，这批骨干尤其是骨干的头目满脑子都被金钱所缠绕，心里只有钞票美酒，产生了自私贪婪的想法：看来老板这样对待我们，怕是离不开我们这些骨干了，何不借此机会狠狠地敲他一笔？于是就开始借机暗示要跳槽，索要加薪，屡次得手，然后更加大肆吃喝，继而得寸进尺，私欲一发不可收拾，以至于公开带头闹事，并以集体跳槽相威胁，最后竟然在与外商签订的合同中做手脚，使企业损失惨重。老板一气之下，把这批骨干全部开除，企业元气大伤。

这个例子当中的教训是深刻的，老板负有绝对的责任。如果老板在管理员工的过程中，从企业的长远发展角度出发，将员工的物质激励与精神激励很好地融合在一起，恐怕也不会发生这样的严重后果。因为在当今物欲横流的社会大背景下，各种诱惑充斥其中，有些员工技术过硬，但自身素质不是很高，会做事但不会做人，这类问题在企业当中并不少见。因此，如何营造一个良好而稳固的企业人文环境，答案很简单，就是管理者在工作方法上要大胆创新，开动脑筋，多使用非物质激励手段，因人而异，因才施法。坚持以情动人、以理服人、以正胜邪、以心换心，这是一项系统工程，绝非易事，但只要坚持就会收到良好效果。当管理者把"雇佣兵"教导成"子弟兵"，当效率和效益这两张"王牌"成为企业的核心竞争力时，管理者会觉得：再难也值！

美国心理学家弗雷德里克·赫茨伯格曾在《再谈激励员工》一文中对金钱与激励之间的关系提出了质疑。他指出，与工作满意相对的不是不满意，而是缺少满意感。同样，不满意的反面也不是满意，而是使员工产生抱怨的因素不多。他把体现在薪酬上的金钱归为后一类，也就是说，付给员工金钱只是让他们不要缺乏动力，却无法激发员工更有动力地工作。可见，物质的激励手段会把员工注意力引向外部激励因素，从而无法专心于手头的工作。

二、激励要以攻心为上

案 例

退还罚款的震撼

某公司年终总结大会上，总经理宣布了一条让大家颇为震惊的"爆炸性"的决定：公司全额退还了15名员工一年来因违反规章制度被罚的全部罚款。大家简直都不敢相信自己的耳朵。可当员工小彭从总经理手中接过被罚的300元钱后，这事儿确实是真的。小彭不无感动地说："罚的款还能退回来，做梦都没有想过。谢谢总经理对我的信任，我今后一定会加倍努力，绝对不再给您丢脸了。"

按照激励的方式划分，激励可分为正激励与负激励，物质激励与非物质激励。正激励是指对激励对象的肯定、承认、赞扬、奖赏、信任等具有正面意义的激励。而负激励是指对激励对象的否定、约束、冷落、批评、惩罚等具有负面意义的激励。物质激励，是指通过物质刺激的手段，鼓励员工更好地工作，如发放奖金、津贴、提高福利待遇等。而非物质激励是指通过金钱、物质、福利以外的方式，来满足人们心理上的需要的一种激励艺术。传统的激励方式大多都局限在正激励和物质激励上，而现在越来越多的研究显示负激励和非物质激励方式往往能为企业带来更大的效用。

比如上述案例，在管理工作中，为了强化劳动纪律，提高执行制度的自觉性，不可避免地要使用惩罚等负激励作为激励的主要手段。当然惩罚的同时还要考虑员工违反制度法规的真正原因，如果员工的违规确实不是故意的，也许是中途交通出现状况，或突然生病，或者重要东西遗忘在家里，或遇到什么突发事件等，综合考虑，将刚性的规章制度柔性化、人性化处理，会更能让员工接受。在一般情况下，从心理学角度看：如果管理者能够退一步海阔天空，退还罚款要比单独使用惩罚效果更好，员工的自律意识显著提高，激励的作用更为有成效。实践证明，该公司采用年终一次性退还罚款的做法，致使下年度的违规人数相比上年度大大降低。

当然，退还罚款的做法并非否定已订立的制度，而是罚款时教育一次，退还时再教育一次，况且第二次比第一次教育力度更大，一箭双雕。这就好比一艘即将靠岸的渡船，不能直线航行，它需要根据水速和风速对航线作曲线处理。退还罚款，比罚款的直线方法更有效，意义更深远。

案　例

"金香蕉"奖的来历

美国福克斯波罗公司创建初期，为了能快速地占领市场，急需一项关系公司生死存亡的技术改造。技术人员都在夜以继日加班加点，攻克难关。一天深夜，一位专家终于攻克了难关，制造出了能解决问题的一台样机模型。他径直闯进了总经理的办公室，总经理欣喜若狂，激动之余，琢磨着该怎样奖励这位专家。他翻遍了办公桌的大小抽屉，终于找到了一样认为可以送人的东西，于是手捧这个东西，毕恭毕敬地对那位专家说："这个给你！"他送的竟然是一根香蕉。而这是他当时能在办公室找得到的唯一可以送人的东西了。那以后，这根香蕉就演化成了"金香蕉"形胸针，作为该公司最高荣誉的奖赏。

区区一根香蕉，竟然可以作为奖品，而且是象征最高荣誉的奖赏，不得不让人佩服激励的魅力。

实践证明，与人分享快乐也是最有效的激励方法。当一个人取得成果、做出贡献时，除了自己非常高兴以外，还希望让别人分享这种喜悦。由衷地为别人的成绩高兴，真心地分享别人的喜悦，对别人来说也是一种鼓励，一种赞许，一种崇拜。总经理对专家的报喜立即做出回应，发自内心地高兴。这种情不自禁的举动也会感染专家及其周围的同事人，使大家会更加奋发努力，攻克难关。

索尼公司前总裁盛田昭夫在他的《日本造》一书中这样说过：所有成功之道确切地说就是两个字："爱人"。企业是一个大家庭，企业爱职工，职工爱企业，多一份关爱就多一份成功，还有什么样的困难不能克服？

奖励是一门学问，也是一门艺术。在现实工作中，我们会看到这样一些情况，有的公司对职工的奖励不及时，不问具体情况，好坏都要集中到年终一次性进行，做了好事的职工因没有及时得到奖励，到了年底早已心随境迁，没了当初那种工作的热情；有的单位雷声大、雨点小，只闻楼梯响，不见人下来，年终奖迟迟不发放，让职工望眼欲穿；有的奖励承诺不兑现，到了年底本来就没有多少的奖金还要有所克扣，严重挫伤了员工的积极性，等等。福克斯波罗公司的做法，真让管理者打开了眼界，管理者应该好好思考一下，改进一下本企业的激励政策，使奖励更好地发挥激励职工的作用。

上述两个例子都充分说明，单纯的正激励、负激励都不是一个很好的手段。管理者要创新激励方式，换一个角度和方法处理问题，以退为进，消除管理者与被管理者的鸿沟，走出以罚代管的老路，强调人本管理，刚柔并济，使激励更为有效。

同样，单纯的物质激励和单纯的非物质激励也不是一种理想的激励手段。尽管"没有钱是万万不能的"这一思想已经在相当一部分人的头脑中滋长起来，有些企业管理者也一味地认为只有奖金发足了才能调动职工的积极性，但在实践中，不少案例也证明了单纯地使用物质激励，企业成本增加不说，员工的积极性并没有大幅度地提高，反倒在员工中造成了互相攀比、互不服气、矛盾重生、埋怨指责等不和谐的状况，极大地抹杀了员工的积极性和创造性，这样的激励等于无激励。

事实上人不仅有物质上的需求，也有精神上的需求，美国管理学家汤姆·皮特（Tom Peters）就曾指出："重赏会带来副作用，因为高额的奖金会让大家彼此封锁消息，影响工作的正常开展，整个社会的风气就不会正。"因此，对员工如何进行奖励，是管理中的一大学问。仅靠物质奖励不一定起作用，必须把物质激励和精神激励有机结合才能真正发挥激励的促进作用。

激励要善于攻心，以诚相待。俗话说，人心换人心，黄土变成金。激励员工、奖赏员工，态度要真诚，要发自内心，要使员工真正感受到管理者在赞扬他，在鼓励他，真切地尊重他，这样做，即使奖金或奖品不是很多，员工内心也是非常高兴，非常受鼓舞的。正如上述第二个案例，哪怕只是一根微不足道的香蕉，也表明总经理的态度是真诚的，而且是毕恭毕敬的，员工会因此心生感动而大受鼓舞。同时这一案例也说明激励要及时。人生活在社会当中，都有希望受到外界的尊重和实现自我价值的需求。尤其是当他做出一定成绩和取得成功时，特别希望得到上级和同事的认可和奖赏，这种认可和奖赏越直接越及时，效果越好。就像福克斯波罗公司的总经理一样，虽说只是一根再普通不过的香蕉，但由于做到了及时，收到了非常好的激励效果。

三、尊重员工的自尊

案　例

"捡起来"与"记下来"

　　张主管和刘主管都是某纺织企业中层管理者，两人平时工作都很努力，也很辛苦，但员工对两人的感觉和评价却有很大不同，工作的效果也有明显的差异。

　　为了揭开这个谜底，以便更好地考察干部，公司人事部经理来到车间巡视，到职工中寻找答案。在调查的过程中有个员工没有直接回答人事部经理的问题，而是给人事部经理讲了一个真实的小事：细纱车间的员工成天与纱纤打交道，每天从手上过的纱纤有千百个，难免有个别掉到地上。张主管检查时看到了，当着员工的面主动捡起来，放到对应的纱筐里，善意地看了员工一眼就当没事一样走开了；刘主管检查时也看到了，但他恶狠狠地盯一眼员工，然后当着员工的面掏出口袋里的小本子记下来，作为日后考核罚款的依据。同样的事情，同样是车间主管，一个是"捡起来"，一个是"记下来"，在员工心里感觉完全不同。就像这位员工叙述的"张主管看到后

'捡起来'，我内心感动，感到他理解我，尊重我，我心里暗下决心，今后我应努力提高业务，改掉小毛病，把工作进一步做细，不能给领导添麻烦，不然对不起领导；刘主管看到后'记下来'，准备秋后算账，我发自内心的反感，我心里也记下来了——你是个坏领导，以后就会有意无意地制造点儿别扭，既然你不尊敬我，我也没必要尊敬你。"

这位员工简朴的语言给人事部经理很大的启发，企业的管理者整天讲要尊重员工，但在实际管理工作中是不是真正做到位了呢？尊重员工要发自内心，不仅要把这种尊重付诸行动，而且要落到细节上，使员工切实感觉到被尊重，这样才能更好地激发出员工的积极性和创造性。

一个管理者，在行使管理职能时，应当问一问自己：我是不是做到了像尊重自己那样去尊重员工？

寓言故事

狐狸请客

狐狸请鹤吃饭，它准备了美味的豆子做的浓汤，盛在一个又浅又平的大锅里，鹤每次低头喝一口汤，汤便顺着长嘴流出来，鹤很焦急，狐狸看了却非常开心。第二天，鹤回请狐狸，它把食物装在小口的长颈瓶里。鹤把它尖尖的嘴插进瓶子里，很容易就吃到了食物，而狐狸却一口也尝不到，窘迫极了。

"聪明"的狐狸在埋怨鹤的无礼的同时，是否应该好好地反省一下自己。这个世界谁都不傻，有意刁难别人，也会被别人刁难；只有善待别人，别人才能善待你，尊重别人的同时也在尊重自己。

人都有自尊的需求。在管理工作中，员工的内心深处都有一种渴望得到管理者重视和尊重的心理，都希望自己对企业的贡献、自己的价值能得到认可。一旦这种希望和认可得到实现，他的内心会非常愉快，进而会产生上进心，产生一种"不负使命"的责任感，这种上进心和责任感会很自然地反映在他的工作与行为上。

你视下属为人，下属敬你为神。作为管理者要与下属建立和维持良好的人际关系，进而让员工努力工作，就必须要尊重员工，尊重员工的自尊心。这样既可以激发出强大的工作热情，也会使管理者赢得员工的尊重和崇拜，并认可你的领导才能。管理者尊重员工应注意五个方面的事项：

1. 不以出身论英雄

人出身自会有贫贱富贵，无论员工何种出身，管理者都应一视同仁，否则就会造成你不尊重别人，别人也不尊重你的分裂局面。

2. 不以性别论歧视

上帝造人，男女有别，性格差异迥然，但各有千秋。为了增强部门或企业的和谐度，管理者应学会兼顾，去尊重每一位员工。

3. 不以大事论尊重

管理者对员工的尊重，其实未必都体现在惊天动地的大事上，而是贯穿于企业管理中的方方面面，有些甚至是微不足道的小事上，如果管理者能真正地放下官架子，视员工为自己的亲人和朋友，就会心存感激，从而很好地起到激励员工的作用。

4. 不以己心论好坏

管理者不能依据个人的爱好、偏心或私心去独断地认为谁好谁不好，产生"说你行，你就行，不行也行；说你不行就不行，行也不行"的片面论调，从而不尊重那些有才能、但不注重人际关系而埋头苦干的人。

5. 不以能力论高低

人无完人，每个人的能力都是有限的，每个人的性格都是有差异的，作为一名优秀的管理者，要善于用心去发掘员工的潜在的优点，尊重员工的"个性"，并充分地尊重和激励这些优点，才能赢得员工的信任和感激，员工将会以八分的能力投入十分的努力，从而极大地提高工作效率。

四、时刻记得给下属戴高帽

案 例

"两只腿"的鸭子

古时候，有一位富豪，家里请了一位厨子，这位厨子手艺高超，尤以烹

调"烤鸭"著称。可是，这位富豪从来没有赞扬过厨子的手艺。有一段时间，厨子每次送到富豪面前的烤鸭，虽然美味，可都只有一只腿。富豪心生纳闷。

一天中午，厨子又把烤鸭端上来，富豪看到仍是一只腿的鸭子，忍不住问厨子："为什么每次你烤的鸭子都只有一只腿呢?"

厨子回答说："鸭子本来就只有一只腿嘛!"

"胡说! 鸭子明明是两只腿啊!"

厨子不再辩解，就推开窗子，请富豪向外望去。不远处水塘边，有一群鸭子正在打盹儿，都缩起了一只脚，只用一只脚站立。于是厨子说："你看! 鸭子真的只有一只腿嘛!"

富豪不服气，于是两手用力击掌数下，鸭子被掌声惊醒，动了起来。富翁得意地说："你看，每一只鸭子都有两只腿啊!"

厨子听了，不慌不忙地说："对嘛! 如果您在吃美味的烤鸭时，也能鼓掌称赞一下，烤鸭就会有两只腿了。"

此后，富豪每次吃烤鸭时，都不忘真诚地赞美厨子。当然，从此富豪就能吃到两只腿的烤鸭啦!

富豪为什么先前吃不到两只腿的烤鸭呢? 因为缺乏激励! 富豪又为什么吃到了两只腿的烤鸭了呢? 因为实施了激励!

在企业管理工作中，管理者赞扬员工是一件非常重要的事情，但又是一件难以操作的事情。俗话说得好："拍马屁别拍马腿上。"赞扬是必需的，但赞扬又要讲究技巧，如何赞扬到位，让员工感到心里舒坦，从而起到激励作用；而不是让人感到是假惺惺的恭维话，应注意以下几种方法：

1. 真诚地赞美，少用批评

案 例

保龄球教练

甲乙两名保龄球教练分别训练各自的队员，他们的队员都是一球打倒了

7 只瓶。甲教练对自己的队员说："很好！打倒了7 只。"他的队员听了教练的赞扬很受鼓舞，心里想：下次一定再加把劲，把剩下的 3 只也打倒。

乙教练则对他的队员说："怎么搞的！还有 3 只没打倒。"队员听了教练的指责，心里很不服气，暗想：你怎么就看不见我已经打倒的那 7 只？

结果，甲教练训练的队员成绩不断上升，乙教练训练的队员则打得一次不如一次。

同样是表达打中了 7 只瓶而没有打中剩余的 3 只，却可以用激励和批评两种完全不同的方式，其效果有着巨大的差异。

事实证明，激励员工最有效的一种方法就是赞美。真诚的赞美可以温暖人心，可以激发员工的动力，可以增强员工的信心，激发员工的斗志，给人以巨大的鼓舞。当员工在生产作业中因为一个细小的工作表现很出色时，管理者一定不要吝啬给予对方肯定和赞美，而且这种赞美不是流于表面的敷衍，而是发自内心的对员工出色表现的一种肯定、认可和赞扬。因为人都爱听好听的，赞美无疑是对员工一种潜移默化、难能可贵的激励。所以，管理者应善于发现"美"，善于用欣赏的眼光寻找员工的闪光点，善于用赞美的语言去鼓励员工。即使员工犯了错误，也应让他们能够心情愉悦地改正。赞美时要专注关键事件，赞美的话要说到点子上，赞美员工要注意方式。而批评通常只能教会人们如何去避免遭受批评，而没有教会人们应该如何做对事情。总盯着别人的失误，是管理者最大的失误。

2. 失败时也要激励

人都会犯错误，任何人在工作中都不会是一帆风顺的。作为管理者。当你的员工遭受失败心情郁闷的时候，如何化解失败的情绪，激起工作的斗志是一门不小的学问。

案　例

鼓励的力量

一个单位销售部新来一位业务员，在工作中屡遭失败心情极度沮丧，一

度对自己的营销技能几乎丧失了信心。部门主管得知此事后，找到这位员工说："听你的前任公司的老板说，你是一个很有闯劲的小伙子，认为把你放走是公司一个不小的损失呢……"这一番话打动了小伙子的心，把小伙子心头那快要熄灭的希望之火又重新点燃了。果然，在小伙子冷静地分析了市场后，他的业绩终于获得了巨大的提升！

其实，那位主管也许根本没有和小伙子的前任老板谈过话，甚至小伙子根本没有那么出色，但是这种激励方式却让这位员工重新找回了自尊和丢失的自信。为了自尊，他做了最后的一搏，终于以成功捍卫了自己的地位，也证明了自己的才能。与很多企业动不动就对犯了错误的员工大声呵斥、动不动就炒鱿鱼的行为相比，这种失败时的激励不是更有效果吗？

失败时的激励又称为挫折激励。主要是帮助那些因挫折而犯错误的员工，排除员工的心理压力，让员工走出情绪低谷，在挫折中站起来。

国外有人做过这样的调查：按时计酬的职工每天一般只需发挥20%～30%的能力用于工作就足以保住饭碗。但如果能通过有效的激励充分调动其积极性，那么他们的潜力会发挥到80%～90%，这对于提高企业的劳动生产率的效果是可观的。

3. 几种赞扬员工的小技巧

（1）借他人之口赞扬：即在赞扬员工的时候，不直接赞扬本人，而是借用第三者的语言，会让赞扬显得客观真实。比如管理者要赞扬他的员工小马工作非常认真，经常加班加点，早来晚走，可以这样说："据咱们办公大楼守门的李大爷说，晚上最晚熄灯的几个办公室当中经常就有你的办公室。每天都干到很晚，你可要注意身体呀！"

由于引入他人的诉说，所以就显得非常客观真实，而且万一说错了也是别人的责任，可以进退有余。

（2）赞扬批评法：秘书小王给领导写了一篇会议报告，但是领导不太满意，为了鼓励他，领导可以指出对方一个小缺点，但把他的整体大大抬上去，起到赞扬的作用。可以说："你这篇文章写得不错，抓住了主要问题，但是如果把结尾改一下就更好了，如果结尾如此……一改，整个文章的风格就大不相同了。"这样说总比单纯地批评要好得多。

（3）以面带点赞扬法：即表扬一个面，点在其中，顺带把一个点也抬起来了。比如小林是××名牌大学毕业的，通过赞扬××名牌大学所有的毕业生，小林身在其中自然就被赞扬了，这样显得很真诚。可以说："小林，我接触了一些××名牌大学毕业的人，我发现××名牌大学毕业出来的人就是跟其他高校毕业出来的人不同，他们的共同特征是创新非常强，思维非常活跃，具有冒险、甘于吃苦的精神。"

企业就像一个大舞台，员工就是活跃在这个舞台上的演员，每天都在上演着一幕幕令人感动的好戏，可总有人抱怨这世上让人感动的事情越来越少。但只要我们静下心来想一想，你就会发现，其实感动无时不在，无处不有。口渴了，有人帮你倒杯水是感动；沮丧时，得到一句宽慰的话是感动；高兴时，有人与你分享快乐也是感动。

4. 与下属谈心的艺术

与员工谈心是最直接、最具亲和力的沟通方式。通过谈心，可以洞察员工心理的情绪波动，防患于未然。

谈心的形式多种多样。比如：微软公司给每个员工提供了一个免费网址，用于和公司内的任何人（包括最高层领导）进行沟通；美国英格拉姆公司的董事长专设了一部直拨电话，供公司1万多名员工直接同他联络、交流；美国联信公司的董事长除了每月给员工写一封两页纸的信以外，还要同员工举行好几次早餐会，目的也是通过谈心拉近彼此的距离。

为了使谈心达到应有的目的，首先要相信每个员工都是热爱企业的，即使他近来可能因为生活或是心情的问题而表现欠佳，也应该相信他是心存愧疚的。只有在这个基础上，谈心才能起到正面的交流作用。

（1）选择一个私人的空间。

人往往都愿意和朋友谈心，和上司谈心大多会感觉不自在。因此，尽量将这种非公务的谈心选择在较私人的时间，比如下班后或午休的时间，地点则应该尽量避开办公室，哪怕是在写字楼外的草坪或小公园。这样不会让人有工作交流的感觉，而纯粹是上司对下属个人的关爱。当人们置身于自然环境或轻松的环境中，也自然更容易交流。

（2）在真诚中充分了解员工。

由于生活环境、教育背景、年龄、心态、性格取向的不同，每个人都会有很大的心理差异。因此，对待不同的人就要采取不同的语言方式。而且与员工谈心并不一定要到东窗事发时再进行，而应该是一个不间断的长期行为。只有了解了才能理解，只有理解了才会支持。

面对一双充满真诚和信任的眼睛，谁也不会说出言不由衷的假话，至少为自己的言不由衷而难为情。员工的直接领导，如果总能以一个朋友式的目光面对员工，相信这种气氛一定会给这次谈话奠定一个很好的基础。此外，在日常的谈心中，应该直接说明你的意图，说明你找他谈心的具体原因。不要让员工感觉你对他这个人产生不满，让他感觉：为什么你只是盯着我，明摆着是对我不够信任。所以谈心无须多谈细节，更多的在于说明道理。

（3）学会专注地"倾听"。

管理者和与员工谈心要多倾听员工的心声，而非一味地表达和灌输自己的思想。在倾听中会有意想不到的收获，你会了解到员工心中的感受，以便在日后更好地处理和他的关系。有时员工甚至会在谈心中，不经意地说出对公司的看法和建议，这对你的日常管理会有所帮助。

古语说，"上士闭心，中士闭口，下士闭门。""闭心"是指没有先入为主的意念，"闭口"指不随意发表自己的看法，"闭门"则指消极逃避现实而不与人接触。显然，从激励来看，为发挥群体智慧，闭门绝对不可取，而作为管理者，注意到员工是根据你的行为来做出反应的，在倾听员工不同看法时，注意"闭心"与"闭口"十分重要。

（4）不要替员工下结论。

对于一些员工的私人问题，上司可以给员工提出建议和预见性的结果，甚至是讲述一些有根据的案例，但不要提及人名而只陈述事件，最后表明"这些只是个人意见"，供其参考。因为你不可以代替他人去思考，也不能代替他人去经历人生的每一个历程。

作为管理者，尤其是资深人士，可能会因为自己经验丰富而容易比较主观，甚至容易下真理性的结论。这就会给员工很大的压力，好像谈心也要领会老板的意图，然后去执行。此时，你需要试着进行一下换位思考，站在他的角度上去考虑问题。如果你一旦开始主观判断，员工就很难再与你敞开心扉的继续交谈下去了。这样谈心的效果只能是，你陶醉于一场无人喝彩的演说，却没有达到要倾听和了解的目的。换句话说，作为上司，你可以在谈话中引导员工进行积极的思考或判断，但你最好不告诉他你的判断，即使你有确定的结果。

（5）切忌将谈话内容公开。

两个人在非公务场合谈心，不免会透露出一些秘密和心声。但千万不要把心中的想法告诉第三者，不要辜负了员工的信任。如果被外人知道，以后再传到当事人耳中，他就会有被骗、被羞辱的感觉，进而质疑上司的人格。即使你觉得说出来无所谓的小事，处于弱势的员工也是比较敏感的。下属把心里的想法告诉你是对你的信任。

总之，管理者和员工之间的关系很微妙。管理者对员工的理解和亲近，将直接影响员工的情绪和遇到困难时的心情调试。他们既是上下级关系，又是接触较多的同事，还应该是朋友的关系。只有实现这种良好的氛围，才能凝聚出团队力量，实现高绩效。

五、有效激励员工的几种方法

俗话说：火车跑得快，全靠车头带；飞机飞得高，关键靠引擎。激励就像是引擎一样，给人以向前、向上的动力，每个人都喜欢被激励。为此，如何去激励，如何发挥激励的真正正能量的作用，是高效管理者必须要思考的问题。这里介绍几种常用且有效的激励方法。

1. 物质激励法——奖优罚劣，多劳多得

物质激励是最古老也是最直接的激励方法，是指运用物质的手段使被激励者得到物质上的满足，从而进一步调动其积极性、主动性和创造性，使员工更加努力生产、工作。物质激励有奖金、奖品等。物质激励是正向的激励方式，主要是针对员工都希望有更高的收入的心理，鼓励先进。管理者要潜心研究，建立一个有效而完善的奖金制度，构建合理的薪酬结构，鼓励员工多劳多得，尤其对于那些敢于创新，为企业做出重大杰出贡献的优秀人才和重大项目要重奖，论功行赏，鼓励员工多创新，只有创新才能成功。

正面奖励的同时，也要适当地运用负面激励，即对于那些违规者要实行适时的惩罚，以使被惩罚者得到物质上的损失和代价，从而帮助后进员工，取得"以罚代管"的效果。负面激励要讲究方式方法，把握时机，罚要罚得让人心服口服。这样，奖励与惩罚二者有机地结合，更能发挥出物质激励的

真正效果。

2. 竞争激励法——优胜劣汰，适者生存

心理学家实验表明，竞争可以增加一个人 50% 或更多的创造力。利用竞争机制，让每个人都有竞争意识，组织的活力就会永不衰退了。竞争能给人带来压力，但也带来无穷的动力。通过竞争激励，不断发掘员工内在的开发潜力，对于那些能力超群、才华横溢、职业生涯发展潜力巨大、对新事物敏感、喜欢迎接挑战的员工，采用竞争激励，他们就会脱颖而出，不仅能赢，还能赢得漂亮，永远走在最前面，为企业培养出了大批的优秀人才。

竞争激励方式很多，比如企业在员工之间开展各种形式的劳动竞赛，用"末位淘汰制"让员工时刻拥有危机感，依据年终业绩大小提供晋升机会，用能者上、庸者下的游戏规则，招募新员工，激励老员工扎根企业。

3. "鲶鱼激励法"——危机意识，增添活力

"鲶鱼激励法"是企业领导层通过危机意识，激发员工活力的有效措施之一。企业通过竞争机制，涌现出了一大批富有朝气、思维敏捷、积极进取的人才队伍，同时也给那些故步自封、因循守旧的缺乏灵活变通能力的员工制造适当的危机感，面对逆境和竞争的压力，如何唤起他们生存意识和竞争求胜之心，从而改变整个组织内惯有的惰性，"鲶鱼激励法"是值得借鉴的。这种方法是适当地引进"鲶鱼式"的人物来打破平静、沉闷的气氛，杜绝安逸，消除惰性，给员工制造危机的、有挑战性的环境，带动全盘竞争，激发员工斗志，淘汰不思进取者，为组织发展增添活力，使工作效率不高的员工有危机意识，改变现状，愈战愈勇。

4. 榜样激励法——言传身教，树立标杆

榜样的力量是无穷的，榜样是员工工作的参照系，为此管理者要善于发现和建立起科学的参照系，使人们的行为导向朝着积极向上的方向发展。虽然企业员工的性格千姿百态，但群体中每位成员都有学习性，都具备较强的模仿能力。所以，在他们视野范围内，将优秀的员工树立成一个可以效仿的榜样，冠以适当的荣誉、头衔和名号，让榜样做报告，宣讲自己的贡献，让其他员工向他们学习。在不断的模仿和学习过程中，潜移默化地引导他们主动改变自身不科学的工作方法，从而提高工作效率，提高执行力。同时，榜样激励法还在于各级领导干部，要以身作则，给员工树立一个好榜样，上行下效，会激励每一个员工。

5. 授权激励法——用人不疑，充满挑战

人都有实现自我价值的需求，要激发员工的潜能，为他们提供施展才华的机会，就要对他们充分授权、委以重任、放手使用，把工作中的一些难题交给他们处理，让员工有责任感地去工作，不断实现自我激励、自我提高，使之焕发出巨大的创造性。同时企业要积极采纳他们的意见，为员工独立承担的创造性工作提供所需的财力、物力及人力支持。这样的激励手法会使他们感觉到管理者是真正爱惜和重用自己，从而心甘情愿发挥最大的潜能，以努力和忠诚来回报这种信任，正可谓"士为知己者死"。

▌案　例▌

每个人都是一枚棋子

在华盛顿海顿电气公司总裁贝托的办公桌上，放着一盘象棋，工作之余，他常常和助手们下几盘。有时，下得入神时，会怠慢了前来洽谈业务的客商。不过，凡是和海顿公司打过交道的客商，都理解贝托这一习惯。在海顿公司，不但总裁贝托，几乎所有的管理者，办公桌上都放着一盘象棋。工作时间下棋，在海顿公司是唯一不受制度约束的休闲方式。而且公司选拔管理者的其中一条，就是象棋比赛成绩。

为什么一个正规的公司会提倡工作时间下象棋呢？总裁贝托自有高论：就是把每一个员工看作一枚棋子，让他们发挥应有的作用。

牛，脚力很慢，论长途奔波不如马，但在耕种上却优势于马。马，耐力不足，论耕种不如牛，但在长途奔波上远胜于牛。世上没有绝对无用的人，每个人都有其存在的价值。所谓知人善用，就是将员工像棋子一样，安放在合适的位置，让他们发挥最大的作用。

授权激励的前提是信任激励，信任员工是很好的"非金钱激励"。充分地信任员工，让员工增加自信，允许员工犯一些小错误，是调动员工积极性的有效手段，也是实现"用人不疑"，授权激励的基本方法。

下放权力，大胆授权，不是让管理者成为甩手掌柜，而是让员工充分参

第六面　激励镜子

与管理，创造宽松环境，自由发挥，大胆设想，让员工愿意为公司提建议，愿意为企业的发展出谋划策，让员工也成为制定战略计划的一员，行使主人翁的权力。这样，员工会对企业树立很强的责任心，有被器重的感觉，增强归宿感和凝聚力。

6. 愿景激励法——知行合一，实现价值

知识经济时代，要求员工素质日益提高，其自我实现意识也更加强烈，"民可使由之，不可使知之"的传统观念难以适应现代企业民族化进程的潮流。员工关注的不仅是"埋头苦干"，更关注"干"的目的、利益、前景，"有所求"是"有所为"的真正动力。帮助企业中的员工科学合理地规划未来的愿景，设计出符合他们独特个性和兴趣的职业发展计划，让员工清楚地看到自己的成长空间，必定会欢欣鼓舞、士气高涨。可以说实现愿景是激励员工的一剂良方，也是引进、留住和激活员工队伍中的领军群体，通过充分发挥其才能使其从中获得成就感、满足感和自我价值的实现的好办法。为实现愿景，管理者适时地对员工给予赞美或授予一些荣誉称号，适当地为员工提供培训、大脑充电的机会，这样一方面可以使他们对新事物保持敏锐的嗅觉，另一方面可以提升他们的内在价值，帮助他们在工作中建立自信，起到很好的激励作用。

企业愿景不是管理者突发奇想、强制员工去服从的"幻想"，愿景是人们在脑海中对未来的美好构建，是企业与员工共同缔造和追逐的"企业梦"。对于企业高层而言，它是企业的战略目标；对于员工个人而言，它是人生的美好蓝图。管理学家彼得·圣吉曾说过，愿景如果不是共同的，组织充其量只会产生"适应型的学习"，只有当人们致力于实现某种他们深深关切的事情时，才会产生"创造型的学习"。在追逐梦想的过程中，企业应充分尊重和保障员工的"话语权"，全方位、多渠道地征求并吸收员工思想，要在企业愿景中涵盖员工的个人发展目标，使企业和员工在发展理念、奋斗目标、职业规划等方面达成一致，形成默契，这样员工才会积极主动地为实现企业愿景而努力工作。此外，在实现企业目标的过程中，员工不仅要成为实践者、推动者，更应当成为受益者。企业应充分尊重并鼓励员工拥有自己的目标，并将员工的薪酬福利、职位晋升、教育培训等与企业发展紧密结合起来，搭建员工施展才华、提高能力、实现价值的舞台，以此实现企业愿景与员工个人目标的高度统一。

7. 情感激励法——动之以情，催人奋进

管理者应该善于把握员工的情感波动，在员工最需要帮助的时候，适时地帮助他们、尊重他们、关怀他们，在恰当的时候"攻心"，给予力量，并通过一些的具体事例来感化他们，让员工体会到上级的关爱和企业的温暖。明智的管理者应该善于"经营"员工的心灵，能够呵护、慰藉员工的心灵，动之以情，那么员工也会备受鼓舞，干劲倍增，来回报管理者的关心与支持，把企业营造成温暖的大家庭。比起金钱，有时情感激励更能打动人心，催人奋进。

8. 环境激励法——宽松和谐，提高效率

创造一个宽松、和谐的工作环境，塑造人本、合作的企业文化，良好的沟通和信息的充分分享，良好的制度、规章的公平环境，良好的办公环境、设备等都是环境激励的组成部分。这样的环境等于给员工一个很好的成长空间，可以影响员工的情绪，像是吃了一颗"定心丸"，减少逆反，减少摩擦，减少怨气，使员工相信企业光明的前途，看到自身良好的发展机会，可以促使他们充分发挥工作积极性，在潜移默化中展现内在能力和聪明才智，事业有成，从而提高工作效率。

9. 目标激励法——共同目标，步调一致

明确、合理的目标能够激发人的潜能，从而创造更高效的业绩。目标激励也是企业最常用的激励方法。

每个人都会为自己制定目标，但是这些目标虽有激励效果但完全属于个人行为，它们的制定基于人们自己的兴趣和爱好。然而，绩效管理是站在企业的立场上进行的，所制定的绩效目标一般与员工个人的兴趣爱好缺少关联。于是问题就出现了，基于公司立场的目标对员工能产生有效激励吗？或许有人会说，达成目标员工可以获得一笔奖金，或是成绩好了可以获得提拔的机会等。但这些都属于外在激励，和目标激励作用的理论基础是不相符的，目标的激励应当是内生激励。在这里，理论和现实发生了矛盾。

目标落实到个人，明确的责任更利于激励，定目标时把握"稍做努力即可实现"的原则，确立企业合理目标，让员工充满希望，制定目标要结合实际，做到具体而清晰，制定能够体现员工意愿的企业共同目标，注重目标可操作性，规划出实施步骤。

尤其当目标是自己认可或制定的时候，目标激励的作用更加明显。所以，制定目标应遵循一个基本原则：目标应当是上级和下级共同制定的，或者说

至少是经过充分沟通的。企业各级领导者不能简单地依靠行政命令强迫下属去工作，而应运用激励理论，引导职工自己制定工作目标，自觉采取措施达成目标，自动进行自我评价。目标管理最大的特征是通过激发员工的潜能，提高员工工作效率，以促进企业总体目标的实现。

曾有相关组织对 100 位员工就"什么样的公司最为理想"进行过调查，结果超过 90% 的员工回答："目标明确的公司才是好公司。"也就是说，把做事的目的告诉员工，让员工知道自己从事的工作是公司整体目标中不可缺少的一部分，是个人职业成长中相辅相成的一部分，是个人义务履行与社会责任担当的一部分，这样才会激发出员工的工作热情。然而现实中一些企业在制定目标时常常出现这样那样的问题，最典型的是：有总体目标，缺乏具体目标；有整体发展目标，缺乏阶段重点目标；有企业宏大目标，缺乏个人成长目标。这就需要目标顶层设计与目标基层设计相结合，复合目标结构与重点目标保障相结合，以最大限度发挥目标激励的作用。

10. 股权期权激励——利益分享，风险共担

股权期权，让员工与企业成为"利益共同体"，让管理者与企业成为"成长共同体"，让企业与社会成为"责任共同体"。股权期权激励，成败在于细节，动力在于权利，关键在于公平，机制在于对称。企业股权期权激励机制是最重要的一个管理杠杆，包括管理层的激励和执行层的激励，特别对管理层 CEO 的股权期权激励，对企业发展至关重要。

激励是一种领导的艺术。激励的方式是多种多样的，"人无完人，金无足赤"，"尺有所短，寸有所长"，员工的性格也是千姿百态的，那么针对不同性格和层次的员工使用不同的激励方法也是非常有必要的。

镜 鉴 感 悟

强调人本管理，刚柔并济，使激励更为有效。金钱激励不是万能的，卓越的管理者要善于利用非物质激励，实现物质激励、精神激励、理想激励的统一。

第七面　授权镜子

恰当授权与控权，事半功倍

镜中焦点：

一、授权要找对人

二、授权要用人所长

三、让合适的人站在合适的位置上

四、信任是前提

五、不要把所有问题都自己扛

六、控权的艺术

七、明确授权程序

高效的管理者不仅是控权高手，更是授权高手。

——管理专家　彼特·史坦普

内 涵 解 析

一、授权的概念

何谓授权？是指在一个组织中，管理者根据工作需要，将某些权限委派给员工和下属，使员工和下属在完成任务的过程中有相当的自主权和行动权，以达到组织目标的领导方法与艺术。授权是管理者的重要任务之一，是一个组织提高工作效率和效能的重要途径，是上级信任下属、调动下属积极性、促进团队成长的有效秘诀。

【揽镜自检】

作为一名管理者，你不妨在忙碌之余，花上几分钟时间自我评估一下是否需要授权：

1. 你是忙碌的管理者吗？
2. 你在忙什么事情？
3. 你忙的工作有价值吗？
4. 你为什么总是忙不完？
5. 你什么事都要亲力亲为吗？
6. 你的下属总是事无巨细地向你汇报工作吗？
7. 你整天花大力气处理的都是日常琐碎的事吗？
8. 你整天处理的都是重复性的例行工作吗？
9. 你是否事务缠身，经常加班？
10. 你是否没有更多的时间和精力处理重要的事情？

如果测试结果以"是"居多，说明你的工作急需授权。

二、授权的重要性

1. 授权可提高组织管理绩效

所谓管理，就是通过别人来完成组织目标的过程，管理的最终目标是提高经营绩效。而作为组织的管理者，除了自身要做很多事情，同时还要带领团队完成组织目标，精力有限，无法全面顾及。为了减轻自己的工作负担和提高做事情的效率，减轻管理者的压力，有些事情就可以委托给其他人去做，即授予其他人某些权力，这样才能提高绩效。

■ 案 例 ■

王勇应该怎么办?

王勇4年前创办了一家自己的服装公司，公司创立初期，加上王勇本人公司仅有7个人。经过几年的打拼，如今公司已发展到拥有100多名员工，年产值达400多万元。

公司创办初期，由于人员少，经营简单，公司大大小小的事情都由王勇一人做主，哪怕是他到外地出差，公司遇到事情也只能搁置，等他回来再处理。

近一年来，随着企业规模和盈利能力的不断变化，王勇的工作压力越来越大。原来他自认为骄傲的事情是他可以叫得出所有员工的名字，可是随着员工的增加，他不仅叫不上员工的名字，而且大量的日常事务占用了他大量的时间，耗费了大量的精力，很少有时间坐下来想一想公司今后的发展大计，部门主管遇到棘手的问题来找他商量，他也感觉到有点力不从心，不像从前那样得心应手了。高管纷纷跳槽到别的公司，公司经营遇到了问题。

虽然说管理者或领导者的权力是有限的，但权力不管大小，都具有很大的弹性，运用之妙，在于自身。管理者除了具备过硬的专业知识和技能外，还必须掌握科学的运权艺术，擅长分解权力即授权，从而实现自己的"分身之术"。管理者不是超人，精力都是有限的。公司里的事情千头万绪，如果试图自己去做所有的事情，即使把自己累死也做不完。庖丁解牛，游刃有余，是因其精于解剖学，同理，管理者也应精于授权之道，合理授权。通过授权，可以减少瓶颈，省却许多琐碎的、重复性的工作，能够有更多的时间和精力去抓大事，处理重要的事，掌控全局。

2. 授权可锻炼下属，提高下属能力，调动下属积极性

管理者不是完人，也有自己不擅长的领域，不熟悉的方面。所以，必须要合理授权，通过授权可以锻炼下属，给下属一个独立自主的空间，使其具有独当一面的工作能力，激励下属，人尽其才，增加下属的自信心和成就感，还能调动下属的积极性、激发他们工作的使命感，增强下属才干，从而提高管理效率，实现企业发展目标。也许下面这位管理者的一番话更加说明授权对提升下属能力的重要性：

"刚到设计部门任部门经理，我对下属所做的一切都不甚满意，每天为了给他们交代清楚他们要干的事，都要花费我很多时间，结果他们还是干不好。由于对下属的能力存有疑虑，工作中无论什么事情我都要过问，都要经手去做，有时还得我自己来收拾残局，搞得我很烦。但有一天我突然想明白了：如果我老是对下属不放心，总是过多插手，下属就永远也干不好，我就永远也别想腾出时间来。因此，我将部门业务进行分类，除了必须由自己完成的，其他全委派给下属，尽管开始他们干得没有我出色，但通过放手让他们干，我发现通过一段时间的锻炼，加上他们自己的努力，还是能够很出色完成交办给他们的任务，而他们自身也得到了锻炼和培养，我也能够从他们的工作中发现真正得力的助手。"

可见，有效的授权就是将组织的管理从"如何做事"到"让人做事"的转变，这既能让员工承担责任，又可以人尽其才；既可以减少资源浪费，又可以提高绩效；既可以激励员工，又可以锻炼员工，让其有成就感。所以，授权是企业管理中的重要组成部分，是各级领导要掌握和学习的管理技巧。

三、管理者不能有效授权的原因分析

随着经济的日益发展，授权对企业的管理者来说无疑是一个具有诸多好处的事情，但迄今为止，仍有大多数企业的管理者没能做到真正意义上的授权。究其原因，既有内部因素，也有外部因素；既有传统管理思想的影响，也有个人综合素质不高的问题，归纳起来，管理者在工作中不能有效授权的原因有以下几个方面：

1. 管理者对下属不信任

对下属的能力存有疑虑，老觉得下属的各方面能力还没有完全达到要求，过分强调个人能力，总担心授权后怕下属不具备自由运用权力和正确决策的能力，担心他们干不好，反而给自己增添麻烦。管理的经验告诉我们：虽然说有效授权的前提条件是下属要有"一定的能力"，这个"一定的能力"并非是100%的能力，只要下属达到八成就要给他们锻炼的机会。所以信任下属是管理者充分有效授权的基础。

2. 事必躬亲，不会授权

恰当的授权可以促进工作进步，如果不懂得授权，反而会影响工作。

案　例

事必躬亲的车间主任

余某是某公司车间主任，大学本科学历，专业对口，技术熟练，工作态度端正，尽职尽责，管理上也有自己的想法和思路，上级领导和其他部门的人都认为这个车间的工作还可以。可是，这个车间有员工若干名，90%的人员都对这个车间主任不满意，对他有一肚子的意见，不能接受也不认可这位车间主任的做法，致使整个车间工作受到影响。主要的原因就是他的管理方法有问题：虽然这位主任吃苦耐劳，任劳任怨，但车间里不管大事小事，他是事无巨细、事必躬亲，凡事都要亲自过问，亲自处理，搞得下属无所适从，不知怎么干好，不知怎么做对，最后产生抵触情绪，形成领导干、员工看的局面。

这是一个典型的不会授权的管理者。像这样的管理者在企业当中还有很多，他们受传统观念的影响，总认为别人不如自己，唯恐下属把事情弄砸了，所以不管大事小事，全都插手，整天忙得是不亦乐乎，可成效并不明显，有时甚至还遭到下属的反对。因此，一个企业或一个组织，要想提高效率，做大做强，管理者必须学会授权。

3. 管理者对下属有所顾忌

中国有句俗语：教会徒弟，饿死师傅。授权以后，下属会独当一面，能力方面会有大幅度提升，这时管理者就担心下属成长会对自己的地位构成威胁，是对自己职业生涯的挑战。

案 例

助理来帮忙

王凯是上海某知名电子公司的市场总监，几年来，为公司的发展立下了汗马功劳，也被下属尊称为是公司元老级的人物。随着公司业务的逐渐发展，王凯的工作量也越来越大。为了减轻他的工作强度，公司老总给王凯配备了一名"海归"小赵作为他的总监助理。起初，小赵只是帮助王凯做一些简单的行政事务，熟悉了工作流程以后，小赵提出能否让他参与一些诸如重要客户谈判之类的重要工作，王凯心里就开始犯嘀咕了，他担心："如果让小赵接触重要工作，如果有一天他做得很出色，超过了我，那我的位置岂不是受到威胁？算了，还是让他少接触重要工作，干好现在的日常行政事务吧。"

像王凯这样的高级管理者为了自己的职位不受到威胁而不肯放权的事例，在当今公司企业中普遍存在。这样下去，势必影响管理者的工作效率。

4. 管理者怕麻烦

有的下属因为能力有限，悟性较低，干起工作来反应比较慢，管理者在向其交代工作时要花费一些时间。于是有的管理者就认为："与其花半个小时向下属讲解、示范，让他们做，既费时间又做不好，我还得收拾残局，还不如我自己熟门熟路，花上十分钟就全做好了。"确实，管理者是可以做很多事情，也比下属能做好很多事情，但是管理者不可能把所有事情都自己包办。如果能够教会下属，给他们锻炼的机会，你会发现，其实下属也可以做得很好，可能在某些方面比管理者做得更好。所以要充分相信别人的能力。

5. 管理者担心授权后对下属失控

管理者授权以后，担心由于信息不对称，下属没能完全理解被授权后应要达到的工作目标，下属会拿着权力做错事，错误决策，造成权力失控，以至于对整个组织都会带来经济损失。这方面的案例也很多，管理者应吸取教训。为了避免这种事情的发生，管理者应该做到：第一，事前控制，即充分说明强调授权的目的、意义和要达到的目标，让下属清楚为什么做，不清楚就不能轻易授权；第二，权力一经授出，必须及时与下属沟通，及时发现问题及时解决。如果没有跟踪和反馈，权力很有可能失控，最后搞得管理者很被动，被下属牵着鼻子走，这是管理者不愿意看到的。

6. 不愿意授权

有些管理者是典型的权力主义者，喜欢控制一切，不接受异己，不愿意授权，不喜欢下属超越自己。

7. 组织的内外环境阻碍了管理者授权

比如组织内部管理涣散，团队执行力不强；员工不能自动自发、不求上进、缺乏主人翁意识和创造性；官本位现象严重；缺少正能量的激励机制；组织内部机构臃肿，上下沟通受阻，缺乏反馈机制等，这些管理上的不到位都制约了管理者授权的积极性。只有当组织内外条件具备，授权的功效才能发挥作用。

上述管理者不能有效授权的原因，在很大程度上是管理者没有真正理解授权是什么。授权不是弃权，也不是弃而不管，不是授权以后管理者完全不参与，大撒把，也不是完全由下属来参与。授权是将完成任务所需要的权力、资源分派给下属，再辅以适时的监督、检查、控制和支持。

可见，有效授权给企业和管理者带来的好处是不言而喻的，不能有效授权给企业和管理者带来的弊病也是众所周知的。据中国人力资源开发网对近50家各种类型企业的中高层管理者的调查表明，在企业中高层管理中，大家都意识到授权是非常必要的，但对本企业授权管理感到满意或基本满意的不到20%，其余均为不满意或非常不满意。这一数字说明，企业管理中的授权还没有真正发挥它的作用，企业管理者还没有真正做到有效授权。

四、授权的原则

授权艺术的内涵就在于：做什么？让谁做？怎么做得更好？在充分考虑这三个因素的基础上，有效的授权可以遵循以下原则：

1. 适度授权的原则

即上级给下属授权，要依据预期要达到的目标和完成指定的任务，以被授权人能调动完成工作所需的人、财、物等资源为合理限度，授予一定的、充分的权力，使下属在工作中能解决实质性问题，即权与事要相当，授权要适度，同时针对不同的环境和条件，从实际出发授予不同的权力。相反，下属权力过大或权力太小，都将导致授权失败。

2. 权责明确的原则

我们提倡管理者要善于授权，给下属一个尽情发展的空间，让下属人尽其才，但这并不意味着随意授权，对授权的人就完全不予干涉。其实高效的管理者既会授权，又善于在授权的同时向下属传递责任的意识，有权就要有责任，权责对等。拥有了权力，就要承担责任，拥有了空间，就要尽情地去施展！授权要以责任为前提，授权的同时要明确其职责范围、完成标准和权力范围，使被授权人明确自己只能在其职权范围内行使权力，不能越位，也不能缺位。

3. 内容明晰原则

授权时明确告知授权的原因、意义、授权的内容、任务、可能遇到的困难和要达到的目标，避免被授权人只是单纯地接受任务，并没有提升对授权工作的重视程度，从而在执行中可能会出现执行不到位的现象。

4. 监督控制的原则

授权时要想确保权力得到恰当使用，就要求上下级之间的信息要保持畅通。一方面使下级可以通畅地获得用以决策权限的信息；另一方面，掌握授权的权限和时间，可随时监测权限使用情况，一旦发生问题，可立即做出反应。问题解决后，权力即行收回。监督控制不是干预下属的日常行动。

镜 中 焦 点

一、授权要找对人

适人适权，知人善用。管理者在准备授权时，首先就要确定给谁授权，给什么样的下属授权。授权时管理者应选择适当的授权人选，即把权力授予那些最接近做出目标决策和执行的能人。一般来说，选择被授权人时应着重考虑以下特征：

（1）德才兼备，对企业忠诚的下属；

（2）执行力强，善于接受新事物，勇于开拓创新的下属；

（3）工作认真负责，敢于承担责任、具有工作的胜任力的人；

（4）沟通、协调能力强，有良好人际关系、有一定的感召力的人；

（5）被授权人态度积极，愿意接受授权的人。

找到了合适的人选，就要知人善用。所谓知人善用，就是善于了解、认识人的品德和才能，分别加以合理地使用，授之以权，委以重任，明确地告知他有什么样的权力、要做什么和在什么时间达到怎样的结果，至于被授权人采取什么样的方法由他自己去决定，给他完全的自由，这才是真正的授权。只有权与人相匹配，授权才能充分有效，这样才能激发被授权人的工作热情。

案　例

龙永图选秘书

原中国对外贸易经济合作部副部长龙永图在中国入世谈判时曾选过一位秘书。当龙永图选定该人当秘书时，全场哗然，因为这个人根本不适合当秘书。在众人眼中，秘书都是勤勤恳恳、少言少语的，做事谨慎，对领导体贴入微。但是龙永图选的秘书，处事完全不一样。他是一个大大咧咧的人，从来不会照顾人。每次他和龙永图出国，都是龙永图到他房间里提示他，到点了，该走了。对于日程安排，也经常搞错。但为什么会选他当秘书呢？因为龙永图是在其谈判最困难的时候选他当秘书的。当时由于谈判的压力大，龙永图的脾气也很大，有时候和外国人拍桌子，回来以后一句话也不说。每次龙永图回到房间后，其他人都不愿自讨没趣到他房间里来。唯有那位秘书，每次不敲门就大大咧咧走进来，坐到龙永图的房间就跷起二郎腿，说他今天听到什么了，还说龙永图某句话讲得不一定对，等等，而且他从来不叫龙永图为龙部长，都是"老龙"，或者是"永图"。他还经常出一些馊主意，被龙永图骂得一塌糊涂，但他最大

的优点就是经得起骂。无论怎么骂，他几分钟以后又回来了："哎呀，永图，你刚才那个说法不太对……"

这位秘书是个学者型的人物，他对很多事情不敏感，人家对他的批评他也不敏感，但是他是世贸专家，所以在龙永图脾气非常暴躁的情况下，在龙永图当时难以听到不同声音的情况下，有那

位禁骂的秘书对龙永图就显得分外重要了。

世贸谈判成功以后，龙永图的脾气好多了，这样的秘书已不再适合龙永图的"胃口"，于是龙永图很快把他送走了。这里，读者可不要误解龙永图是个过河拆桥之人。因为一个人在某个特定的历史背景、某个特定的历史时期，他做某件事情适合，但是换一个时间，他可能就不适合了。

管理的任务简单地说，就是找到合适的人，摆在合适的地方做一件事，然后鼓励他们用自己的创意完成手上的工作。

一个好的管理者不一定是业务能力最强的人，但他一定是个懂得惜才、用才的人。"天下大事，必作于细；天下难事，必成于易"。毛泽东曾指出："领导者的责任，归结起来，主要是出主意、用干部两件事。"如何想好思路、出好主意、用好干部是所有管理工作的重中之重。从一定意义上讲，关键在用人。只有选好人，才能放开手。用好一个人等于树立了一面旗帜，可以鼓励更多的员工奋发进取；用错一个人则会挫伤许多员工的积极性和事业心。

二、授权要用人所长

电影《天下无贼》中有一句台词："二十一世纪最稀缺的是什么？人才！"现在各行各业都在高呼："人才是企业真正的财富"，就连小偷行业也不例外，这当然是电影中的幽默，但也道出了社会现实。对于企业而言，人才就是舵手，没有人才的企业无疑就是无舵之船，寸步难行。授权先要重视人才，用人所长。对一个企业或部门来说，人力资源总是有限的，充分发挥每个人的长处和才智，是时代的要求。每个人都有自己的长处，作为管理者，对待下属不能求全责备，而应扬长避短，为下属发挥自身长处创造条件。

—— 案 例 ——

刘邦用人

楚汉争霸时期，刘邦手下有三员大将：韩信、萧何、张良，对于他们刘邦可谓做到了人尽其才，用其所长。在长期的征战实践中，刘邦发现韩信的确是将才，用兵打仗，无人能比；而萧何心思缜密，行为非常谨慎小心；张良则足智多谋，称得上是一位运筹帷幄的谋

第七面　授权镜子

士。于是，在以后的征战中，刘邦果断地将用兵之权交给了韩信；把粮草等后备物资的筹划、运输交给了萧何，来保障前线士兵的供给；而张良则理所当然地成了帐下一位重要的谋士。

对于下属，即使他的毛病很多，也要先看到他的长处，这样才能充分利用其才干。同时，只有充分尊重人才、知道人才价值的管理者才会给下属一片尽情发展的空间。

古人云："不谋全局者，不足以谋一域；不谋万世者，不足以谋一时。"一个管理者要胸有全局，抓好大事，决不能眉毛胡子一把抓，忙得不可开交，却事倍功半，得不偿失。同时还要善于"弹钢琴"，不能唱"独角戏"，跳"单人舞"，必须在选好人的基础上，放手让下属参与各项经营管理工作。这样，你就会过得很惬意，既不是忙得团团转的"小媳妇"，也不是上蹿下跳忙得不可开交的"消防队长"。授权是大势所趋，是明智之举。管理者的任务就在于知人善任，提供企业一个平衡、密合、高效的工作组织。

三、让合适的人站在合适的位置上

寓言故事

骆驼的烦恼

动物园里，小骆驼问骆驼妈妈："为什么我们的睫毛那么长？"妈妈说："当风沙来的时候，长长的睫毛可以让我们在风暴中都能看得到方向。"小骆驼又问妈妈："为什么我们的背那么驼，丑死了！"妈妈说："这个叫驼峰，可以帮我们储存大量的水和养分，让我们能在沙漠里耐受十几天的无水无食条件。"小骆驼又问妈妈："为什么我们的脚掌那么厚？"妈妈说："那可以让我们重重的身子不至于陷在软软的沙子里，便于长途跋涉啊。"小骆驼高兴坏了："哦，原来我们这么有用啊！可是妈妈，为什么我们还在动物园里，不去沙漠远足呢？""这……"骆驼妈妈无言以对。

毋庸置疑，每个人的潜能都是无限的，问题的关键在于找到一个能充分发挥潜能的舞台。好的管理者就是能为每一个员工提供这个合适的舞台的人，我们需要细心观察，找到每一个员工的特长，并尽可能地为他们提供适合他们发展的舞台。

　　"虎落平阳被犬欺，龙游浅滩遭虾戏"，不是因为龙虎无能，而是因为环境对它们不合适。合适的人做合适的事就是根据每个人个性心理特征的不同，安排与之相适应的事情。让合适的人做合适的事就是工作效率，就是绩效管理。管理者要坚决克服在用人问题上的论资排辈、以人画线、任人唯亲，以及搞小团体、小圈子等错误行为。

　　我们不妨学习一下汉文帝的用人艺术，他认为：选人要博、用人要明、待人要宽、听人要诚、居上要谦。选人要博是指在人才选用上提倡"博选"的观点，强调甄选人才必须范围广博；用人要明是指在使用人才过程中，不是简单地要求知人善任，而是在知人善任的基础上，更为追求用人的明智。综合全局力量，权衡各种关系和利弊得失，以选择最为满意的用人方略；待人要宽是指，为对下属直言冒犯的宽容和对下属错误的谅解。人非圣贤，孰能无过，管理者没有宽厚仁慈的胸怀，没有容人之量，就不可能用好人才；听人要诚是指做人要有自知之明。下属会犯错误，管理者自己同样会犯错误。管理者在用人中真心听取他人意见，善于纳谏，而且是诚心纳谏。要经常与下属沟通，善于倾听和采纳下属意见，博采众议，以弥补自己可能存在的缺陷，提升自身的形象魅力和人格魅力，从而为下属所认同和信服；居上要谦是指在管理过程中，存在着管理者与下属之间的差别，引发上下矛盾。企业管理者在处理上下级关系时，能够韬光养晦，谦恭温和，时时处下，事事居后，从而把众多人才吸引到自己的周围，共同致力于企业发展。

　　上君尽人之智，中君尽人之力，下君尽己之能。

　　人是企业当中最最宝贵的资源。内蒙古草原兴发集团总裁张振武有一段精彩的比喻："企业经营是一台戏，老总是导演，人才是主角。这台戏叫不叫座儿，就看你咋用人才。"只有用好人才，让每个人的才能都发挥出来，整个舞台才会精彩。

四、信任是前提

　　授权，信任是前提，"知人"而后"善任"。一般的管理者不放心把权力委托给下属，主要是出于"别人谁也不会像我自己做得这么好"的思想，或者是惧怕下属滥用权力，实质就是不信任自己的下属。一个管理者要敢于授权，善于授权，就要信任下属。管理学中一种说法叫"用人不疑，疑人不用"，说的是作为管理者要充分相信你的下属，放心大胆地把重要的工作交给下属并相信他们能办好。因为信任就如同一种催化剂，它可以促使被授权者内心产生强大的动力，并激发他们的灵感，从而更好地完成工作任务。相反，如果不被信任，下属自己就会没有信心，感觉自己不被领导重视，从而会产生烦躁、抵触甚至做出与工作目标背道而驰的事情来，大大降低了授权的作用。这就好比一个老司机去陪新手练车，如果你总是不信任他，总担心他开不好，总是责怪他油门给不好，刹车踩不好，从而不给他上路的机会，他怎么能开好车呢？没有信任，不能授权，就不能成长；缺乏信任，则授权失败。

所谓信任主要体现在：

第一，授权后，管理者不要过多干涉、阻碍、包办和代替下属，鼓励下属放开手脚，在授权范围内大胆工作、独立地处理问题，使他们有职有权，创造性地做好工作。有时管理者总想插手干预，放手不放心，总在告诉下属在工作中应该怎么做，这样做既影响了下属的工作积极性，同时也使被授权者失去对上级的信赖感，而没有责任感，以至于出现滥用所授的权力，达不到授权的目的。

第二，对下属持宽容态度，做好下属出现错误的思想准备，要让下属完全按照管理者自己的意图来完成工作是不大可能的，下属犯错误实际上是对他们的一种历练，允许下属有一定的失误，对于管理者而言，要做的就是帮助其总结经验教训，改进工作。

第三，"既授之则安之"，遇到困难和问题不要大惊小怪，小题大做，有如惊弓之鸟，而要泰然处之。当然如果下属出现的问题太大，需要削弱或者完全收回授出的权力，管理者必须削弱或收回权力，这与用人不疑并不冲突。

案　例

"城市"的旋风

本田公司第三任社长久米在"城市"系列车开发中充分显现了对下属的授权和信任原则。"城市"开发小组的成员大多是20多岁的年轻人，有些董事担心地说："都交给这帮年轻人，没问题吧?""会不会弄出稀奇古怪的车来呢?"但久米对此根本不予理会，年轻的技术人员则平静地对董事们说："开这车的不是你们，而是我们这一代人。"

结果，年轻的技术员们开发出了新型的"城市"车，车身高挑，打破了原来汽车必须呈流线型的"常规"。很多董事认为这车型太丑了，没有市场前景。久米不去听那些思想僵化的董事们在说些什么，而是充分相信年轻人。果然，"城市"一上市，很快就在年轻人中风靡一时。本田公司正是根据每个人的长处充分授权，并大胆使用年轻人，培养他们强烈的工作使命感，从而造就了本田公司辉煌的业绩。

如果管理者想让下属为你"排忧解难"的话，不妨充分信任你的下属，大胆授权给他们吧!

五、不要把所有问题都自己扛

案 例

聪明的小男孩

有一个聪明的男孩，妈妈带着他到杂货店去买东西，老板看到这个可爱的小孩，就打开一罐糖果，要小男孩自己拿一把糖果，但是这个男孩却没有任何动作。几次邀请之后，老板亲自抓了一大把糖果放进他的口袋中。回到家中，母亲很好奇地问小男孩，为什么没有自己去抓糖果而要老板抓?小男孩回答："因为我的手比较小呀!而老板的手比较大，所以他拿的一定比我拿的多很多!"

管理者有时不一定要亲力亲为，假借他人之手，也许会有更好的效果。

一个管理者要做到"有为"，首先要学会"无为"，要能在"无为"中实现"有为"。一个企业、一个部门的工作千头万绪，作为管理者如果不能处理好"有为"与"无为"的关系，就很难真正做到有所作为。"无为"是管理者运权的最高境界。

| 案 例 |

轻松的艾森豪威尔

第二次世界大战结束后，盟军司令艾森豪威尔出任哥伦比亚大学校长。上任伊始，了解学院基本情况必不可少，副校长安排他听有关部门的汇报，每天见两三位，每位谈半个小时，只会见各学院的院长及相关学科的带头人。

在听了十几个人的汇报后，艾森豪威尔把副校长找来，不耐烦地问他总共要听多少人的汇报，回答说共有63位。艾森豪威尔大惊："我的上帝，太多了！先生，你知道我从前做盟军总司令的时候，那是有史以来最庞大的一支军队，而我只需接见三位直接指挥的将军，他们的手下我完全不用过问。想不到，做大学校长竟要接见63位主要负责人，太令人吃惊了。况且他们汇报的绝大部分我又听不懂，可又不能不细心地听他们说，这实在是糟蹋了他们宝贵的时间，对学校也没有什么好处。你的那张日程表，是不是可以取消了呢？"

艾森豪威尔后来当选美国总统。一次，他正打高尔夫球，白宫送来了急件要他批示，总统助理事先拟好了"赞成"与"否定"两个批示，只待他挑一个签名即可。谁知艾森豪威尔一时又不能决定是赞成还是反对，便在两个批示后各签了个名，说道："请狄克（即副总统尼克松）帮我挑一个吧。"然后，若无其事地打球去了。

艾森豪威尔大胆放权的行为告诉我们：不放权，事必躬亲的领导往往吃力不讨好。

现代企业发展到一定规模，管理者一般有两种活法：一种是忙着"活"，就是动脑筋，想大事，努力给企业或部门创造继续发展的环境；一种是忙着"死"，老是对别人不放心，像个巨大的陀螺，事无巨细必躬亲，就算你有再好的体能，也架不住这么卖劲地折腾。聪明的管理者，在能把握全局的前提下，选对人，用对人，适当授权，你就可以闲庭信步了。

诸葛亮可谓是一代英才，其超人的智慧和勇气为后人所传颂。然而他事事亲为，夙兴夜寐，凡事必亲揽焉。就连对手司马懿都评价其说："孔明食少事繁，其能久乎！"果不其然，诸葛亮终因操劳过度年仅54岁就"星坠五丈原"了。相比曹操享年66岁，刘备63岁，孙权71岁，诸葛亮真的是英年早逝，他为蜀汉"鞠躬尽瘁，死而后已"，留给后人诸多感慨。试想，如果诸葛亮将众多琐碎之事合理授权于下属处理，而只专心致力于军机大事、治国方略，"运筹帷幄，决胜千里"，又岂能劳累而亡？

从另一个角度看，授权也是为了更好地掌权。某些拥有权力的管理者经常会有这样的认识：如果我把权力授予下属的话，那我自己所能掌控的权力岂不是大大减少了？从表面上看确实如此，实则不然。想想看，你掌权的目的是什么？不就是为了把你管理的公司或部门的事务做好吗？同样，你授权的目的是什么？不也是为了把公司或部门的事情做好吗？如果授权更能够把事务做好，而你还能更稳固地掌权，何乐而不为呢？所以说，授权也是为掌权，两者殊途同归。只要你注意与下属保持沟通与协调，采用"关键会议制度"等有效方法进行监控。只要你的掌控措施有力，失控的概率其实很小。

| 案 例 |

王珪鉴才

在一次宴会上，唐太宗对王珪说："你善于鉴别人才，尤其善于评论。你不妨从房玄龄等人开始，都一一做些评论，评一下他们的优缺点，同时和他们互相比较一下，你在哪些方面比他们优秀？"

王珪回答说："孜孜不倦地办公，一心为国操劳，凡所知道的事没有不尽心尽力去做，在这方面我比不上房玄龄。常常留心于向皇上直言建议，认为皇上能力德行比不上尧舜很丢面子，这方面我比不上魏征。文武全才，既可以在外带兵打仗做将军，又可以进入朝廷搞管理担任宰相，在这方面，我比不上李靖。向皇上报告国家公务，详细明了，宣布皇上的命令或者转达下属官员的汇报，能坚持做到公平公正，在这方面我不如温彦博。处理繁重的事务，解决难题，办事井井有条，这方面我也比不上戴胄。至于批评贪官污吏，表扬清正廉署，疾恶如仇，好善喜乐，这方面比起其他几位能人来说，我也有一日之长。"唐太宗非常赞同他的话，而大臣们也认为王珪完全道出了他们的心声，都说这些评论是正确的。

从王珪的评论可以看出唐太宗的团队中，每个人各有所长；但更重要的是唐太宗能将这些人依其专长运用到最适当的职位，使其能够发挥自己所长，进而让整个国家繁荣强盛。

未来企业的兴旺，部门的发展，是不可能只依靠一种固定组织的形态而运作，必须视企业经营管理的需要而有不同的团队。所以，每一个管理者必须学会如何组织团队，如何掌握及管理团队。企业组织领导应以每个员工的专长为思考点，安排适当的位置，并依照员工的优缺点，做机动性调整，让团队发挥最大的效能。

六、控权的艺术

授权就像放风筝，部属能力弱了就要收一收，部属能力强了就要放一放。授权不是不加监控的授权，在授权的同时应辅以有效的控制措施，才能使授权发挥更好的作用。中国历朝历代的统治者都有对边疆守将又爱又恨的无奈——边疆守将，远离政治中心，信息沟通太慢，必须授权，但权授出去又很难掌控。千百年来，这个问题一直困扰着历代君王，因此也就有了安禄山、吴三桂等封疆大吏的叛乱。直到今天，对于企业的管理者来说这也是个不可回避的问题，管理者经常有不安全感，因此也就不愿意向下属授权，不想交出自己手中的权力。为改变这一状况，管理者在向下属授权的同时，必须懂得控权的战术，如果光会授权不会控权，授出的权力就会犹如脱缰的野马，很难轻易收回来。同时，失控的权力还有可能造成一些不良的后果。那么，管理者怎样在实际工作中控制好权力，防止下属功高盖主呢？

1. 拆分权力，成果共享

把一个人的工作拆分成几块，由三四个人共同来做。由于工作分到了几个人身上，在管理者看来，每个人的成功都只是一小部分而已，成果共享，所有领取金牌的途径都在管理者手上，于是管理者的功劳很难被人超越。

2. 宽严相济，适度授权

管理者授予下属的权力的大小、多少要与被授权者的能力、与所要处理的事务相适应，授权不能过宽或过窄。如果授权过宽，权力就会失控，导致下属的权力泛化，使管理者无端地被"架空"，等于弃权；如果授权过窄，则不能充分调动下属的积极性，下属还得时时请示汇报，管理者仍不能从繁杂的事务中解放出来，达不到授权的目的。

3. 未雨绸缪，防患未然

管理者在权力下放之前，针对施权的对象，"亡羊"之前先"补牢"，采取超前的策略，掌握主动，积极稳妥布控。即管理者在进行任务分派时就先明确控制机制，确定进度日期，定期汇报工作的进展情况和遇到的困难，并通过定期抽查，以确保下属没有滥用权力。治人而不治于人，加强对权力运行效果的评估，以便防患于未然。当然，控制不能过度，过度就等于剥夺了下属的权力，结果会适得其反。

4. 影响力控制，随时收回

管理者借助自己的影响力来影响和左右下属权力行为的方法。这是管理者控制权力的主要方法。它可以限制权力的滥用，抑制权力的负向作用，保证权力的正向作用。管理者要想提高权力的影响力，就必须创造出突出的业绩，取得下属的信任与支持，以及制造一系列规章制度来体现自己的权力影响力。授权就像打篮球一样，教练要根据每位球员的特点安排其打合适的位置，球员也应明确每个位置的职责，尽力把自己的才能发挥到极致。同时，在比赛过程中，教练还要根据球员在场上的表现，及时叫停、换人，不断提醒场上球员应该怎么做，要注意的事项等，做到对全场比赛的掌控，这样，比赛才能够精彩，球员才能打出好球并取得好成绩。

总之，聪明的、高效的管理者千万不要忘记自己的职责，充分发挥组织成员的潜能，调动全体成员的积极性和创造性，齐心协力完成工作目标。管理者要善于决策，善于用人，善于授权。正确的授权要坚持"三要三不要"原则，即要授权给直接下属，不要越级授权；要决策引领、监察督导，不要事必躬亲、事事干预；要随时了解工作进度，不要"以授代管"大撒把。一个聪明的管理者，是要"用精神统领人"、"用思路指导人"、"用制度约束人"、"用满足需要激励人"。也就是说，成功地管理不需要管理者事事亲为，而是通过适当授权，让下属跑起来，从而实现既定的目标。你应该努力成为员工的精神和依靠，而不要成为永不停歇，忙得团团转的"小媳妇"。

七、明确授权程序

授权是管理者提高绩效的必要手段，是管理者要学习和掌握的艺术。如何授权、授什么权则是一项复杂的综合性管理工作。授权的程序一般可分为以下五个步骤（如图 7 - 1）：

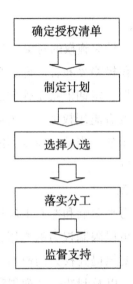

图 7 - 1　授权的程序

1. 第一步：确定授权清单

　　管理者的权力和工作是多种多样的，并不是所有的权力都可以授予下属的。不同的权力对应不同的授权内容和授权对象，什么工作可以授权、什么工作不可以授权是有规定的。所以，授权时管理者首先必须要明确授权清单。根据工作常规性和风险程度，可以把工作分成四大类（如图 7 - 2 所示）。

高风险 常规琐碎	高风险 非常规
低风险 常规琐碎	低风险 非常规

图 7 - 2　工作风险分类

　　（1）不能授权的工作：

　　各个层级的管理者都有一些工作是不能授权给下属的。对于高层管理者来说，那些关乎企业整体性、未来性发展的工作，风险性高、涉及面广、影响性大、非常规的工作，比如"高风险、非常规"象限的工作。一旦失误会造成代价巨大的工作，是禁止授权给下属的，只能由管理者本人亲力亲为。比如：组织战略规划的批准权、公司整体目标分解权、组织机构设置及变更的决定权、关键部门负责人的人事任免权、工作绩效的评估权、政策制定权、重大财务的开支权等就属于禁止授权的范围。

（2）可以授权的工作：

公司例行规定的日常行政事务、生活后勤事务、还有一些简单的、必须要做的程序性的工作，几乎所有的下属都可以胜任。管理者很容易向下属交代清楚，并将这些工作交由下属去完成，以节省更多的时间和精力去做更加重要的工作。所以，比如"低风险、常规琐碎"象限的工作，这类工作一定要授权。

属于非日常事务性的工作，但对下属来说具有一定的挑战性，几乎没有什么风险，即使出现差错，也没有太大的危害，比如"低风险、非常规"象限的工作。对这些工作，可以授权，管理者应该交由下属去完成，但因为下属碰到非常规性质工作的机会比较少，不一定具备处理该问题的技能，所以需要进行培训和辅导，为他们提供一些必要的帮助。

一些专业性、技术性较强的工作，虽然属于常规性的工作，但具有一定的风险、难度和挑战性，比如"高风险、常规琐碎"象限的工作。对这类工作，管理者可以将其授权给那些具有相应专业胜任能力、心理素质好的下属来完成，哪怕自己懂得这种专业和技术，也要向下属授权，这样做的目的，一方面可以让员工发挥个人专长，充分利用员工的才华；另一方面也给予了员工个人特定的发展机会，而管理者在其中应负责监督、检查和控制的责任。

（3）明确授权的清单就是要让受权者明白：

要做什么：受权者任务的内容、结构，该任务在整个计划中起着什么样的关键作用，它有什么特征，达到什么样的结果，风险有多大、责任有多重、权力有多大。让受权者清楚地了解这种利害关系，有助于激励和规范他们的行为。

从哪里做起：完成计划的程序、流程是什么，完成工作目标所需的资金、技术、设备、人员、信息等资源有哪些，组织内部如何分工合理，双方的权利义务关系等，这样才能有条不紊，循序渐进，否则会无所适从。

为什么要这么做：让受权者明白完成该任务能给公司和个人带来什么好处，或者完不成任务公司会有什么样的损失，预期的成果会是怎样。这样既有助于增强动力，也方便管理者随时监督、检查和控制。

受权者只有在明白了要做什么、怎么做、自己能调动多少资源、享有什么样的权力、承担什么样的责任的情况下，才能决定是否接受授权，才能为完成授权任务制订出合理的计划。

【揽镜自检】

小刘在设计部工作已经一年多了，他思路开阔、有创意、但又不乏细致，工作能力很强，两个月前独立为公司设计了一套服装样本。现在，公司又有一个重要的项目要上，设计部经理授权给小刘，打算让他带领几个人独立去完成，并由小刘全权负责。

你认为设计部经理的安排合适吗？为什么？

2. 第二步：制订计划

即授权的目标、进度与成果评估方法。

（1）预先制定出授权工作的目标、进度及要求，这是对受权者工作的整体性规定。确定目标时要注意：目标要尽量清晰；目标要具有可衡量性；目标应具有挑战性；目标应具有可实现性；目标应具有时限性；目标要与组织的总体目标一致。目标一旦确定，不能随意更改，它既是对受权者的激励、约束，也是对管理者的约束，因为目标一旦确定，管理者就应根据目标要求向受权者提供协助和支持。

（2）目标评估可以本着公平、公正、公开、信息共享、责任分担（出现问题双方有责）的原则进行，评价目标时可以由下属自我评价，可以由主管人员评价，也可以委托专业人士或专业机构评价，不管由谁评价，预先都有明确规定，而且评价结果都是信息共享的。

3. 第三步：选择人选

选择合适的人授权，管理者就可以把日常事务授权出去，就可以有大量的时间来思考组织的战略、方针和目标，才可以专心于组织内部的沟通、协调、人才培养与选拔，使人尽其才，才尽其用。

管理者可以设计出一张选择人才的考虑因素表格（如表7－1），设计好了表格，确定了测评因素及评定等级，针对每个人的表现进行打分，再与每项工作对个人素质的要求一一对照，每个人才的优缺点就一目了然了。管理者只要有一张表格在手，就能知道什么工作可以授权给什么人，应该对此人进行什么培训等。这无疑大大方便了人才的选拔和培训。当然这只是举了一个例子，不同的企业、不同的项目、不同的工作在选择人才方面都有不同的要求，可以依据具体情况选择不同的要素和评定等级。

表7-1　选择人才应考虑的因素

因素　　　　强弱程度	极强	强	一般	较弱	非常弱
道德品质					
敬业精神					
创新观念					
团队精神					
领导才能					
反应能力					
身体状况					
谈吐应对					

　　选择合适的人选授权，关系到授权是否成功，因此，管理者在选人时避免陷入某些误区，真正做到知人善任，使真正有才能的人得到重用。那么，在选择人选时管理者要避开哪些误区呢？

　　（1）切忌任人唯亲：授权过程中的任人唯亲对管理者来说，是十分有害的，它的最终结果是管理者的权力被架空。为此，管理者在授权时尽量避免让无能力的亲属干预公司的决策；不能只听信关系亲密的人的信息，要善于听取多方面信息，尤其是下属对自己的反面意见；要格外注意下属的帮派关系。

　　（2）切忌学历至上：学历反映了一个人受教育的程度及相应的学识水平。但是它并不能反映一个人的能力。如果一味地看重学历，忽视能力，便会失去很多有能力、有敬业心、品质良好但学历偏低的实干家。当然，让管理者走出切忌学历之上的误区，并不是说将学历完全抛弃，只是不能只看重学历，要适度。

　　（3）切忌唯才是用：与上述学历至上一样，管理者在授权选人时也不能只考虑受权者的才能，而是综合考量一个人，比如此人的道德水平、价值观、对企业的忠诚度、人品如何、人际关系等。据美国商业协会的一项调查显示，美国投资者对中国雇员最满意的是什么？是个人能力和工作热情。最大的担忧是什么？是忠诚度和职业道德低下，他们随时可能跳槽；他们随时可能将公司的商业机密、专利技术泄漏出去。鉴于此，管理者在授权选人时，下属能力固然重要，但人格与品质更重要。能力可以培养，学历可以通过继续教育获得，但品行却难改变。

（4）切忌追求完美："人无完人，金无足赤"，授权选人时切忌追求完美的人才。比如有些管理者要求受权者既要有卓越的才能、高尚的品德，又要有高学历和高雅的气质，不得有半点缺憾。且不说这样完美的人找不到，即使能找到，他也不会是个甘居人下之人。因此，管理者选人，要有理性的眼光和客观的态度，不能过分苛求，要全面观察，而不能偏于一端。

4. 第四步：落实分工

找到合适的人选以后就要落实分工，将任务和相应的资源、权力分配给被授权者。具体工作如下：

（1）详述任务的背景、重要性及选择他的原因；

（2）签订授权书，告知工作范围、要求、工作进度、拥有的权力范围（包括财权、人权、事权等）、完成任务后的承诺；

在明确授权任务的同时，管理者要有具体的授权计划，其中包括书面形式的授权书、详细的授权计划、授权要达到的最终目标以及授权的总结，即每次授权后，管理者要让员工讨论本次授权过程的表现、在哪些方面得到了锻炼、还存在哪些不足，以便作为下次授权的参考。

之所以要有书面授权书，是因为口头授权弊大于利：一是授权内容多，口头传达重点不突出，下属也不能全部清晰的记住，内容模糊；二是考核、验收的标准难以准确量化，也就无法检查进度；三是口头授权向下传达时信号衰减、变形，容易导致偏离授权内容，另外由于每个人理解能力的差异，对授权任务可能会歪曲理解或理解有误，互相扯皮，从而影响授权效果。

解决这些弊病办法就是签订书面授权书。书面授权是指管理者以文字形式向下属授权和发布命令，其中对下属工作的职责范围、目标任务、组织情况、工作进度、考核标准等都有明确规定，有利于权责明确、监督检查。以下面一个授权书为例，我们可以和清晰地看到书面授权的优越性。

授 权 书

2014（总）第 _____ 号

_____单位/个人：

本人_____（身份证号码：_____），

系_____（与称呼的关系），本人因_____

原因不能亲自到_____办理，现授权_____先生/女士

（身份证号码：_____）办理本人在某处一切事宜（包含但

不限于_____等事宜），授权期限为一年（2014 年 1 月 1 日

至 2015 年 1 月 1 日）。其今后在此期限内的一切行为均为本人意愿之体现，本

人将承担全部责任，决无异议。若此授权有所更改，本人将有明确的书面说

明送达贵处，并按贵处要求签署有关更改文件。

固定资产申购、维修机报废申请单

促销活动经费申请单

灯箱广告制作申请单

促销品销售计划市场借款申请单

授权人签章：   被授权人签章：

身份证号码：   身份证号码：

日　　　期：   日　　　期：

在授权书中，明确了授权者与被授权者，明确了授权的具体任务，有利

于今后的督促、检查，可以使员工对要完成的任务了如指掌。

（3）商讨工作方法以及反馈、汇报的形式；

（4）明确上级所提供的支持和指导；

（5）通知与工作相关的各方，使受权者名正言顺，运用其权限去推进

工作。

5. 第五步：监督、控制与跟进

在授权后，还需要管理者进行一定的监督、控制与跟进，以保证被授权

者顺利完成任务。没有控制的授权不是授权，而是弃权；控制太多太严的授

权也不是授权，而是分派任务。所以授权离不开监督和控制，过头和不及都

会影响授权的正常进行。

监督控制的依据就是之前设定的任务和目标，可以通过定期检查和不定

期的突击检查进行监督与控制。相对于定期检查，不定期的突击检查更能得到真实的检查结果。因为下属没有准备，一切情况都是以本来面目呈现的。但突击检查也不是想什么时候检查就什么时候检查，想怎么检查就怎么检查的，它也需要符合一定的要求。比如，突击检查必须是在授权计划中设定的、而且是征得下属同意的，否则，让下属感觉到不合法也不被尊重；另外，突击检查也不能太频繁、太全面，过于全面既费时又费力，过于频繁又会影响下属工作，所以要有所侧重、有针对性，从而达到突击检查应有的效果，起到对授权工作进行更好的监督和控制的作用。

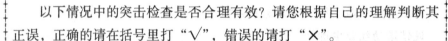

【揽镜自检】

以下情况中的突击检查是否合理有效？请您根据自己的理解判断其正误，正确的请在括号里打"√"，错误的请打"×"。

1. 下属每次汇报授权工作以来的工作状况都是形势一片大好，管理者对这种情况不太放心，需要突击检查一下。（　　）

2. 对下属实在太不放心了，每隔几天就想去突击检查一下。（　　）

3. 下属对突击检查已经十分反感，提出了抗议，但为了获得真实情况也顾不了那么多了。（　　）

4. 管理者对此次授权工作能否按时完成十分不放心，因此突击检查一下工作进度，给下属提个醒。（　　）

5. 授权时虽然说过对下属的工作完全放心，但思来想去还是觉得放心不下，还是去看看吧。（　　）

不知您答对了几个"是"与"否"，总之突击检查有利有弊，管理者应将定期检查与突击检查相结合，更好地实施对下属工作的监督与控制。

除了监督和控制，授权后的跟进也要到位。

授权不是任务的终结，而是任务的开始。授权以后，下属是否能按照授权者的要求去做事，是否偏离授权者的方向，是否按期达到规定的时限和要达到的目标，就需要授权者要适时跟进授权过程。通过跟进，了解真实情况，做到有效的决策；而作为被授权者，要按照授权任务书逐步落实的同时，也要定期向授权者反馈落实进度信息，做到让授权者真正的放心。

如何做到授权后的跟进到位呢？

（1）跟进时间要到位：医学上有个说法叫"及早发现，及早治疗，消除隐患，保证健康"，管理学也如此。授权者授权后跟进的时间越及时，发现的问题越早，就越容易解决。

（2）跟进重点要到位：授权时都制定授权任务书，任务书中都要规定工作的重点和难点。授权以后，授权者应对这些工作重点和难点，适时地与下属保持联系，及时沟通，掌握重点和难点的进度，有何问题，必要时从旁协助。如果下属对重点和难点完成得非常出色，管理者要适时地予以表扬和嘉奖。

（3）跟进态度要到位：对于跟进工作，管理者要有积极的态度。所谓积极的态度就是面对工作、问题、困难和挫折，从积极的方面去想，对任何事都有足够的控制能力，并积极采取行动，努力去做。管理者在大胆授权的同时，要信任下属，尽量放手让下属去干。当在执行过程中出现问题时，不要一味地责备，并把责任推给下属，而是积极地鼓励、支持下属，并全力以赴去解决问题，避免事态扩大。

（4）跟进的频率要到位：管理者要经常地问自己，今天你跟进了吗？管理者要想能够有效地获悉下属工作的状况和项目的执行情况，就必须对计划执行的过程要跟进、跟进、再跟进。只有多跟进、多检查，才能达到有效授权目的。

监督跟进的主要目的是防止滥用权力，杜绝以权谋私。滥用权力、以权谋私不但工作任务难以按计划完成，使企业蒙受损失，被授权者也会身败名裂，葬送大好前程。权力的滥用说穿了是个道德问题。所以，企业应有严格的制度规范加以约束。具体有：

（1）权力行使程序化：用程序的限制来规范权力的行使，防止滥用。比如，下属在行使权力时，对各种资源的调配和安排必须事先报知管理者，让管理者知道资源的投入量及使用方向，对内信息公开。

（2）科学制定权力滥用的惩罚措施：权力一经滥用，应严肃处理。采取教育与惩戒的双重手段，将权力的滥用限制在最小范围之内的。

（3）建立良好的企业文化：加强员工的价值观、职业道德、法制观念等方面的教育，让员工认识到滥用权力的危害，并形成自我约束、自觉遵守公司规章制度的行为。

高效管理的九面镜子

【揽镜自检】

请阅读下面的案例并回答问题。

年终岁末，公司上下一片繁忙的景象。市场部马主任案头有几项已经提到议事日程：其一是年末市场部一年的工作汇总、市场业绩数据的统计；其二是公司去年推向市场的新产品，营销一年后的市场销售状况调研；其三是明年初公司新产品上市的推广方案和企划书。马主任正在考虑把这三项工作授权给他的三个助手：老赵、张主管和小李。老赵资历深厚、经验丰富，在市场中摸爬滚打很多年了；张主管到市场部也有三四年了，也颇有经验；小李是刚分配来的大学生，初生牛犊不怕虎，很有潜质。

如果你是马主任，您打算如何向三位下属分配工作呢？为什么？

镜 鉴 感 悟

一个好的管理者不一定是业务能力最强的人，但他一定是个懂得惜才、用才的人。管理者的任务就在于知人善任，提供企业一个平衡、密合、高效的工作组织。

第八面　时间镜子

优化时间，向时间要效率

镜中焦点：

一、从现在开始，确立目标，制定计划

二、减少干扰，学会说"不"

三、集中精力做好一件事

四、时间管理就是行动管理

五、高效管理时间的技巧

六、实用的时间管理方法

明日复明日，明日何其多！日日待明日，万事成蹉跎。
世人皆被明日累，明日无穷老将至。

——中国明代书画家　文嘉

五百多年前，人类就开始制造钟表，将时间精确地掌控在钟表的表盘上。然而，随着高效时代的来临，时间对于我们又有了更深层次的含义，人们通过各种方法和手段在不断地赢取更多的时间，优化时间安排，充分利用时间，向时间要效率，开始了对时间的管理。

在你的工作和生活当中，是否有过这样的沮丧：

当你花了很大的力气爬上梯子，到达了最顶端，却发现梯子架的并不是你想上的那堵墙的时候，你是否会很生气？

当你制订了工作计划，心里知道有很多事情要去完成时，却突然莫名其妙地发现自己心情低落、精力疲惫，什么都不想做，于是，你只能对着一大堆事情唉声叹气？

当你做好一切准备要完成某项工作时，却有许多无关的电话和人员打断你，使你根本无法专注地做事，心烦意乱？

你是否同时在进行几件事情，但因为顾虑其他事情，而无法集中精力来做目前的事？

你是否老是觉得时间不够用，没有时间做运动或者休闲，整天都是精疲力尽？

上述这些沮丧，只要有两个回答为"是"，那说明你的时间管理是失败的，这些例子都给我们一个重要的启示，那就是：时间管理管的不仅仅是时间，而是我们自己，是对自己行为习惯的管理。通常我们说的管理者时间管理是否高效，一般是按照这样的标准进行衡量的：比如是否需要常常加班，是否有更多的时间留给家人和朋友，是否能够按时完成一项工作等等。

内 涵 解 析

时间管理是指通过事先规划并运用一定的技巧、方法与工具实现对时间的灵活掌握以及有效运用，从而优化时间、提高效率，实现个人或组织既定目标的过程，时间管理能力是高效管理者的基本素质之一。

若用一个字概括管理者工作的共同特点，那就是"忙"。毫无疑问，管理者所处的岗位和所担当的角色决定了他们工作的性质和状态，即职责范围广，会议多，应酬多，事项繁杂，突发事件多等，以至于他们总是很忙，忙得焦头烂额，忙得没有成效。

忙碌的管理者时常抱怨：对我来说不知道什么最重要，好像每件事情都很重要，为此，我不得不做每件事，以至于我非常忙碌，没有什么闲暇时间，身心疲惫，效率低下。也许，这些低效管理者应该暂时停下匆忙的脚步，审视一下自己的时间观念，审视一下自己的管理效率，寻找一条有效的途径，去实现人生的价值。

在现代管理学中，时间作为一种独特的、有限的资源，具有如下特征：

（1）规律性：每天 24 小时，周而复始；

（2）公平性：时间分配，人人平等；

（3）转瞬即逝：时光不能倒转，一去不复返，既不可逆转，不能停顿，也不能储存；

（4）无价性：时间是无价之宝，古人云：一寸光阴一寸金，寸金难买寸光阴。这其中的道理一目了然。

可见，珍惜时间就是珍惜生命。时间就是资本，时间是你最忠诚的朋友，只要你珍惜它，它就绝对不会辜负你；如果你不珍惜它，它会在不经意间溜走，生命也就走到了尽头。所以，珍惜时间，从现在开始。

一、时间管理的重要性

时间管理的重要性绝对不亚于战略、创新、领导力这些看似炫目的管理议题。管理学界的泰斗德鲁克说："时间是最珍贵的资源，如果我们不去管理时间，那么其他任何东西都没有必要加以管理了。"时间管理的水平高低，会决定你事业和生活的成败。

说起时间管理的重要性，很多人都会异口同声地说，它的意义在于让我们工作得更有效率，这的确是我们掌握时间管理的一大好处。然而，时间管理的本质并不仅仅在于此。因为就时间本身而言，每人每天所拥有的时间都是一样多的，据统计，每个人每星期有 168 个小时，其中 56 个小时在睡眠中度过，21 个小时在吃饭和休息中度过，剩下的 91 个小时则由你来决定做什么——平均每天 13 个小时。时间管理的根本就是如何善用和分配你的时间，即时间管理就是自我管理，即改变原有的浪费时间的习惯，能在同样的时间内，把事情快速又正确地做完，使自己更有效能，这应该是每个追求成功的人的必备素质。可见，如何抓住时间，管好时间，最大限度地发挥稀缺的时间资源，成为管理者的当务之急。具体对于一个管理者来说，时间管理的重要性主要体现在以下几方面：

1. 时间管理是成功的源泉

对管理者来说，时间就是金钱，时间就是效益。管理好时间是管理者成功的标志。

2. 时间管理是适应竞争的要求

21 世纪社会的竞争已经演变为时间的竞争。海尔首席执行官张瑞敏先生就曾经说过："当经市场竞争中，谁的创新能力强，谁拔得头筹，谁就取得了竞争的主动权。"时间管理的目的之一就是提高速度，赢得时间，所以它是竞争的需要。

3. 时间管理可以提升管理者能力

学习时间管理，就是使管理者能够科学地分配时间，更加善于节约时间，把时间用在最重要、最需要的地方，同时增加管理者的闲暇时间，劳逸结合，缓解压力，提高效率。

【揽镜自检】

请根据自己的实际情况，对下列每道题回答"是"、"否"，来测试一下你的时间管理能力。

1. 你认为当天的工作是否必须完成？
2. 你通常工作很长时间吗？
3. 你通常把工作带回家吗？
4. 你对每天的工作是否能分轻重缓急？
5. 你的东西是否放置很有条理，不用费太多时间去找？
6. 你做事是否一向准时？
7. 工作之余你是否会稍作休息、劳逸结合呢？
8. 你的案头是否有许多不重要的、长时间未处理的文件？

第八面 时间镜子

9. 你是否为自己制订时间计划，且总能坚持下去？

10. 当你遇到很多问题时，你会选择容易完成的，而放弃不重要的吗？

11. 你时常把工作拖到最后一刻，然后很辛苦地去做完它？

12. 你时常在做重要工作时被打断吗？

13. 你会尽量减少开会次数吗？

14. 你做任何事情都习惯于为自己设定时间限制吗？

15. 工作很忙时，你是否会有紧迫感？

16. 你经常反思和调整自己的时间管理的方法吗？

17. 你会花很多时间对自己的工作成果反复检查以确保万无一失吗？

18. 你宁可自己干也不愿意把工作授权给他人吗？

如果选"是"的数量大于 13 个，说明你是一个时间管理的高手；如果大于 8 个、少于 13 个，说明你的时间管理能力一般；如果低于 8 个，说明你的时间管理有问题。

二、时间管理不善的原因分析

时间的供给对于所有人来说在数量上都是相等的，是公平的；但管理者在利用时间的效率和效果上是大不相同的。具体原因有如下七个方面：

一是工作缺乏计划，抓不住关键和重点。

管理工作纷繁复杂，千头万绪。如果管理者在工作中条理不清，眉毛胡子一把抓，工作职责关系不明，或是自己交代不清，被动工作和生活，跟着感觉走，下属拖拖拉拉等，都会造成效率低下。

二是不会拒绝干扰，工作时间经常被打断，造成时间浪费。

有些管理者为满足同事、朋友或客户的请求，为获得他们的支持，有求必应，不会拒绝别人的干扰。使得自己的大量时间消耗在了别人的手里。

有一项关于国外学者对某跨国公司总部人员时间浪费的跟踪调查显示："管理人员每天平均每 8 分钟会被打扰一次，每次打扰用时大约是 5 分钟，每小时大约 7 次，每天大约 4 小时，也就是 50%。其中约 3 小时的打扰是没有意义或者极少有价值的。同时，人在被打扰后重回原来的思路至少需要 3~5 分钟时间，每天就是 2.5 小时。业务系统的管理人员平均每周花在会议上的时间不少于 10 小时；行政管理人员每周会议 20 小时。"

根据以上的统计数据，可以发现，每天因打扰而产生的时间损失约为5.5小时，如果每天按8小时工作时间计算，打扰的时间几乎占了工作时间的68.7%。

三是会议繁多而冗长，会议时间的利用效率有待于提高。

四是承担的太多，影响效率。

尽管你能力很强，可以承担更多的工作，但是不要做得太过头。做得太多，一味地满负荷运转，会造成很大的压力并且会降低工作效率。所以，不管你有多忙，即使成百上千的人等着你来领导，也别忘了有效授权，留点属于自己的时间，干点自己喜欢的事。

五是懒于记录，忘记时间。

好记性不如烂笔头。有时我们把一天的时间安排得很合理，但却因为临时的事情或偶然的电话打乱了全盘的计划。由于懒于记录，再想干事得从开始的思路捋起，浪费了时间。这时最好的办法是用一张便签在醒目的地方随时记录你的设想和计划，来提醒自己该做什么事情，做到什么程度了。

六是不会运用和有效发挥时间管理的方法和工具。

使用有效的时间管理工具可以帮助你更好地规划和利用时间，从而提高工作效率。如果你的时间管理工具太过复杂，反而耽误时间。所以，量力而行，尽量使用操作简单、适合自己的时间管理工具。

七是进取意识不强，习惯性拖拉。

自身不重视时间管理的重要性，认为时间管理没多大用，缺乏进取意识，安于现状。江山易改，习惯难移，习惯性拖拉造成时间的浪费，如因拖拉而使工作不能按时完成，因做事犹豫不决而拖拉等，缺乏时间的个人管理能力。

小贴士　时间是怎么浪费的？

1. 没有计划
2. 身不由己
3. 不会拒绝
4. 无效会议
5. 承担太多
6. 条理不清
7. 无效授权
8. 电话干扰
9. 不速之客
10. 经常救火
11. 不会运用方法
12. 拖查拖延
13. 职责不明
14. 沟通不畅
15. 安于现状
16. 缺乏个人管理

管理者应从上述原因着手，采用策略和方法有效管理时间。

镜 中 焦 点

一、从现在开始，确立目标，制定计划

我们在工作中经常会遇到各种各样的事情，有自己的事情、别人的事情，也有紧急的事情、重要的事情，还有闲杂的事情，遇到这些事情时我们该如何分配自己的时间，高效地完成这些工作呢？一个善于利用时间的人必然是善于对时间进行计划的人，他的工作、学习以及做各种事情的时间，都是经过周密安排的。一个做事没有计划的人，必然是一个浪费时间的人。

一般来说，做事没有计划可能有以下几种原因：一是没有意识到计划的重要性；二是进取心不足或者懒惰；三是做事的目标不明确；四是没有掌握制订计划的方法。这几种原因当中，前两者是主观原因，要加以克服，后两者，尤其是第四个是可以通过技能培训、学习掌握的。

制订时间计划的方法很多，这里介绍几种常用的方法。

1. 工作日志法

工作日志法是一种非常简单实用的日常管理时间的方法。管理者普遍感觉到，越是抓时间管理，越是发现时间不够，怎么办？采用工作日志法，即管理者养成记工作日志的习惯，把每天已完成或未完成的事情写入工作日志，并适时地进行检查追踪。这是一种有效的时间管理的好方法，每当你看到工作日志上的任务，一个一个完成以后，会在心里油然而生出一种成就感，可以使你保持良好的工作状态。

怎样填写工作日志呢？在填写工作之前，先把今天要完成的事情按轻重缓急的程度分类，比如有四件事要做，就把它们按重要程度分为A、B、C和D四类，A类事情是今天上午10点之前必须完成的、B类事情是今天上午必须完成的、C类事情是今天必须完成的、D类事情是两天之内必须完成的事情，等等，把它们填入表8-1中。

表 8 – 1 工作重要性分类表

应完成事情	A 类 （非常重要， 10 点之前 必须完成）	B 类 （上午必须 完成）	C 类 （今天必须 完成）	D （两天之内 必须完成）
事情 1				
事情 2				
事情 3				
事情 4				

把今天要做的事情分类以后，再将各类事情分类填入工作日志表 8 – 2中。工作日志是一张很简单的表格，横向表示"完成者"、"完成情况"、"未完成原因"、"备注"等内容，纵向是任务类别。填写的时候，首先列出今天要完成的工作，下班前可以检查一下今天工作的完成情况。完成的任务，你就打"√"；没有完成的或没做到的事情，要反思一下未完成的原因并写到表中，并备注表示可以改时间做，这样可以及时督促工作表的按时完成。工作日志做到日清日新，心中有数。

表 8 – 2 今日工作日志表

	完成者	完成情况	未完成原因	备注
A 类				
B 类				
C 类				
D 类				

管理者不仅自己记工作日志，加强自我管理，要保证管理工作的高效，也要让员工学会记工作日志，要指导部门人员应用日志来记录他们每天进行的工作。这也是建立一种能够加强企业或部门范围内的时间管理的企业文化的开始。紧接着就是对工作中的时间的花费情况进行评定和分析。随着这一过程的不断操作，使管理者和员工对项目的实际运作更为了解，能够很好地改进员工对时间的利用情况，发现问题，及时解决。

2. 要事第一法

"好钢用在刀刃上"，要把主要精力放在可以获得最大回报的事情上，而不是将时间花费在对成功无益或很少益处的事情上。人的生命都在倒计时，你永远无法知道什么时候是你的终点，有限的时间，无限的事情，怎么办？最好的办法就是分清事情的轻重缓急，抓重点，以最佳精力状态，第一时间集中处理第一优先的事。

那么什么是要事？如何找出最重要的事情？帕累托法则能够帮你解决这个问题。帕累托法则是由 19 世纪意大利经济学家帕累托提出的。其核心内容是生活中 80% 的结果几乎源于 20% 的活动，所以又称为"二八定律"。比如，企业 80% 的利润是那 20% 的客户带来了；商场 80% 的销售额来自于 20% 的产品；世界上 80% 的财富掌握在 20% 的人手中；世界上 80% 的人只分享了 20% 的财富；看报纸 80% 的时间花在 20% 的版面上，等等。因此，学习时间管理，提高时间的利用率，就要找出最重要的事情，要把时间花在最重要的 20% 的事情上，即我们每天用 80% 的时间和精力去处理 20% 最为重要的工作，仅使用 20% 的时间和精力去做那 80% 无关大局的琐事。掌握关键的工作、关键的人物、关键的活动，是高效管理者的基本策略和有效方法。没有重点就没有管理，管理者要经常问自己：假如今天只做一件事，它是什么？假如今天只做两件事，它是什么？假如今天只做三件事，它又是什么？

3. 做事顺序法

帕累托法则解决了优先做最重要的事情，但在实际工作中，管理者还经常碰到事情：有的事情重要但不紧迫，有的事情不重要却紧迫，存在着重要的事情和紧迫的事情的矛盾，那么，是先做重要的事情？还是先做紧迫的事情呢？我们要寻找一个正确的做事顺序。科维的"时间管理四象限法"可以帮助解决这二者的关系。

"时间管理四象限法"（如图 8－1 所示）说明：我们面临的工作任务有两个维度，重要性维度和紧急性维度，放在一个象限里面就形成如下四种情况，即：重要且紧急、重要不紧急、紧急不重要和不重要不紧急四类。当事情来临，先归类判断是属于哪一类，就知道要不要花时间或花多少时间是合适的。科维认为，最有助于个人发展的时间分配应该是：

一是重要且紧急（比如危机、救火、抢险、有期限压力的任务等）——必须立刻做。

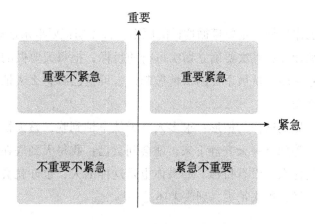

图 8 - 1　时间管理四象限法

二是紧急但不重要（比如某些电话、某些信件与报告、必要而不重要的问题等）——只有在优先考虑了重要的事情后，再来考虑这类事。人们常犯的毛病是把"紧急"当成优先原则。其实，许多看似很紧急的事，拖一拖，甚至不办，也无关大局。

三是重要但不紧急（比如学习、做计划、与人谈心、改进产能等）——只要是没有前一类事的压力，应该当成紧急的事去做，而不是拖延。

四是既不紧急也不重要（比如娱乐、消遣、烦琐的工作等事情）——有闲工夫再说。这样的时间分配难度的确不小，需要管理者有意识地训练和培养。

> **小贴士　做事顺序的常见错误**
>
> 一是做事没顺序；
>
> 二是先做感兴趣的事，后做不感兴趣的事；
>
> 三是先做需要做的事，后做不需要做的事；
>
> 四是先做熟悉的事，后做不熟悉的事；
>
> 五是先做简单的事，后做复杂的事；
>
> 六是先做喜欢的事，后做不喜欢的事；
>
> 七是先做关系密切的人交办的事，后做关系不密切的人交办的事；
>
> 八是先做能够看得见做事效益的事，后做没有效益的事。

第八面　时间镜子

　　合理的工作计划一定要遵循这样的原则：首先切记要事永远放在第一位，知道自己在忙什么；其次要确立切实可行的目标，把每天要做的事列一份清单，确定优先顺序，从最重要的事情做起，告诉自己我怎么去忙；最后是坚持每天都这么做。

　　我们经常见到这样的情形：很多人整天从早忙到晚，整天忙来忙去，没有时间思考，等到有一天安静下来，就会问自己：我每天到底在忙什么？我真正追求的是什么？没有目标。如果你也是这样的人，也许就会像下面的故事中的狐狸一样，忙来忙去，到头来还是一场空。

--------------------------| 寓言故事 |--------------------------

狐狸吃葡萄

　　有一只狐狸想溜进一个葡萄园里大吃一顿，但是栅栏的缝隙太小了，狐狸钻不进去。为了能进去，狐狸就狠狠心开始节食，三天后瘦下来了，它终于钻进去了。但是当它大吃一顿之后，却又出不来了，没办法，只好在里面又饿了三天，才钻出来。最后这只狐狸不无感慨地说："我这忙来忙去，到底是为了什么呢？"

　　研究显示，有90%的管理者不清楚自己在忙什么，没有目标，没有重点，眉毛胡子一把抓，目标也没有时间限制，今天想起来了做一点儿，明天有别的事又放下了，最终什么事都干不成，概括成三个字就是——忙、盲、茫。要知道明日复明日，万事成蹉跎。经常听到有些人说，平时工作太忙，根本没时间做计划。其实越不做计划的人越没有时间。时间只给那些合理安排工作的人。同时计划一经制订，在无意外发生或无正当理由的情况下，最好不要修改计划，因为重新修改已订立的计划，就是对时间的浪费。

　　另外合理的工作计划还需有正确完成计划的日程表，即将每一项工作的完成日期逐一列明，并做好工作记录，保证我们每天可以合理地安排自己的时间，准确无误地按照"要事第一"的原则做事情，提高工作效率，从而达到节约时间的目的。

有人这么形容：昨天是一张兑过注销的支票，明天是一张期票，今天是手上的现金。朋友你还在等什么呢？从现在开始去变成"我现在就去做"的那种人。

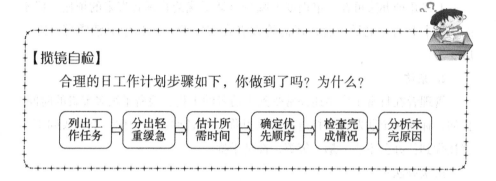

【揽镜自检】

合理的日工作计划步骤如下，你做到了吗？为什么？

列出工作任务 → 分出轻重缓急 → 估计所需时间 → 确定优先顺序 → 检查完成情况 → 分析未完原因

二、减少干扰，学会说"不"

很多管理者都感觉在工作中非常忙碌，老觉得时间不够用。针对这个问题，美国著名管理顾问机构——史玫特顾问公司曾做过一个调查，调查发现，企业管理者之所以经常感觉时间不够用，主要是在下列四个方面浪费太多：电话干扰、来访、开会、处理信件。

1. 电话干扰

在日常管理中，一个很棘手的问题就是管理者经常不可避免地受一些无用电话的干扰，成为别人的时间人质。这些电话通常都不像其他公务一样，能够集中处理，什么时候来电，根本不知道，导致许多正常的工作因接转电话而被打断。从心理学的角度来说，当我们在专心致志做一件事情或思考某一问题的时候，最好能够一气呵成，中途最好不要被打断，一旦中断，通常都要花很长的时间才能集中精力，恢复到原来的思路上来。前面我们已经列举了一项国外的统计数据显示，每天因干扰而产生的时间损失约为 5.5 小时（3 小时 +2.5 小时），这几乎占了一天工作时间的 68.7%。数字实在是太惊人了！

解决办法：

（1）采取电话预约的方式；

（2）选择一位能干的秘书，通过秘书过滤电话；同时授权给秘书，对于某些电话，直接由秘书自行处理，不必转接。如果非要由管理者亲自处理的，应简短扼要，尽量在2、3分钟之内把问题说清楚，不说与主题无关的事情；

（3）任何电话都要控制通话时间，有事说事，直奔主题，不能拿起电话说个没完没了。

上述几种办法可在一定程度上减少电话干扰给管理者带来的烦恼，但不能从根本上消除电话干扰，还需管理者在实际管理工作中灵活掌握，随机应变。

2. 来访

管理者在日常工作中还经常受到来访者的干扰，浪费了很多宝贵的时间。比如，你的一个朋友突然打电话要来见你，或者你正在工作，上司或同事突然让你到他办公室去一趟，等等，都是干扰。

解决办法：

（1）采取预约见面的方式，约好时间，必须准时开始并准时结束。

（2）对待上司、同事和下属的打扰，不能回避，要花点心思，聪明地采取一些小手段，让上司、同事和下属感觉到你不是拒人千里之外、不愿意合作的人，而是一个热心与人交往，愿意合作，又会给人留下好印象的管理者。

3. 开会

企业会议比较多，这是中国式企业管理的一大特色，尤其是那些规模比较大的企业，开会的次数尤其多。有些会议短则二三十分钟，多则三四个小时，如果每周开这么两次会议，将会浪费大量的时间。当然这里不是说开会不重要，实践证明，有些会议是讨论企业大政方针、讨论职工福利待遇等，是有意义的会议，是非开不可的；可有些会议分明就是没有意义的会议，会议组织者信口开河、无的放矢，大谈特谈与会议不着边际的内容，听者昏昏欲睡，说者唾沫四溅，整个就是一个冠冕堂皇、会而不议、议而不决、决而不行的会议，这是造成管理者浪费时间的第三个原因。

解决办法：

（1）缩短开会的时间，在开会质量上下功夫，提高效率；

（2）尽管会议是管理工作中必不可少的活动之一，但并不是所有的会议都是必要的。高效的管理者在现实工作中是这样处理的：可开可不开的会议尽量不开；可长可短的会议尽量短开；能够在网上传达的指令尽量不开会；

可大可小的会议尽量开小会，等等；

（3）不参加没有准备的会议，开会前必须有所准备，发言必须简短，内容必须充实，会议必须有结果，不能流于形式。

4. 处理信件

对于管理者来说，处理公私信件也是一件挺浪费时间的事情，因为"写信"不比"说话"，要字斟句酌，讲究文笔还得语言合适，一封书信完成也要耗费一定的时间，因此，也会对管理者的工作造成一定的干扰。

解决办法：

（1）能交给下属部门处理的信件，可直接交给下属部门去处理；

（2）能交给秘书去处理的信件，交给秘书处理，如果信件必须要由管理者自己回复的，可由秘书代笔，经整理后再签字发出；

（3）回信内容、语言尽可能简明扼要，必须回复的可以回复，不必回复的可以电话沟通一下，说明情况。

以上几项都可以为管理者节省很多时间，同时也避免了一些人为的、客观因素的干扰。

时间对于每个人来说都是有限的，虽然我们不能让时间停留，但我们可以通过各种有效的方法，在有限的时间里，抓住每一分每一秒，不懈地创造，这样就能节省很多时间，相当于使时间在这一时段获得了相对的延长。所以节约时间关键在于自己的掌控。管理者对于节约时间和避免外界干扰而浪费时间的问题，有很多可参考的技巧及可借鉴的经验，但关键还在于自己的主观努力，管理者个人要做到合理有效地支配自己的时间，要拒绝诱惑，要善于巧妙地拒绝别人，对外界的干扰，要学会说"不"。这里所说的外界的干扰是指凡是对已经确定的和正在进行的工作、计划、事情有影响的各种因素都称为干扰。作为管理者如何拒绝外界的干扰，以下技巧可供管理者参考：

第一，利用制度拒绝干扰。利用企业制度拒绝干扰是非常有效的方法和技巧，一般企业都建有各项规章制度，限定员工在工作时间里的行为，比如不许擅离岗位、不许闲谈聊天、不许随意接打电话等，这些规定都可以有效地限制外界的干扰。

第二，拒绝时不能拖泥带水。如果决定要拒绝干扰，就要态度明确，坚决果断，不能犹豫不决，思前想后。一旦态度暧昧，说话不明不白，对方就会感觉到你不好意思拒绝，他就会认为还有希望，就会没完没了，软磨硬泡，耽误了你大部分时间。

第三，拒绝时说话要坚持先肯定再否定。人们都爱听好听的，都愿意被赞扬，针对这种心理，管理者在拒绝别人时，可以先和颜悦色，赞扬有加，然后再说拒绝的话，这样更容易让人接受。可能的情况下，还可以站在对方的角度提出一些建设性的建议，让对方觉得既有人情味，同时拒绝你是不得已而为之。这样拒绝的效果会更好，否则就容易伤了和气。

第四，拒绝时要避免争吵。人与人之间关系和谐是最重要的，管理者在拒绝时，如果对方情绪比较激动，这时管理者千万要注意说话的语气和分寸。对于对方的抱怨和不满，管理者可以听而不闻，可以沉默不语，或者还可以暂时躲避，等对方情绪平静下来以后，再有理有据地说出拒绝的话，避免争吵的同时，还可处于主动地位。

第五，拒绝时要坚持"对事不对人"。"对人尊重、对事拒绝"这是管理者在拒绝外界干扰时必须遵循的原则。这一点我们应该向日本人学习，日本人在谈判时，每当要拒绝什么事的时候，态度通常是坚定果断的，从不拖泥带水，但在拒绝的同时，又不断地向对方鞠躬致歉，不断地说"对不起"，这就给对方一个感觉，就是他的拒绝完全是迫不得已，而且完全是对事的，对人丝毫没有不尊重的意思。这种既礼又兵的做法，让对方实在无话可说。

以上技巧仅供管理者参考，具体如何做，还要在实际工作中灵活加以运用。

三、集中精力做好一件事

我们现在可以做一项实验，假设你正在写一篇 5000 字的报告，现在给你一段独立的、完整的时间，在这段时间里除了这件事不会有任何别的事情打扰你，你也许只需要 5 个小时就可以完成，而且写出的报告非常精彩。但是现在换一种方式，同样给你 5 个小时的时间，但这 5 个小时不是独立的、完整的，而是分成 5 天，每天上午半小时，下午半小时，这么零散的，加起来一共 5 个小时，这样下来，估计你很可能一个星期都不能完成这份报告。这就是"时间块"原理。

"时间块"原理告诉我们：时间管理并非是抓住每一分钟，每一秒钟都在工作就是做好时间管理了，关键在于你是不是合理地安排和利用了你的时间，你的时间是零散的还是整块的，是集中的还是分散的。实验告诉我们，专心致志地做好一件事情，是节时增效的好窍门。人的精力是有限的，一心不可二用。要想提高效率，必须在某段时间内集中注意力，心平气和，沉着、有自控力，全身心地做好某一件事情，然后再想、再做别的事情。高效管理者的经验告诉我们，凡事只要专注必定能达到成功。要把一天的时间尽量合理地分成独立的完整的时间块，在每个时间块中都只专心的做一件事情，尽量不要被别的事情打扰，而且，尽量不要把同一件事情安排在若干个零散的时间中。这样做，我们才能获得最高的效率。

时间就是金钱，效率就是生命，对于管理者来说，昨天是过期的"支票"，明天是"期货"，而今天才是"现金"，只有牢牢地把握现实，在有限的时间内为企业创造尽可能多的价值，才是合格的管理者。要管好时间，除了上述路径之外，还要借助合理有效的管理工具，节约时间，完成目标。

善用时间管理的方法和工具，强化时间管理意识，了解时间管理的有关理论，将时间管理的原则、方法、技巧和工具（如 ABC 分类法、用耳朵读书、备忘录、工具书、电话、传真、电子邮件等）自觉运用于工作时间和个人时间的管理，进而培养高效的管理风格和良好的行为习惯。

四、时间管理就是行动管理

法国思想家伏尔泰曾出过一个意味深长的谜语："世界上哪样东西最长又是最短的，最快又是最慢的，最能分割又是最广大的，最容易被忽视又是最值得惋惜的？没有它，什么事情都做不成，它使一切的东西归于消灭，使一切伟大的东西生命不绝。"它是什么呢？它就是时间，就是最平凡而又最宝贵的时间。

管理者若想为自己搭建一个施展的平台，不能光说不练，站在岸上是永远学不会游泳的。有的人思想非常活跃，也想了不少这样那样的"计划"和"点子"，但是真正实施起来，却又是前怕狼、后怕虎。想创业时怕失败、想投资时怕赔钱、想发展时怕竞争、想应聘时怕老板、想在一个企业熬下去怕前景不佳、想跳槽时又怕得不偿失……种种心态，既浪费了光阴，又害了自己。

管理者之所以不行动，源于两个原因：一是缺乏目标，二是安于现状。这两种心态下，无论多么有才华也难以得到施展和发挥。时间管理就是行动管理，要激发行动，管理者可自问遵循以下六大步骤：

（1）管理者自问：我们要得到什么样的结果；

（2）管理者自问：达不到有什么样的痛苦；

（3）管理者自问：不行动有什么坏处（没有改变你的行为之前，不会改变你未来的结果）；

（4）管理者自问：假如马上行动，有什么好处；

（5）制定期限，马上行动；

（6）将行动计划告诉你的家人，朋友和领导，行动还需要一个好的环境，好制度让坏人变好，坏制度让好人变坏。

管理是行胜于言，心动不如行动。现实中，好的想法并不稀缺，稀缺的是将好的想法转变成为人们可接受的实践的能力。许多情况下人们不愿行动，问题在于觉得管理突破太玄太难，让人似乎有点无从下手。对此，可以引用老子的一段话，以作为解决之道，这就是："图难于其易，为大于其细。天下难事必作于易，天下大事必作于细。"这种"千里之行始于足下"的小步前进思想，可以解决企业管理行动中万事开头难的自我激励与投入启动问题。

巴尔扎克曾经说过："时间是人所拥有的全部财富，因为任何财富都是时间与行动化合之后的成果。"正是他把时间当作自己的全部财富、全部的资本，不肯虚掷一刻，才终于成为世界级的文学巨匠。

案 例

惜时如命的巴尔扎克

深夜 12 点钟，当巴黎的居民进入梦乡时，巴尔扎克紧紧地拉上窗帘，在桌上点起蜡烛，开始工作，并连续写作五六个小时。

凌晨时分，他稍停片刻，喝下浓浓的咖啡，振作一下精神，又继续写下去。

上午 8 点钟，他休息一会儿，洗个热水澡，然后处理日常事务，接待印刷商、出版商。9 点钟，他又坐回到工作室，修改文章校样，有时候大段大段地重写。这样，他一直工作到下午 5 点钟。

晚上 8 点钟，当别人去寻欢作乐的时候，他跳上床，睡上三四个小时，然后便开始新的工作。

对于巴尔扎克来说，没有什么东西能比时间珍贵。在 20 多年的创作生活中，巴尔扎克每天工作十五六个小时，以惊人的速度，一本接一本地写出了大量的优秀作品，其中如《幻灭》、《农民》、《贝姨》、《欧也妮·葛朗台》、《高老头》等，都是世界文学史上不朽的篇章。

可见，时间是成功者前进的阶梯。任何人想要成就一番事业，都不可能一蹴而就，必须踩着时间的阶梯一级一级地攀登，唯其如此，才可能成就一番事业，实现宏伟目标。

五、高效管理时间的技巧

我们知道，效率 = 效果（或效益）/付出的时间。很显然，在这个公式中，付出的时间与效率成反比，即消耗的时间越多，效率越低。因此，要想提高效率，就必须用相同的时间干更多的事或是用更少的时间干相同的事。

高效管理者之所以高效，就在于他们掌握了时间管理的技能，能合理地利用时间，善于用最少的时间和精力完成更多的事情。这里列举几个高效管理者充分利用时间的窍门：

1. 善于见缝插针，充分利用零碎时间，化整为零

俗话说："积少成多，集腋成裘。"高效管理者既是谋士又是盗贼，他们能从无关紧要的消闲活动中窃取时间，善于把零碎时间利用起来、积累起来，劳逸结合，大大提高了工作效率。比如乘车、坐地铁时，读份报纸或构思一下马上要做的事情，或闭目养神，放松一下，都是利用零碎时间的好办法。

随着时代的发展，管理者原有的知识和经验可能不再胜任管理工作的要求，就要不断学习，终身学习，与时俱进，在新形势新环境中不断增长才干。然而，管理者经常处于一种矛盾中：一方面要加强学习，不断提高管理能力，但另一方面时间欠缺，精力有限。"用耳朵读书"是平衡这种矛盾的有效方法。"用耳朵读书"就是利用别人的知识来丰富自身的学识，多听、多看、多问，借用别人的头脑和眼睛来拓展自己的心智和境界。

2. 采用自我封闭法，大大提高时间的利用率

自我封闭法就是管理者在一段时间内，把自己隔离开来，免除外界的一

切干扰，专心从事某项工作。法国著名侦探小说作家乔治·西默农在写作的时候，就把自己完全和外界隔绝开来，不接电话，不见来访的客人，不看报纸，不看来信。也许他的方式是常人难以理解和做到的，但就是因为这样做，他才能在一定的时间内完成常人花十倍时间也难以完成的任务。他之所以成为成功人士，不是因为他拥有比我们更高的天赋，而是因为他做事情比我们更加专注，更善于利用时间和管理时间。

3. 充分利用每天自己的生理、心理和智力的高峰期

在个人最佳状态下，选择最重要的事情做，以最佳的工作状态完成重要的工作，实际上，这从另一个角度看也是时间的增效，效率的提高。

4. 杜绝时间的浪费

时间是可以节约出来的，节约时间就等于提高效率，就等于创造了新时间。现实管理中，由于组织不健全，机构臃肿，人浮于事，加之信息的不对称及人员素质不高，人越多反而效率越低。这不仅浪费大家的时间，也是浪费管理者自己的时间。高效管理者善于从小处着眼，明确职责，理顺流程，堵住浪费时间的漏洞，取得最大的经济效益。

5. 善用数字化工具，提高效率

微软总裁比尔·盖茨介绍自己的工作时说，他的办公桌上，三台显示器一字排开：左边的屏幕显示电子邮件列表，中间的屏幕通常是他正在阅读或回复的电子邮件，右边的屏幕则用来浏览网页。这样，在工作的时候，他就能够随时察看是否有新邮件，如果有，可以一边阅读，一边打开电子邮件中的链接，浏览相关网页。对于每一份电子邮件，他的邮箱会按照内容和重要性的差异将它们一一分类、标记。这样，他一到办公室，就可以将主要精力放在做了标记的重要电子邮件上。出外参加会议，他都随身携带一台笔记本电脑，与办公室的电脑完全同步，可以随时获得需要的所有文件。

六、实用的时间管理方法

1. 方法一：黄金三问法

每位管理者在遇到具体事务时要问自己三个问题，即"黄金三问"：

此事价值是否大？真的很重要吗？

如果价值大，是否需要亲自做？或能否请别人代劳？

价值高又必须亲自做的事，如果不做是否会有重大影响？

管理工作是不可能做到十全十美的，管理者所要追求的是办事的效率和效果。古人说，有所不为才能有所为。这个"不为"，就是拒绝。正如汉语中的"舍得"一词，有舍才能有得。作为管理者如果一切都想做好，反而会什么都做不好，所以要学会说"不"，学会有选择的放弃，学会拒绝。当你被陀螺般旋转的日子搅得头晕目眩、忘记了自己是从哪里来、要到哪里去的时候，尝试一下取舍吧。一旦确定了哪些事情是重要的，对那些不重要的事情就应当说"不"。只要将重要性和价值高的工作始终作为重点就可以了。你就会发现，你以前不敢选择，是因为害怕增添烦恼。但是恰恰相反，取舍像一柄巨大的梳子，快速地理顺了杂乱无章的工作，使你有如"山重水复疑无路，柳暗花明又一村"的感觉。

2. 方法二：杜绝拖延法

拖延是行动的天敌，行动是拖延的克星。决定了的事情马上做，不要等待、拖延。你有多少时间完成工作，工作就会自动变成需要那么多时间；如果你有一整天的时间可以做某项工作，你就会花一天的时间去做它；而如果你只有一小时的时间可以做这项工作，你就会更迅速有效地在一小时内做完它。只有设定明确的时间期限，让压力和动力变成实现目标的驱动力，才会尽可能避免或减少拖延。只要是事情，哪怕是小事也要设定完成期限，否则事情会像橡皮筋一样被拉得很长，没完没了。这就是时间管理中的"帕金森法则"。

世界首富比尔·盖茨说，凡是将应该做的事拖延而不立刻去做，并想留待将来再做的人总是弱者。凡是有力量、有能耐的人，都会在对一件事情充满兴趣、充满热忱的时候，就立刻迎头去做。因为当你对一件事情充满浓厚兴趣的时候去做，与你在兴趣消失之后去做相比较，其难易程度是不能同日而语的。

要想成为成功的时间管理者，就应该竭力避免拖延的习惯，应该迅速行动，不管事情如何困难，立刻动手去做。

3. 方法三：区别对待法

对于各类工作的具体处理，管理者应当区别对待。一般原则是：

（1）对于重要且又紧急的突发事件，要管理者本人亲自、立刻处理；

（2）对于重要而不紧急的，则要管理者本人花更多的时间去进行战略规划；

（3）对于紧急而不重要的工作，要减少对其所花费的时间，也可以酌情委托给下属去处理；

（4）对于不紧急也不重要的工作则可以不去处理。

美国一家汽车公司总裁的做法值得我们借鉴，他要求秘书给他的呈递文件要放在各种颜色不同的公文夹中。红色代表特急；绿色要立即批阅；橙色代表是今天必须注意的文件；黄色的则表示必须在一周内批阅的文件；白色的表示周末时须批阅；黑色的则表示必须他签名的文件。

4. 方法四：合理授权法

人类社会发展到今天，任何一位管理者，都不可能独自完成本部门或是整个组织的所有工作。因此，授权于适当的人来决策和执行，是提高管理效率的必然要求。有人形象地说"不授权的管理者就是小偷"，是指不授权的管理者在浪费组织的人力资源，既"偷"下属的成就和成长空间，也"偷"了自己的私人时间和家庭时间。

合理地授权，会使管理者集中精力，排除干扰，从事务性工作中摆脱出来，可以有更多的时间用于思考和规划，需要集中时间不受干扰地处理一些重大事项，而不必事必躬亲。据说，比尔·盖茨每年会有几周时间处于完全的封闭状态，完全脱离日常事务的烦扰，思考有关公司、技术的最重要的问题。

5. 方法五：会议高效法

作为管理者，经常受邀到参加各种会议和各种仪式，经常会出席、参加甚至主持各种会议，因此，有很大一部分时间是花在会议上。低效且冗长的会议，是管理者在时间管理上面临的另一个头疼的问题。

解决这个难题的基本途径有两个：一是尽量减少开会的时间支出，管理者绝不能每请必到，把自己变成开会的机器；二是提高会议效率，做到准时开会，报告人要做充分准备，要说短话，开短会。注意"会议八不要"：不要开没有明确议题的会；不要开有很多议题的会；不要开没有准备的会；不要开可开可不开的会；不要无关的人参加；不要做离题的发言；不要做重复性的发言；不要议而不决。日本松下公司的会议管理闻名遐迩，其总裁松下幸之助倡导的"站着开会"值得仿效。站着开会，意味着长会变短会，也意味着会议不一定非在会议室里开，"坐而论道"不如躬身亲行。

6. 方法六：马上行动法

学游泳就得下水。许多事情，光说不做，是没有好处的。当我们明确了目标，制定了事情重要与否的先后顺序，并制定了行动计划，就要立即行动。如果不立即付诸行动，随着时间的流逝，再好的计划也被束之高阁，没有任何价值。在行动时，对做一件重要的事情，应该一鼓作气，中间尽量不要被其他事情打断。管理者在日常工作中常犯一个错误，认为事情没有做好没有关系，可以从头再来。事实上，返工既浪费了时间，也会造成成本的加大。同时停顿本身需要时间，重新工作时，还需要时间来调整情绪、思路和状态，也造成时间的浪费。所以一定要培养一种观念，要百分之百认真工作，力争第一次就把事情做好。

一位哲人曾说："拖延是机会的杀手。"拖延是造成工作绩效下降的重要原因。许多管理者对付一些一成不变的事情或者一些比较困难的工作，常常采用拖延的战术。这种做法可能逃避了一时的烦恼，但并非长久之计，简单的事情拖延不做，会变成难做的事情；难做的事情拖延不做，会变成根本完不成的事情。

时间管理的方法、技术，作为一种提醒与指引，有助于管理者高效地完成工作，实现组织目标。时间管理工具除了决定管理者该做哪些事情之外，更重要的是提醒管理者哪些事情不应该做。

镜 鉴 感 悟

时间对任何人都是公平的，是不以人类意志而转移和改变的，只有合理安排时间、运用时间，才有可能取得更高的工作效率。高效管理者之所以高效，就在于他们能掌握时间管理的技能，能合理地利用时间，善于用最少的时间和精力完成更多的事情。

第九面　执 行 镜 子

放弃任何借口，高效执行

镜中焦点：

一、建立严格的制度

二、打造合理的业务流程

三、管理者角色定位准确

四、提升管理能力

五、培养员工综合素质

六、建立健全各项机制

七、营造执行力文化

八、提高执行力需注意的问题

三流的点子加一流的执行力，永远比一流的点子加三流的执行力更好。

——软银集团创始人　孙正义

内 涵 解 析

执行力是 21 世纪企业管理的最热门的话题之一。执行力，就个人而言，是指完成任务的能力；对组织而言，则是指组织内部员工贯彻上级战略规划，将组织长期目标一步一步落到实处的能力。其强弱程度直接制约着组织经营目标能否顺利实现。

执行力是企业成功的一个必要条件，企业的成功离不开好的执行力，再周密的计划，如果没有好的执行力，也是水中月、镜中花。所以，当企业的战略方向已经或基本确定，这时候执行力就变得最为关键了。

一、企业执行力不强的原因分析

企业执行力是企业管理成败的关键。一个企业要"打造一流企业、出一流产品、创一流效益"，管理要解决的核心问题，就是在员工中打造一流的企业执行力。因为一个执行力强的企业，必然有一支高素质的员工队伍，而只有员工队伍素质高，企业才有成功的希望。相反，执行力差的企业，其显著特征是内耗严重，不仅消耗企业的大量人、财、物力，还会错过很多发展机会，使企业在如此竞争激烈的市场当中必遭淘汰。

说起企业执行力不强，大部分企业领导总把原因归结为是下属综合素质不高、工作没有激情、缺乏自动自发意识、工作没有责任心等。把造成执行力差的原因简单地归结为是员工单方面的责任，我们说这种判断是不准确的。其实，企业执行力不强只是一种现象，管理不善才是本质。因此造成企业管理不善的状况，全体人员都有责任，要客观地看待。具体来说企业执行力不强有如下几方面原因：

1. 企业的原因

（1）制度不合理。企业执行力不强，很大一部分原因是管理制度不合理。比如制度本身过于烦琐，制定制度时不结合本企业实际，盲目照搬照抄西方管理制度，缺乏针对性和可执行性，造成水土不服。制度要想得到有效执行，其本身必须要清晰、实用、结合实际，才能执行到位。

（2）机制有问题。奖罚不分明，做多做少一个样，员工不知道干好了有什么好处，知道干不好没什么坏处，让员工无法做到真正或持续的忠诚，从而造成人才流失，人员结构不稳定，团队士气低落，执行力缺乏，严重制约了企业的可持续发展。

（3）目标不明确。没有清晰而明确的目标，会使执行力大打折扣。因为如果目标不明确，标准不统一，在信息沟通不畅的情况下，会使员工很茫然，不知道干什么，不知道怎么干，不知道什么样的结果才是合格和满意的，干起来也不顺畅，只好靠惯性和自己的理解去做事，很显然一定程度上会导致与企业大政方针相脱节。

（4）渠道不畅通。渠道不畅通包括两方面含义，一方面是指从上到下的沟通，企业的管理层级分为高、中、基层，中层起着承上启下的作用，中层不但要充分领会上级的意图，还要将意图准确转化成具体实施细节和计划，并及时表述，传给基层，并付诸实施，全程监控，确保组织目标达成。当高层制定的政策触及中层的利益时，中层出于某种原因在向下传递信息时，可能会信息不全或偏离原来的信息，致使基层在执行时由于信息不对称导致执行力打折扣；另一方面是指从下往上的信息反馈，基层员工在执行过程中碰到的问题可能由于流程太复杂，没能及时向上反映，存在的问题得不到及时处理和解决，导致由于渠道不畅，员工干起来不顺畅，影响了执行力。

（5）文化不健全。企业执行力不强，还可能是企业缺乏一种能让员工形成合力、激发员工的积极性和创造性、产生凝聚的企业文化。优秀的企业文化是打造企业员工正能量价值观的摇篮，也是培养企业强大执行力的土壤，建设具有中国特色的优秀企业文化，是当前很多企业面临的一项紧迫任务。

2. 管理者的原因

（1）领导行为不端。孔子说："其身正，不令而行；其身不正，虽令不从"，是说领导者本身行为端正，即使不用发号施令，被领导者也会跟着行动；相反，如果领导者自身品行不端正，即使发号施令，被领导者也不会听从。上行下效，上梁不正下梁歪，如果领导者品行端正，人力资源就会发挥最大的执行力。

（2）缺乏领导技巧。采用命令式管理，说话生硬，没有人情味儿，简单粗暴，不能服众；不能准确表达自己的思想观点，布置工作拖泥带水，致使下属不明就里、如入云里雾中；不讲原则，拉帮结派、团队内部缺乏正气；不会培养人和用人，没有将合适的人安排做合适的事情，缺乏合适的人才。以上种种弊端，都会导致执行力下降。

（3）跟踪不能到位。即缺乏一抓到底的落实能力。经常听到有的领导说：领导就是高高在上、发号施令，靠文件落实文件，不管过程，只要结果。其实这是一个不正确的观点。在执行过程中如果领导不擅长"盯"，遇到问题不能跟踪到位，问题就会拖沓延长，执行力就会大打折扣。"盯"是什么？"盯"就是跟进、是检查、是确认、是监督、是责任、是过程控制、是结果把握，"盯"是执行力的灵魂。

（4）越级越权指挥。权力欲强，事无巨细，到处插手，不愿意授权；工作评价不公，言而无信；领导能力弱，事必躬亲，不会调动下属积极性；推诿扯皮、推卸责任、缺乏担当，只做"好人"，以上这些领导者的做法，都会导致下属失去工作热情，执行不力。

3. 个人的原因

（1）职责不清。部门、岗位职责不清，员工不知道干什么，不知该怎么干，无从完成本职工作。

（2）轻重不分。眉毛胡子一把抓，分不清关键任务和重点工作，搞不懂先后顺序和轻重缓急，无的放矢，执行效率发挥不出来。

（3）情商太低，想法太多，缺乏对企业的忠诚感；抱着打短工的想法，这山望着那山高；老觉得被放错位置了，对待遇不满意，没有得到重视，对上司以及工作环境失去信心等，都会使执行力出现问题。

4. 社会的原因

社会环境在一定程度上对企业和员工的思想和行为也有影响，进而影响执行力。改革开放三十多年来，我国人民的生活发生了翻天覆地的变化。从国家的层面看：我国成为世界上经济发展速度最快的国家，2013年经济增长速度7.7%，跃升至世界第一出口大国，外汇储备稳居世界第一；国民经济人均收入达到6000多美元，由低收入国家迈入中等收入国家行列；我国成为世界上经济总量排名第二的国家，仅次于美国；我国成为对世界经济增长贡献最大的国家。

但也要清醒地看到，改革发展走到今天，矛盾和困难也是前所未有。十八届三中召开的前三天，人民网财经频道进行了一项民意调查，征集当今老百姓最关心的热门话题和关键词，有25000人参加。统计结果如表9-1：

表9-1 百姓最关心的热门话题

1	收入差距	6899 票
2	物价上涨	3374 票
3	食品安全	3079 票
4	房产税	2327 票
5	空气污染	2218 票
6	看病难、看病贵	1865 票
7	户籍制度改革	1726 票
8	就业难	1692 票
9	营改增	681 票
10	延迟退休	544 票

概括起来，收入差距的问题、城乡差距的问题、腐败问题、道德失范问题、诚信缺失的问题、就业问题、环境污染问题、经济发展中不平衡、不协调的问题等越来越突出。这些社会问题都或多或少地影响到我们的员工和各级领导干部，影响着我们的思想和生活，工作没有激情、不能自动自发是有现实和历史背景的。

总之，上述诸多方面的原因都证明了一点，企业执行力不强不单单是员工单方面的原因造成的，它既有企业的原因，也有领导、员工个人乃至社会原因，各级领导干部在管理工作中要正视现实，不能一味地抱怨，要眼睛向内，正确认识管理中出现的各类问题，深刻分析其原因，找到解决问题的办法，真正干点实事；以积极的心态，创新工作思路，善于引导，把提高人的素质、调动人的积极性作为企业执行力建设的出发点，稳定职工队伍；加强学习，不断充实自己；从我做起，当好带头人。

二、提升管理者执行力的意义

提升管理者执行力可以将企业高管从复杂的小事中解脱出来，着重研究企业未来发展的大问题。很多企业的管理者整天致力于部门内部细枝末节的日常事务，很少去研究企业未来的愿景。致使员工因看不到未来的发展方向而失去对企业的信心，使其执行能力大打折扣。

管理者执行能力高，可以使其在日常工作中快速发现问题，并及时找出解决问题的途径与方法，从而避免在某一环节上浪费太多的人、财、物力资源，提高企业管理水平。

管理者执行能力强，以身作则，将会促进组织内部的平等与和谐。管理者执行能力强，率先垂范，能够一呼百应，把组织成员维系在一起，组成一个高效的团队。否则，领导说东，员工往西，没有凝聚力，团队目标也很难实现。

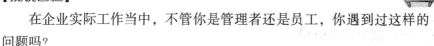

【揽镜自检】

在企业实际工作当中，不管你是管理者还是员工，你遇到过这样的问题吗？

1. 对下属的工作只管布置，不管检查，不做评估，发现问题也不及时整改，只听结果汇报。

2. 下级对于上级布置的任务不催不干，拈轻怕重，消极怠工或推诿敷衍。

3. 只是为了干工作而干工作，不知道为什么干，也不知道干了有什么好处，干不好有什么坏处。对执行的意义理解不够透彻，缺乏对执行目标的了解。

4. 岗位职责不清，不知道由谁来执行，不知道什么时候开始执行，不知道执行任务是什么，不知道怎么执行。

5. 遇到自己没有能力解决的困难和问题，不及时向上级请示、报告，出了问题，找借口，或归罪于他人，不检讨自己，不敢承担责任。或者出了问题完全依赖上级或他人，自己不动脑筋去解决，甚至打退堂鼓、当逃兵。

6. 不知道执行的标准是什么，不知怎么执行算做好了，或者明知工作没达到质量标准，也不加班加点，一走了事。

7. 明知道自己缺乏执行的能力也不加强学习和培训，好大喜功，甚至弄虚作假。

8. 管理者跟进不到位，监督不到位，即使制定了目标，也没有切实的步骤和行动。因循守旧，不能大胆探索、害怕失败，没有创新行动，缺乏开拓创新局面，创造新事物的进取精神。

9. 有制度不执行，不严格要求，制度形同虚设。

10. 领导不以身作则，没有给员工树立很好的榜样，综合素质和能力欠缺。

诸如此上的种种行为，都是执行力不强、工作不负责的表现。

镜 中 焦 点

一、建立严格的制度

案 例

海尔管理 13 条

在海尔企业文化中心的展厅里，陈列着一张已经发黄的老式信纸，上面列有 13 项条款，这是张瑞敏到海尔后颁布的第一个管理制度文件。在这个制度文件中，赫然写着"不许在车间大小便"。几乎令所有参观的人都惊诧不已，纷纷询问一个相同的问题：堂堂的海尔，为什么制定出如此"荒唐"的管理制度？这还得从张瑞敏上任伊始说起。

1984 年，张瑞敏执掌海尔。当时的海尔叫青岛电子设备厂，张瑞敏上任伊始，着实被眼前的情景吓了一跳：企业负债累累，人心涣散，员工在厂区喝酒打牌，打架斗殴，偷盗财物，且随地大小便，一片破败不堪的景象。怎么办？管还是不管？答案是肯定的，要管。怎么管？从何管起？张瑞敏思忖了许久，决定先从制定规矩开始，没有规矩不成方圆。

他在朋友那里借了几万元钱，先把拖欠员工的工资发了，此举令所有员工感到意外。正当大家议论纷纷的时候，他趁热打铁召开了全体员工大会，告诉大家：补发的工资是管朋友借的，欠债还钱，天经地义。怎么还？靠什么还？看到企业目前的状况他表示担忧。于是，和大家商量，"企业从今往后，生产什么听我的，怎么生产听大家的，大家看行不行？"员工表示同意，紧接着，张瑞敏又说："为了企业今后的发展，我得先定几条规矩，俗话说没有规矩不成方圆。做人都有最起码的底线，咱们能否文明一点，为了自己工作的环境舒服、整洁，能否不在车间大小便？"此言一出大家很激动，纷纷表示赞许，于是海尔管理第一条出炉了。紧接着，张瑞敏一鼓作气，一口气制定了13项管理条例。此外，张瑞敏没有让制度停留在这13条上，而是抓住每一个违反制度的典型行为，发动大家讨论，上升到理念层次，再以这种理念为依据，制定更加严格的制度。

> **海尔管理13条**
>
> 1. 不准在车间随地大小便
> 2. 不准迟到早退
> 3. 不准在工作时间喝酒
> 4. 不准在车间内吸烟，
>   违者一个烟头罚500元
> 5. 不准哄抢工厂物资
> 6. 不准打架
> 7. 不准骂人
> 8. 不准浪费粮食
> 9. 不准乱停车
> 10. 不准扎堆聊天
> 11. 不准损坏公物
> 12. 不准用工作电话办私事
> 13. 不准工作时间外出

这就是海尔著名的管理13条，每一条都是针对存在的问题提出来的，每一条都紧挨员工的道德底线，让员工感觉不该违背，制度本身具有极强的可执行性。

海尔的经验告诉我们：一个企业执行力强弱与否，必须有一个严格的、操作性极强的管理制度，制度必须来自于问题，哪里有问题哪里就有制度，同时执行制度、检查制度必须动真格的。在这种严格的制度管理下，每执行一次制度，就沉淀一个理念，以理念为依据，再制定更多的制度。像滚雪球一样，制度越来越健全，同时，文化越积越厚重，思想越来越统一，最终形成了制度与文化有机结合的海尔模式。

1. 制度的定义

制度是什么？制度就是企业法，是企业全体人员共同遵守的行为规范和工作标准。制度是企业为求得利益的最大化，在生产经营活动中制定的强制性规范，表现为各项规定和条例等，它是企业实现经营目标的根本保证。对于从不违法的人来说，制度还是保护这些人合法利益不受侵犯的盾牌。

对于企业的制度建设来说，有制度不执行比没有制度产生的影响还要可怕。因为这样会使企业形象受到损害，减弱企业管理威信，失去公平正义，从而造成内部管理混乱，对企业发展构成严重威胁。制度的生命力就在于它的执行力。那人们不禁要问：有制度为什么不执行或执行不到位？这其中一般有两大方面的原因，即制度本身的问题和制度执行的人的问题。

（1）制度本身的问题包括：

由于制度的制定不是从问题中来的，而是管理层拍脑袋或照搬照抄其他企业制度。管理层拍脑袋制定的制度容易过于理想化，依据传统的经验，缺乏现实基础；而照搬照抄其他企业的制度，会使制度本身严重脱离企业实际，水土不服，缺乏执行的基础。比如有的单位为了应付上级检查，或为了通过 ISO9000 认证，照葫芦画瓢弄了一些制度，不切实际，自然不好用。检查问到员工头上，"你们按什么标准工作？"员工回答："按 ISO9000 文件。"再往多问就露馅了，"那你能告诉我 ISO9000 文件有哪些内容吗？"回答："内容非常多，记不住，具体制度都在我们领导那里……"

制度编制缺乏科学性、烦琐、重复，表达不清晰；部门间制度相互矛盾，存在盲区，缺乏可操作性。致使员工眼花缭乱，不知道以哪个为标准。有些制度搞明白到底要员工做什么。空话连篇，不切实际，即使制度再多，又有什么用呢？

制度本身没有绝对的公平，如在奖金分配、考核办法、人事任用、质量评估、职称评定等方面还存在诸多不合理的地方，难以真实反映员工工作的好坏。员工的努力得不到认可，就会挫败员工对企业的信心和工作的激情。

制度的时效性差。再严谨的制度也有滞后于经营管理的时候，如与现代管理发生冲突、脱节，就要对制度中不适用的内容进行调整，但还不能改动过大。不然，制度朝令夕改，让执行者无所适从。

（2）执行制度的人的问题包括：

组织、宣传不到位。我们在制定一些规章制度时，首先就要考虑它的实际操作性和可执行性。有些企业由于管理者宣传教育不够，没有对员工进行教育培训，员工对制度不甚了解或理解得不够深刻、不透彻、不准确，缺乏沟通，也就无从遵守了，从而缺乏制度的执行力。

企业的规章制度制定的不符合职工的利益诉求，制度未与经济利益挂钩，有关政策不能满足员工生产、生活的需要。如工资收入差距问题、各种福利待遇问题、带薪休假问题、人员紧缺问题等，政策导向不合理使员工心理失衡、有怨气，直接影响员工的工作情绪。

企业管理层没有以身作则，或领导不重视、不支持，从中作梗，存在着自己制定制度，自己不遵守，甚至多数情况下都是领导首先带头破坏、违反制度，遥控指挥、指手画脚，既失信于职责，又失信于员工，从而失控了对制度的落实。

相关部门对制度的监督检查、考核不到位，制度出台后，缺乏管理，执行流于形式，执行制度时紧时松，分人分事，虎头蛇尾，"作秀"等情况，使得制度执行的质量和效果得不到真正落实。

2. 解决企业制度落实不到位的对策和措施

对于制度的落实对策问题，企业应该重新审视自身的制度，仔细研究制度没得到良好执行的具体原因，如果是制度本身的问题，那么就要着重修改制度，本着简单、有效、适用的原则，逐步完善各项规章制度，不要以为制度一经制定就不可更改，制定制度本身也是个与时俱进的过程。如果是制度执行的人的问题，那么企业就要做大量的工作，开展凝心聚力、强化执行力的各种活动。具体来说，有如下提升制度执行的对策和措施：

第一，建立"以人为本"的企业制度。现代企业管理处于两难境地：对待员工，如果过于严苛，员工会产生抵触情绪，消极怠工，弄得人际关系紧张；如果讲温情管理，员工有时对管理者又不够尊重，讨价还价。最好的办法是在严格制度管理的同时，讲究人本管理，这一定律已经被越来越多的国内外知名企业所证实。具体做法包括：一是企业目标要与员工个人目标相契合；二是建立灵活多样的激励机制；三是执行制度做到公平、公正，对事不对人，以制度管人，制度面前人人平等。

第二，建立执行力文化，培养员工自觉履行职责的意识。邓小平同志曾经说过："制度不好，好人也会变成坏人，制度好了，坏人也会变成好人。"企业管理的最高境界是无管理，是取消人盯人的管理，每个人根据相应的制度进行自我管理、自我控制。制度的执行必须依赖制度文化的推动，如何将强制性的制度升华到文化层面，使员工普遍认同制度、认知制度、认可制度、尊重制度、接受制度、执行制度，以达到自觉自发自动按照制度要求规范其行为，完成他律到自律的转化，是构建制度文化真正内涵，促进制度的落实。

第三，管理者要以身作则，争当制度执行的表率。在企业管理中，一提到制度执行不到位的时候，人们总是习惯于把批判的矛头直指基层的管理者和员工。其实领导者和管理者的执行力更加重要。企业的决策层、管理层要目标一致，齐抓共管；管理者要坚持原则，照章办事，给员工树立典范，才能有影响力。

第四，建立完善的监督、检查和考核机制。加强对制度的修订、完善，组织培训，让员工吃透制度、落实制度。管理的基本原理是员工不会做你期望的，只会做你检查的。因此，管理者要加强对制度的管理、监督和检查，严格考核。

第五，健全的保障制度。制度的特征是刚性的，没有规矩不成方圆。现在很多企业谈激励，却不谈约束，形成给钱干，不给钱不干；多给钱多干，少给钱少干。要发挥制度的约束力，奖罚要分明，该奖的及时奖，奖得心花怒放，该罚的及时罚，罚得胆战心惊。执行力的产生和养成是以切合实际的激励约束机制为依托和载体，没有一个好的激励约束机制，就会造成执行力的缺失。因此，要在建立科学合理的工作制度的基础上，建立相应的激励制度和有效的约束制度。

提高执行力，完善的制度是保障。完善的制度主要是指企业各项活动是否都按照既定的规则在操作，企业内部是否形成规范的、有章可循"以制度管人、而非人管人"的管理制度。企业要加快制度建设，应从选人用人制度、薪酬制度、业绩考核制度、奖惩制度等各个环节入手，借鉴其他企业好的经验，做好制度的建立、修订和完善工作，规范执行力的标准，用制度克服由于利益不均导致的职责不清、工作推诿扯皮等执行现象。逐步建立制度执行文化，让员工形成执行制度光荣、违反制度可耻的氛围，使每项工作都做到有目标、有措施、有责任人、有时限、有督查、有考核。

二、打造合理的业务流程

企业合理的业务流程是提高企业执行力的关键之一，合理的业务流程就是正常的管理秩序和生产秩序，是提高执行力的基础，一个企业必须首先建立好正常的管理秩序和生产秩序。

合理的业务流程主要表现在划分好管理界面，确定好工作职责，把生产管理秩序理顺，建立好安全生产规章制度，规范好员工日常管理行为。这样，企业的日常管理和生产工作才能有条不紊地进行，工作效率和执行力才能得到提高。相反，如果业务流程没理顺，企业整个生产和管理将会陷入混乱，员工该干的工作没干到位，不该干的乱插手，出了问题不但不及时解决，反而推卸责任，寻找各种借口，不仅工作效率低，就连最基本的执行力都没有了。就像一团乱麻，要想发挥它应有的作用，首先要把它理顺，绕成线团，才能纺织成布。

　　对于企业而言，如果流程不甚合理以至于影响了执行力的开展，就要适时地进行流程再造。所谓流程再造就是重新设计和安排企业的生产、服务和经营过程，使之合理化，或者是通过对企业原来的生产经营过程的各个环节进行全面调查和分析以后，对其中不合理、不必要的环节进行改变和调整，使之趋于合理和高效。具体来说，有以下步骤（参见图9-1）：

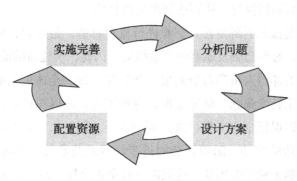

图9-1　流程再造

　　一是分析原有流程的功能和效率，发现问题症结所在。一般来说，企业的原有流程都不是一劳永逸的，随着市场的变化、科技的进步及企业的发展，原有流程很难适应，直接的影响就是效率降低，因而也要进行改变。比如过去企业生产和销售以产品为中心，在设计流程时就偏重于生产环节。而随着市场的发展，消费者对服务和方便快捷的要求比较高，那么流程中的关键环节的重要性就要发生改变。

　　二是设计新的流程改进方案，并进行评估。结合本企业实际运行情况，根据市场、技术进步的形势，群策群力、集思广益，分清轻重缓急，找出流程再造的切入点，分析相关因素和关键问题，设计新的流程改进方案，并进行可行性评估。比如，将现有的相关业务合并，尽量减少检查、控制、监督等环节工作，从降低成本、提高效益、技术可行、风险程度等方面进行综合考评，选取最优方案。

三是配置相关组织结构、人力资源和配套制度。企业业务流程和管理流程的实施，是以相应组织机构、人力资源、沟通渠道和企业文化作为保障的，没有合适的机构和人力资源及配套制度，再好的流程也只是水中月、镜中花。比如甲、乙、丙三人的工作是每天要在山上种植50棵树，为了提高效率，三人分工明确，甲负责挖坑，乙负责放树和培土，丙负责浇水。平时三人配合得挺好，每天都提前完成任务。有一天乙有事请假了，乙的工作甲、丙不愿承担，结果那天的工作成效就是山上50个装满了水的树坑。这就是有流程但没有配置合适的人选以及缺乏监督检查措施造成的。因此，围绕流程改进为核心，进行企业人、财、物力资源的重新组合，重新设立完善管理制度，对各个环节进行严格规定和细化，并建立督查机制，配备督察人员，才能使新改造的业务流程顺畅执行，从而达到改造的目的。

四是组织实施并不断完善。企业进行流程再造，是人力、财力、物力资源的重新组合，必然会触及原有的利益格局。因此，实施新的流程方案之前，必须要组织相关部门人员学习新制度、新程序，统一全体员工的意识，达成共识，引导员工转变观念，坚定态度，克服阻力，并以积极的行动投身到新的流程中来，以保证企业流程再造的顺利进行。同时，新的流程的实施并不意味着流程再造的终结。随着社会的进步、技术的发展、市场的不断变化，会给企业带来越来越多的挑战，这就需要对企业流程方案要不断地进行改进、完善，使其更加高效、合理，适应新形势的需要。

目前，国内外许多先进企业都纷纷推行流程的优化，最具有代表性的就是海尔的流程再造，这些举措既增强了企业的执行力，提高了企业效益，同时也加强了企业在市场上的竞争力。

三、管理者角色定位准确

"角色"一词来源于荧屏和舞台，影视剧中有主角、配角之分，京剧中男子称生，女子称旦，花脸称净，滑稽称丑。每个人扮演着不同的角色。演员演得好，说明他对角色理解得透彻，自身融入角色当中，演技高，片酬就高。有的人对角色理解不深，没演出来那个角色应该拥有的东西，观众就不喜欢，角色塑造得不好。有的人是在演自己，有的人是在演别人。有的人生活中其实是好人，却不得不演成一个不被观众喜欢的角色；有的人有这样那样的缺点，表演的角色却让观众很喜欢。

其实职场犹如一个大舞台，每个人都在这个舞台上扮演着不同的角色，只不过由于每个人的家庭背景、学历、专业、个人素质等综合因素的影响，造成了不同的人在职场中会有"主角"和"配角"的角色差异。对管理者而言，应该准确把握自己的角色。

彼得·德鲁克认为：管理者就是凭借其职位和知识，对该组织的整体绩效和经营能力产生影响的人。这个影响是大还是小，取决于管理者对所担当角色的认知。

所谓角色认知，就是要充分认知自己所扮演的角色和应担负的重任。具体来说，有三方面内容，即知道自己是谁、知道自己应该干点什么、知道自己应该干好什么（怎么去干）。总之一句话：认清角色，找到自我，这很重要。对于管理者来说，要定好位，别越位，别缺位，别错位。

所谓越位、缺位和错位的概念，我们可以用足球比赛的例子加深理解。2014年6月，四年一次的世界杯足球赛在巴西打响了，最终笑到最后的是被称为"日耳曼战车"的德国队。他们取胜的一大秘诀就是很好地发挥了团队作战的精神，场上的11名队员分工明确、站位准确、跑位精确，是一个有机的整体。他们在争夺冠军的90分钟的比赛中，认真执行教练勒夫的意图，各司其职，各负其责，联动一体，使整场比赛井然有序、有条不紊，最终取得了胜利。在比赛中，如果有进攻一方的队员站位靠前，我们称之为越位，这时进攻无效；如果防守一方的守门员跑出禁区之外，留着空门，被进攻者长驱直入，直捣黄龙，痛失城门，这是缺位；如果防守方球员把球踢进自家球门，来个"乌龙球"，让人追悔莫及，这就是错位的一种表现。上述现象是在足球赛场上发生的。其实，在我们日常工作中，也会发生管理者或部门越位、缺位、错位的现象。比如，某项工作本该属于某一个部门，但因其能创造客观的收益，结果许多部门都争抢着要干，完全超出了有些部门的职责范围，导致"不争白不争"、"越俎代庖"的越位现象。再比如，某项工作本该属于某一个部门，但因工作难度有点大，既费精力，又要投入大量的人力、财力、物力，致使这一部门做事的积极性不高，该管的事没有管或者没管好，该办的事没办或者办不好，遇到问题推诿扯皮，推卸责任，结果出现了

"真空地带"，导致缺位现象。最后比如，某项工作属于某一个部门，由于部门管理者没有真正负起责任，或者能力有限、指挥失误，结果不但自己部门的工作没干好，却给竞争者带来了好处，导致"张冠李戴"、"种了人家的田，荒了自家的地"的错位现象。虽然越位、缺位、错位行为只是个别管理者和部门的现象，但它对企业的影响是很大的。轻者损害管理者和所在部门的形象，重者对实现企业整体高效的运行起着阻碍作用，因此，必须采取有效措施消除越位、缺位和错位的现象，对故意造成这种现象的行为要予以坚决禁止。要求各级管理者在工作中要做到：

1. 找准方向别错位

错位，即不到位，该干的没干好。所以管理者要清楚自己到底要为企业做什么？到底要为企业负什么责？怎样才能按企业的要求去执行好工作的每一个环节？每一位管理者只有都清楚了这些，才能进一步制定目标，制定和落实好保证目标实现的措施，把事情做到位、做扎实。

在企业管理学中有一条至理名言：向高层管理者要战略，向中层管理者要方法，向基层管理者要执行。这句话的意思是，高层管理者要把握好企业战略，否则就是不称职或失职；中层管理者要拿出实现战略的方法，并形成工作措施和规范，否则就是不称职或失职；基层管理者要把措施和规范执行到位，否则就是不称职或失职。

有人曾经形象地把企业比做一个人，企业中的高层管理者犹如人的大脑，要把握方向、构筑愿景、策划战略；中层管理者犹如人的脊梁，要去协助大脑传达指令和制定战术、策略，基层管理者犹如人的四肢，要把上级的战术、策略落实到位。所以，每个管理者都应该明白自己处在哪个层级上，要知道自己哪些方面做得还不够，需要往哪个方向努力学习；该选择和培养怎样的下级；当下级缺位或不胜任时，上级管理者应该有能力和办法进行弥补。

2. 把握自己别越位

越位，对工作干预过多，不该由自己管的也要插手，管得过多。管理者应该做到：能不管的，尽量少管；不该管的，坚决不管；知止为福，就是知道自己的行为的边界或底线在哪儿，管住自己的聪明和欲望；甘做绿叶配红花，功劳给别人，过失自己扛，当好副手；占位不越位（即干好自己的本职工作，不随便插手别的部门的工作）；用权不揽权（即对于本部门的权力要用到位，但不能去揽权）；谋事不断事（即商量事情时，管理者可以拿出方案，但决断权在上级管理者那里）。

3. 重视自己别缺位

应该管的，必须管好，没解决好的要解决好。既要按部就班执行领导的决策，还要灵活机动地调整局部战术，不遗余力地做好宣传，制订相应计划并组织实施，激励员工执行。优秀的管理者一定是以身作则、身体力行、深入一线的人，遇到困难的时候一定要冲在最前面。指挥别人去干事，自己不动手，而且一遇到困难的事情就躲避，不是一名称职的管理者。

总之，无论是高层管理者还是中、基层管理者都要顾全大局，坚持"有所为有所不为"，既不"无所不为"，也不"无所作为"，要身先士卒、率先垂范，真正负起责任，强化责任意识，增强执行力、履职力和创造力，真正把该干的事情做好、做对、做到位。

四、提升管理能力

我国古代思想家孟子曾提出：劳心者治人，劳力者治于人。所谓"劳心者"，我们在管理学中可以理解为管理者，而所谓"劳力者"我们可以理解为从事具体工作的被管理者。作为"劳心者"的管理者运用智慧，发掘潜在问题，深入分析，提出解决问题对策。换句话说，未必事必躬亲，但要有思路、会用人。其中会用人就是要求管理者要具备一定的管理能力。管理者能力的高低，对保证组织目标的实现和管理效能的提高，起着决定性的作用。管理能力不是一朝一夕就能形成的，需要经过长时期的积累、学习、修炼和提高。归纳起来，提升管理者的管理能力，下述几项修炼必不可少：

1. 良好的道德品格

作为管理者，尤其是优秀的管理者，必须修炼自己的品德。品德是指管理者的道德、品行、作风、思想政治面貌。我国自古就有崇尚道德之人。在国内外市场如此激烈的环境中，管理者好的品德可以带给企业更高的效益，可以增进企业内部人际关系的和谐，可以对员工施加正能量的影响力，使大家以愉悦的心情、积极的心态和认真负责的行为参与企业管理。因此，一个企业要得到大发展和壮大，管理者，特别是高层管理者一定要具备良好的品德。

良好的品德应包括以下三种：

（1）心正：指管理者对事物充满信心，干事情下定决心，具有一颗热诚、真诚的心，谦虚谨慎，永不气馁。

（2）言正：经常换位思考，说话以肯定、赞扬为主，谨慎批评，明辨是非，尊重上下级同事，以友善、亲切、同情的言行对待每一个人。

（3）行正：做事思维敏锐，工作有序，尽职尽责，遇事果敢、主动，勇于负责，敢于担当。

管理者只有心正、言正、行正，正气凛然，才会赢得敬重，才能成为员工的贴心人。我国自古就有"德之不端，其谋拙出，其本损焉"的说法，现代社会对管理者品德的要求也是很高的。

2. 沟通协调能力

管理者最重要的职能就是把企业的经营思路、战略目标等信息准确地传递到下级员工当中，并引导和带领他们完成目标。传递信息的过程就需要管理者具备良好的沟通能力。沟通的方式有很多种，包括对上的沟通、对下的沟通、平行沟通等。

（1）对上的沟通是指下级对上级的工作部署做出反馈，使上级及时了解目标执行的程度、工作进度。对上沟通时，管理者要善于倾听，少发表自己的高见，只有这样，下级才敢于大胆提出建设性的建议和要求，上下级之间针对某一问题才能取得认同感、相互理解并产生共鸣，沟通才会达到目的。否则，下级对上级的意图没有领会清楚，往往把事情做得不尽如人意，反过来上级还要收拾残局。

（2）对下的沟通是指上级对下级的统一指挥、统一部署，如果没有很好的对下信息的沟通，企业的共同目标就难以为所有员工所了解，也就不能有团队的协调一致的行动，更不能充分调动下属的积极性。对下沟通时，管理者要经常与员工进行谈心，关心他们，鼓励他们对企业的发展提出一些建设性的看法及存在问题，以便及时改善，有职工的参与才会有行动的支持。

（3）平行的沟通是指企业内部各单位、各部门之间的业务信息的内部交流，部门间沟通良好，就可以达到相互间的了解和合作，消除扯皮现象，各项工作程序化运作的比较顺畅，达到业务信息的无障碍流通，既可以提高管理工作效率，降低经营成本，又可以为增强团队凝聚力打下良好的人际基础。相反，如果部门间沟通得不好或根本就不沟通，一旦出了问题，则往往造成相互指责、相互猜疑的后果。

沟通是企业管理的工具和灵魂，有效的沟通可以大大提高不同层级管理者的管理能力，决定管理的效率。管理工作的各个环节，都需要管理者与各成员之间良好的沟通，良好的沟通是实现企业目标过程中重要的成功要素，在我们的实际工作中，加强沟通可以说是至关重要。沟通工具用好了，会使管理工作顺理成章；如果沟通不好，则往往容易产生各种不良后果。沟通更是一种技能，是管理者"情商"高低的具体体现，"情商"高的管理者处理企业间各种关系时就会得心应手、挥洒自如。我们每天都在工作中沟通，在沟通中工作，管理者只有不断提高自身的沟通水平，加强有效的沟通，才能提高我们的工作效率，切实提高自己的管理能力。

企业是一个整体，一个团队，企业内部各部门和各单位之间相互作用、相互依存，这就需要管理者在工作中要具备协调好部门之间、单位之间、上下级之间、同事之间相互关系的能力。每当部门内部出现管理问题时，管理者要能敏锐地观察员工的情绪变化，并采取适当的方法帮助员工排解和发泄不良的情绪，尽量把问题消灭在萌芽状态，避免事态的进一步扩大。一旦矛盾冲突严重时，要会协调各方面关系，及时分析原因，及时解决。即使原因不明、找不到合适的办法时，也要采取降温、冷却的手段，并在了解事情真相以后，及时加以妥善、有效地解决，化解矛盾冲突。

3. 工作能力

管理者的工作能力主要体现在下面三个方面：

一是规划能力。管理者应能全面而准确地制定本部门、本单位的策略规划的能力，这个策略规划既包括短期的行动计划，还要着眼于本部门、本单位的长期发展规划的制定。比如，本部门、本单位愿景的建立、未来几年内的大政方针，同时还有实现战略方针的具体策略、措施和提高组织工作效率的标准等。制定战略、大政方针时，管理者必须要深谋远虑，着眼未来，要有远见，不能只顾眼前；制定策略措施和标准时，管理者要进行深入调查研究，充分分析可掌握的各种信息资源，有效利用员工的智慧，科学制定出符合提高效率原则的标准。这样，员工有了愿景的激励，又有切实可行的行动准则，在高效执行的同时有步骤、有计划地实现企业既定的目标。

二是纠偏的能力。在管理工作中，实际工作的运作过程与目标的实现总会有一定的偏差，一个优秀的管理者应当了解目前工作的进展情况，在巡视工作时，要一眼就能看出一些问题的存在，及时发现问题，并及时给予解决，具有敏锐观察、纠正偏差的能力。对于能够量化的工作，管理者可以参考数字标准找出偏差；对于有些难以量化的工作，如员工工作的热情、精神面貌等，管理者就得凭直觉和经验来预先判断是否出现了问题，尽早识别偏差，采取相应措施进行纠偏。管理能力很强的管理者，往往眼光不会局限于眼前的困难和问题，而是能洞察到那些较为深远的、潜在的问题以及这些问题会给企业生产和经营带来的严重后果，以便及时加以改进。

案 例

小 王 的 烦 恼

三车间操作工小王昨天晚上和女朋友因为小事吵了一架，女朋友一气之下说要分手，小王很是郁闷，昨晚一宿没睡好觉。今天一上班头皮发胀，脚发轻，有点飘飘忽忽的感觉，浑身不舒服。到单位上班以后，在工作台上一言不发，心情沉闷。

精明的车间主任赵明早晨一来就发现小王今天有点儿不对劲，于是就主动找小王聊天，问他为什么心情不好。小王就一五一十地讲了发生的事情。赵主任一听，赶紧开导小王，让他主动向女朋友承认错误，"男人嘛，就应该像一个大男人，遇事光明磊落……"小王一经开导，心情顿时开朗了许多，精神也随之振奋起来，工作注意力开始集中起来。下班后主动找女朋友承认了错误，两人又和好如初。

赵主任事后总结此事时说："如果发现了小王的问题而没有及时去劝导的话，那他会一直心情沮丧，注意力不集中，神志恍惚，很容易造成操作上的安全事故，不但害了他自己，也会给企业带来巨大的损失。"

因此，在实际工作当中，员工行为举止与平时不太一样，或很反常，肯定是有原因的，管理者就要善于观察员工的一举一动，纠正偏差就要从研究这些原因入手，找到真正原因，及时解决，避免更大事态的发生。否则，若没有洞察力，疏于管理，找不到真正偏差的原因，解决起来就会南辕北辙，事倍功半。

三是决断的能力。果断也是一个管理者应具备的工作能力之一。在实际管理工作中，管理者要经常面临本部门、本单位分派工作、协调人力、化解员工矛盾和纠纷等事情，这都考验着管理者自身的决断能力。决断能力的前提就是思维要敏捷，这是解决问题、处理纠纷的必备要素。一个能成功决断繁杂事物的人必须思维清晰，反应敏捷，能够很快抓住事物的本质，做出判断，使问题迎刃而解。而管理者之所以有敏捷的、清新的思维，还要源于日常勤于思考的习惯，多思考才能够提高。这也就是为什么很多管理者在遇到同一种事情时，处理的方法都有所不同。有的管理者处理得恰到好处，有的处理得不尽如人意，这就是管理者在平时的工作当中是否勤于思考的结果。成功学家拿破仑·希尔说，在困难的时候，你就用全部的思想去想克服困难的方法，不留半点思维去胡思乱想，所有的问题都可以找到适当的解决方法。树立强烈的解决困难的欲望，全力寻找解决困难的方法，而不是怨天尤人。

4. 领导能力

管理者的领导能力不是指的专业技术能力，而是管理者的学识水平、道德品行、人生经验、人文素养等多方面综合能力的反映，这种综合能力集中表现在管理工作中如何识人、用人、容人的能力上，如何受到下属的尊敬，甚至敬仰，带领团队实现既定目标。

（1）建设团队的能力：优秀管理者的先决条件，就是要有建设团队的能力，营造一个团结、协作、积极向上和凝聚力较强的企业文化氛围。有了凝聚力，企业的发展才有希望。具有团队精神的管理者，在工作中能够善待他人，尊重每一个人，遇到事情多协商、多沟通、多协调。

（2）严谨的工作作风：管理者要想赢得下属的尊重，在工作中，要树立"严、细、实"的工作作风。即要有精益求精的严谨工作态度，高标准要求自己，精心工作，扎实做好每一项工作，这样部门、团队才能安全、稳定发展，团队才真正体现出较强的执行力。相反，对自己要求不严，做工粗放、不踏实的管理者，上行下效，员工在执行上也会大打折扣，会给部门和团队带来损失。古往今来，越是成大事者，越能拘小节。

5. 适应与创新能力

物竞天择，适者生存，这一法则不仅适用于自然界，企业也是如此。随着社会和市场的不断变化，企业也在发生着变化，作为企业的管理者要能够很快适应各种变化。管理工作纷繁复杂，管理者要想事半功倍，跟上时代的步伐，掌握工作的主动权，除了要有一套既科学又切合实际的管理方法，还要能够接受新知识，开拓创新，与时俱进、与时消息、与时偕行，开阔视野，让自己站在更高的角度看问题，思考问题，解决问题。比如，随着科技的进步，互联网技术的普及，管理者要能够利用网络优势为我所用，就要熟知网络应用的一般知识，好学创新，不断接受新事物、新观念，善于创新进取。再比如，随着市场的变化，企业间的竞争越来越激烈，给管理者带来的压力也很大，这时管理者要善于学会减压，学会心理疏导，以良好的、积极的、阳光的心态投身到企业管理中。同时，有一个健康的体魄也是考验管理者是否具有适应能力的一个方面。身体健康的人不仅精力充沛，干起工作有声有色、锲而不舍，而且心胸宽广，态度乐观向上，百折不挠，在压力面前也不会轻易败下阵来。

6. 学习能力

知识改变命运，管理者提高管理能力，关键在于加强学习。无论是什么级别的管理者，都或多或少地带领一班人马，高效地工作，完成既定目标。其中不乏许多优秀的管理者，他们之所以优秀，是因为他们具备最重要的能力就是有个好眼光，看得比别人早，看得比别人远，看得比别人更仔细。要想做到如此，就要加强学习，提高学习力。

所谓学习力就是一个人或一个企业，通过不断学习，把知识转化为技能的能力。学习力包含学习动力、学习毅力和学习能力三要素。学习力也是一种竞争力，纵观全球最成功的企业，如美国的微软、日本的松下、青岛的海尔等，堪称"学习型企业"，其成功的秘诀就在于组织员工尤其是管理层不断提高学习，以最快速度，最短时间学到新知识，获得新信息，同时将这些新知识、新信息快速地运用于企业的变革与创新，最大限度地适应市场和客户的需要。

人类社会已经进入到"十倍速"时代。生活在这样的时代里，每个人都如同逆水行舟不进则退。过去对终身教育的定义是"从上学到退休"。如今终身教育的定义拓展到"从摇篮到坟墓"。学习要伴随着人的整个生命周期。

作为企业的管理者，要不断地充实自己，忙碌的同时，绝不能"盲"，也绝不能"茫"。要善于学习，只有多动脑才可以少用脚。

要提高学习力可以从以下几方面着手：

一是树立积极的学习心态和紧迫感。学习在某种程度上来说是一件非常枯燥的事情，因此，树立良好的学习心态和学习紧迫感很重要，特别是作为团队核心人物的管理者，他的视野是否开阔、工作技能是否熟练，直接影响到整个团队的思想和情绪，影响整个团队的工作效率和效果，影响到团队的发展。学而优则进、学而优则胜，要想跟上时代潮流，提高工作的管理水平，管理者应具备良好的、积极的学习心态，增强学习的紧迫性，真正的坚持学以致用，以适应知识经济时代的需求，带领团队共同实现组织目标。毛泽东同志堪称热爱学习的表率，他曾说："我一生最大的爱好就是读书"，"饭可以一日不吃，觉可以一日不睡，书不可以一日不读"。

二是树立空杯心态，即接受新事物必须清空杯子，哪些需要我们倒空呢？比如思维定式、传统习惯，昨天耀眼的光环，曾经的优势和荣誉等。

┃ 寓言故事 ┃

把自己当成一个空杯子

古时候有一个佛学造诣很深的人，听说某个寺庙里有一位德高望重的老禅师，他便去拜访那位老禅师。老禅师的徒弟接待他时，这个人态度傲慢，心想："我的佛学造诣很深，你算老几啊？"后来老禅师十分恭敬地接待了他，并为他沏茶。可是在倒水时明明杯子已经满了，老禅师还是不停地倒。他不解地问："大师，为什么杯子已经满了，还要往里倒啊？"大师说："是呀，既然已经满了，为何还要倒呢？"禅师的意思是说，既然你已经很有学问了，为什么还要到我这里来求教啊？

这就是"空杯心态"的故事哲理。换句话说，空杯心态就是谦虚的心态，如果我们想学到更多的学问，先要把自己变成一个"空着的杯子"，而不是盛满水的杯子。

对于一个企业的管理者来说，"空杯心态"是非常重要的，不管你身居何方要职，不管你曾经取得多么大的成就，你要知道，这并不能说明你是一个完美的人。俗话说："尺有所短，寸有所长"。不管是谁，都有别人值得学习和借鉴的长处和优点。因此，谦虚的心态是当好管理者的基础。

第九面 执行镜子

三是善于借用外脑，即可以通过调研、交流、学习、征求上级领导意见、调动下属积极性等方式借用别人的智慧，发挥外脑作用。当今年代，如果我们不如别人，一定会被别人超越。人的寿命是短暂的，时光是一条一去不复返的河流，把别人的经验和长处总结下来为己所用，可以少走很多弯路。多看、多听、多思、多体验，才能有知。

当今社会科技日新月异，知识经济时代，知识更新周期大大缩短。就连文盲都有了新的界定：传统文盲是指那些不识字的人，现代文盲包括不识字的人、没有知识、文化的人、看不懂现代图表、标识的人和不懂得计算机及网络技术的人，未来文盲将涵盖所有想学习不会学习的人。活到老，学到老，否则知识就会老化，思想就会僵化，能力就会退化。管理者不学习，故步自封、裹足不前，就会变成事前拍脑袋（跟着感觉走），事中拍胸脯（盲目自信），事后拍屁股（找借口推责任）的典型的工头作风，完全不能适应社会发展的需要，最后只能被时代发展的巨浪抛弃在沙滩上。

既然学习对管理者如此重要，那么管理者都要学些什么呢？概括起来无非两个方面："知"与"能"，二者放在一起就是"智"，管理者要以"智"立威。

一方面要学"知"——拓宽管理者的知识面。知识是人类从愚昧走向文明的桥梁，当今年代，知识经济方兴未艾，管理者原有的知识将面临挑战，势必出现"知识恐慌"，这就要求管理者扎实地学习履职所必需的各种知识。毛泽东同志曾说："一个人的知识面要宽一些，有了学问，好比站在山上，可以看到很远很多的东西。没有学问，如在暗沟里走路，摸索不着，那会苦煞人。"首先，学政治。在当今新形势下我们只有认真学习马克思主义、毛泽东思想，深刻研读邓小平理论、"三个代表"、科学发展观、改革开放理论，才能不断加强党性修养和作风建设，牢固树立马克思主义世界观、人生观、价值观和正确权利观、地位观、利益观，增强拒腐防变能力，才能在重大问题上明辨是非，树立坚定不移地走中国特色社会主义道路的信念和决心。其次，学传统文化。学习古人先修心、后修身，先修德，再修技。有人说：读有用的书，修身，提高自身技能；读无用的书，修心，拓宽视野；学哲学，让人学会思考；学史学，让人变得睿智；学文学，让人才华横溢；读一本好书，就是和许多高尚的人谈话。在现实生活中，人会面临很多诱惑，只有多读书，汲取养分，才可明辨是非，取精华，去糟粕。最后，学失败。学人、学书很容易模仿，只关注表层的东西；而从失败中学，会让人思考，多问几个为什么，关注更深层次的东西。所以，把失败作为财富，可以使失败真正成为成功之母。现在国际上已经有一门新兴学科叫作"失败学"，说明如何研究失败，需要人们去学习它，琢磨它。毛泽东同志曾经对诸葛亮如何处理失街亭问题有过深刻的评析，其批语：一条是"初战，亮宜自临阵"，另一条是"自街亭败后，每出，亮必在军"。前者批评诸葛亮没有亲临前线，后者肯定诸葛亮知错改过。这为我们正确地总结历史经验中的失败教训，提供了深刻的启示。

另一方面要学"能"——要提高本职岗位的工作技能。虽然说管理者不直接参与部门的具体操作，但也要精通本部门业务，熟悉流程，掌握先进的管理方法，以事实为依据，以数字为准绳。这样有两大好处：领导下属的时候不说外行话，不会给下属造成外行领导内行的印象；同时，在遇到难解的问题时，由于管理者懂业务而能使之顺利解决，这样才会让下属服气。

面对新形势、新任务，管理者必须提高科学发展的实际工作能力。这就要求管理者要有好思路、好办法、好决策，这些都离不开知识的积累，而学习是一个知识、经验、智慧积累的过程，博观而约取，厚积而薄发，领导干部只有在平时的学习中不断积累，充实提高，才能在工作和生活中信手拈来、运用自如。要树立为工作而学、为事业而学、为成长而学的理念。只有不断去学习并学以致用，才能学会用敏锐的眼光洞察新形势，用开放的理念谋划新思路，用务实的态度探索新方法，不断提高管理者的能力和水平。

"知"与"能"加在一起就是"智"，是指管理者的理论水平和工作技能。通常称为"智慧"。作为一名管理者，智慧的高低直接影响其在员工中威信的高低。智慧高的管理者往往具有较多的真知灼见，其思维敏锐、洞察力强，看问题抓得准，办事周到、全面、公正，管理水平高，深得下属钦佩拥护；相反，智慧低的管理者，腹空如野、孤陋寡闻，看问题不会从大局着眼，爱钻牛角尖，干工作拖泥带水，自然无法赢得威信。

除了上述学"知"、学"能"以外，管理者还要养成勤于思考的习惯。学起于思、思源于疑，孔子说过："学而不思则罔，思而不学则殆"，意思是说，一个人在学习中，如果只知道死记硬背，不加以思考和消化，则将毫无收获。学习就是学与思结合的过程，学而思，思而学，学是思的基础，思是学的补充，只有将二者相结合，才能真正达到学习的目的。管理者在学习的同时，要提高思考能力，"不谋万事者，不足谋一时；不谋全局者，不足谋一域"，管理者要善于从大局去思考和处理问题，拓宽思维，在处理复杂事情时要善于把握好"度"，真正找到管理工作的重点、热点和难点，并很好地予以解决。古今中外成功的事例无不证明了学与思的重要性。以毛泽东、朱德为代表的老一辈无产阶级革命家，在汲取马列主义精髓的同时，没有生搬硬套，教条主义，而是结合中国国情，走"农村包围城市"的道路，最终取得了中国革命的胜利。

上述可见，面对社会深刻的变革，面对科技发展的新形势，管理者只有通过不断学习，学习先进知识、学习先进技能，提高学习力，勤于思考，才能坚定理想信念，提高管理水平。

五、培养员工综合素质

团队目标的实现，不是单靠某一个人的力量，而是所有干部员工的共同努力。为此，要想提高整个团队的执行力，既要提升管理者的执行能力和管理能力，还要高度重视对员工综合素质的培养。

员工的综合素质包括较强的责任心、良好的心态、较强的业务能力、较高的文化素质、良好的合作态度和较强的语言表达沟通能力。这些综合素质在员工的工作当中，相互联系、相互影响、相互支持，为提高全员执行力奠定素质基础。没有完美的个人，只有完美的团队。归纳起来，从以下几方面培养员工的综合素质：

1. 培养员工较强的责任心

责任心是指对自己、他人、国家、社会、企业敢于负责、勇于承担责任的态度，是一个人应该具备的基本素养。有没有责任心，是衡量管理者和员工工作称职与否的重要标准。

企业中方方面面的问题，总有制度规定触及不到的地方，这些地方主要靠人去解决。人解决问题就涉及以什么样的态度去解决，解决的效果如何等等，这时就要考验一个人的责任心。就像法律规定不到的案例，就要靠人的道德去引导一样。

责任心不是与生俱来的，它可以通过后天培养的，这就要充分发挥各企业思想政治工作的优势，通过思想政治工作，让员工认识到企业所面临的形势、承担的责任，使员工在增加紧迫感的同时，增强责任感。员工有了责任心，就会认识到自己的工作在团队中的重要性，就会勤奋地去做好本职工作，细致踏实，实事求是；有了责任心，其精力就会集中在工作上，就会投入满腔的热情，才会按时、按质、按量完成任务；有了责任心，员工就会以工作为重，有人监督与无人监督都一样，一旦工作中出现什么问题，勇于直面困难，都能主动承担责任而不推卸责任，会积极主动地出主意、想办法，及时地加以解决，执行力就会大大提升。

从企业的角度来说，无论是管理者还是员工都应有责任心。

2. 通过培训提高员工业务技能

当今企业面临的市场竞争日趋激烈，提高员工业务技能水平，开发人力资源，是企业提升竞争力的有效途径。过去很多企业都注重产品本身的竞争，进入 21 世纪以后，如何提高企业员工的综合素质和技能已经成为重要的核心竞争力。不同的企业，对员工的技能培训采取的方式是不一样的，一般来说，有如下几种方法：

（1）管理者重视是前提，只有在思想上高度重视，才能做出切实可行的短期、中期、长期的培训计划和措施，建立长效机制，不断加大投入，真正达到效果。

（2）技能培训内容是否科学、合理、实用，直接影响着员工技能培训的质量和效果，就会造成时间、资金、人员的浪费。因此，培训内容要围绕员工综合素质展开，内容要有针对性、实效性、前瞻性。

（3）创新员工技能培训的方法，采用现代培训手段，是搞好员工技能培训的保证。传统的教学方式多以理论教授为主，联系实际较少。现代培训方法注重理论与实践相结合，互动式、研讨式、开放式、情景模拟式、工作轮换式、现身说教式等多种方式，从而极大地提高被培训者的学习兴趣，取得很好的培训效果。

3. 管理者以身作则，营造良好执行力氛围

团队是个大"家庭"，管理者自然是这个"家庭"的"家长"，"家长"的言行举止，直接或间接地影响到下属的行为，正所谓"上梁不正下梁歪"，上行下效。因此，作为管理者，要以表率的作用激发下属的工作积极性，营造一种执行氛围，引导下属梳理主动执行的意识，让员工觉得，不折不扣的、没有任何借口的执行是团队中的最高准则，一切有利于执行的言行举止都要予以肯定，所有不利于执行的因素都应得到解决。让团队成员觉得在这个氛围中，高效执行是件光荣的事情，相反，不好好执行是件可耻的事情，定会遭到大家的唾弃。

六、建立健全各项机制

实践证明，提高执行力，不能靠员工的自觉性，也不能单纯地靠激励，要想形成规范、持久的执行力，企业必须要建立健全激励和约束机制。

激励是心理学的一个术语，是通过特定的方式激发人的动机的心理过程。员工激励是人力资源管理中最重要的组成部分，只有激励了，员工才能以企业为归宿，促使员工往前跑，提高执行力。激励方式包括物质激励、精神激励、荣誉激励和工作激励。

激励机制是指构成这套激励制度的各方面要素的相互作用的方式。激励机制不到位，会导致员工"不知道干好了有什么好处"。比如，古代作战时，如果一座城池久攻不下，攻城的将军一般会下一道命令：城破后士兵可以得到奖赏。目标明确，结果士气大振，一天城破。

约束，原指对物体位置及其运动条件所加的限制、控制或管束。在企业管理中，约束是指对其组织内部成员行为的规范性要求、标准的规章制度和手段，使其行为限制在不越出规定的范围之内，便于组织有序运转。约束包括国家的法律法规、行业标准、组织内部的规章制度，以及各种形式的监督等。

约束机制是指这些约束要素及其相互关系和作用的技能。约束机制是防止员工行为往后退或超出规定范围。约束不到位，会导致员工"知道干不好没什么坏处"。正如上述攻城一例，如果只有"城破后士兵可得到奖赏"的激励，而忽视了"当逃兵立斩"的约束，肯定会有一部分士兵找机会逃跑，从而动摇军心。

约束不到位，主要指三个方面的规定没有制定：一是没有评估标准，干好干坏一个样，干多干少一个样，就会导致员工多干一事不如少干一事，少干一事不如不干事，相互推诿扯皮的现象时有发生。二是考核指标不合理，这是国内很多企业常犯的严重错误。主要表现在定性的考核指标太多，如员工的忠诚度、凝聚力、团队精神等，评估时人为因素占的比例比较大。这种不合理会导致不干活的或干活少的人照样能够获得很高的评分，而且个人利益也不受影响。三是处罚不重或没有处罚，讲究亲情、友情、血缘、地缘关系，你好我好大家好，能放一马就放一马，当断不断必有其乱，当罚不罚必有后患，严重破坏了游戏规则，会导致员工干工作不计后果，不按规程，随意性比较大，当然最终受损失的还是企业。

可见，激励与约束，虽说二者有着不同的功能，但二者是相辅相成，缺一不可的。没有激励，员工就没有动力，缺乏动力，干起工作来就没有积极性、主动性和创造性，实现企业目标也就成为一句空话。同时，员工要对他的行为负责任，即人的行为要受到约束。二者偏向哪一方都会出问题。只有把二者很好地结合起来，具体问题具体分析，才能调动员工的积极性，真正实现激励与约束的目的。

七、营造执行力文化

执行力文化是指把战略方针的贯彻执行作为企业的最高行为准则和终极目标的文化。企业执行力文化的魅力就在于通过营造一个文化氛围，使全体员工的行为在潜移默化中被感染、被影响，进而与管理者达成共识，提升执行力，共同为实现企业和部门目标而努力。显然，执行力文化是知识经济时代企业管理的热门话题之一，它是全体员工综合素质提升的必然要求，反映了时代的特色，对增强企业核心竞争力具有积极的作用。因此，企业管理者最重要的任务之一就是营造企业执行力文化。

企业执行力文化的建设不是一件简单的工作，它要受到很多方面因素的影响，如人们的价值观的差异、行为习惯、员工和管理者素质、管理制度、考核机制、沟通渠道是否畅通等，文化建设不是短期能够完成的事情，需要长年累月的坚持和坚强的决心。

那么，企业执行力文化如何构建呢？下面几个途径也许会给您一点启发。

1. 选拔富有执行力并能以身作则的管理者

在建立健全企业执行力文化的过程中，各级管理者尤其是高层管理者的作用非常之关键。他们是企业员工的标杆，他们的一言一行决定着其他人的行为方式。因此，管理者必须要以身作则，身体力行，参与到员工当中，与员工交朋友，体贴员工，了解部门或企业工作的实际运行情况，以正能量的力量影响所有员工的行为方式的转变。同时，管理者还要知人善用，选拔那些执行力强的员工到恰当的岗位，并予以适当的精神激励，以先进带后进，逐步形成高效的团队执行力。

实践证明，无论企业设定的目标多么高远，选拔的人才多么优秀，建立的流程多么科学，团队的文化多么先进，其实最终起核心作用的还是企业或团队的管理者，他们指引着团队正确的方向，建立合理的组织制度，能发现和留住优秀的人才，带领团队营造积极向上的企业文化。因此选拔富有执行力并能以身作则的管理者对一个企业的发展是十分重要的。

2. 完善企业各项管理制度

制度是战略贯彻执行的保障，只有夯实制度管理的基础，打破"以人管人"的管理模式，用严格的制度管人、约束人，建立健全一套合理、可行，具有针对性、严谨的管理制度，且不能朝令夕改，通过制度实现有序的管理，使管理有章可循。在这种管理模式下，全体员工以制度的规定为依据，保质保量地完成工作任务，有助于企业执行力文化的形成。

3. 强调精神文化建设

企业文化一般来说分为四个层次：最外层称为表层文化，是指企业所拥有的产品及各项设施等的文化；第二层为行为文化，是指员工在生产实践中产生的活动文化；第三层为制度文化，是指企业的组织机构和管理制度等；最核心层称为精神文化，是指企业员工在长期工作中形成的价值观和精神观念。执行力说穿了就是一种价值观的体现。因此，精神文化是整个执行力文化中的核心，它对于执行力文化的形成具有重要意义。

4. 提高员工满意度

员工对企业的满意度，决定了员工的工作意愿和工作积极性。为了提升满意度，企业应制定有感召力的发展目标。通过目标激励，使员工觉得工作有意义，增强使命感。

5. 树立企业执行力文化理念

理念，是企业员工共同信守的企业哲学，它就像一个人的灵魂一样，虽然看不见、摸不着，但绝对不可或缺。俗话说：人心齐，泰山移。企业要形成强大的执行力，就必须要在全体员工中灌输执行文化理念，将人们的思想和行动统一起来，才能齐心协力，勇往直前，倘若企业没有理念，那员工队伍就如同一盘散沙，就像人没有灵魂一样的可怕。

树立企业执行力文化理念，一是要用正确的价值观引导员工，让员工认识到执行力是企业发展壮大的关键，只能做好，不能半途而废。二是要用企业既定的执行力的标准和规范要求员工，使员工清楚如何做才是做得正确、做得有效，从而逐步形成自觉的执行意识。比如，在企业中树立"执行不找任何借口"、"我们的宗旨就是服务"等工作行为理念，使思想更加坚定、执行更加顺畅、落实更加有力。

八、提高执行力需注意的问题

提高执行力，除了上述 7 个方面的途径以外，管理者还需注意以下几个方面的问题：

第一，保持沟通渠道的畅通。一个团队提高执行效果，良好的沟通必不可少。这方面内容在前面章节中有详细叙述。这里要说的是，随着企业逐渐做大，相应的机构、部门、环节越来越多，流程也越来越复杂，部门与部门、人与人之间的沟通就显得更为烦琐，上级的政策如何快速下达并被下属认知、理解，最基层的市场情况如何及时地反馈给上级部门，并对战略、策略进行调整，这些都要依赖于顺畅的沟通渠道。

第二，明确岗位目标和计划。对于执行力来说，目标既是牵引力，又是驱动力。要想发挥驱动力的作用，首先要明确我们的任务是什么，确定方向之后，根据岗位特点和目标要求，制定本岗位计划，计划要有步骤、要量化、有考核标准，接下来要对计划实施过程进行跟踪，及时调整，以便出现问题后及时解决并按时完成任务。由此，员工有了明确的目标，执行起来才会有方向，才能真正发挥执行力的作用。

第三，提高执行力要处理好主动性与规律性的关系。执行力文化的形成，加之适当的激励，极大地激发了员工的工作热情和执行力，工作的积极性和主动性很高，工作充满激情，这是好的一面。但大家不要忘了，任何事情都有两面性。员工工作积极主动的同时，往往会忽略科学的态度和科学的方法，也容易出现"跑偏"的现象。这时如果不加以制止或正确引导，不仅不利于企业目标的实现，有时会给企业带来潜在的危险。因此，没有科学态度的执行力是有弊而无利的。讲究积极执行的同时，要坚持科学的态度，把握事物的规律。执行前要分析利弊；执行中要调查研究；执行后要及时总结。

总之，提高执行力的方式方法很多，提高企业执行力是企业全体员工共同思考、共同面临的话题，不是哪一个部门、哪一个人的事情，如何有效地提高执行力，需要党、政、工、团齐抓共管，需要我们在实际工作中不断地去探索，也需要管理者有组织、有措施、有步骤地逐步完善。"众人拾柴火焰高"，只有这样，企业的执行力才能真正落到实处。

镜 鉴 感 悟

上君尽人之智，中君尽己之能，下君尽己之力。

后　记

　　学然后知不足，教然后知不足，行然后知不足。自从管理学大师彼得·德鲁克提出"有效的管理者"命题以来，这一命题成为管理学显学之一。在数十年的管理学教学、研究与实务生涯中，笔者一直留意研究从有效管理到高效管理的思路观点、方法路径和操作手段。在写作过程中，笔者参阅了国内外管理学论著和实战案例，这里不一一列举。中国商务出版社为本书的出版提供了大力支持与帮助，哲学学者严峰先生、北京城市学院邢丽娟教授以及张旭、严彬涛对本书的写作给予了友好鼓励并提出了有益建议，在此一并致谢。

　　文章千古事，得失寸心知。好学深思，心知其意，知不足常学常乐，愿这本管理学专著，如管理家族绚丽园地中的一朵小花，能为管理事业的发展尽绵薄之力，同时也期待学界和有识之士的批评指正。

韩玉芬

2014 年 9 月于京华